Doctoral Elite Library
集优博士文库

· 2021年度国家社科基金军事学项目青年项目"面向智能化联合作战指挥的认知情报学研究（2021-SKJJ-C-045）"阶段性成果

认知情报学理论探索与模型建构

面向智能指挥决策的趋势

刘伟超 著

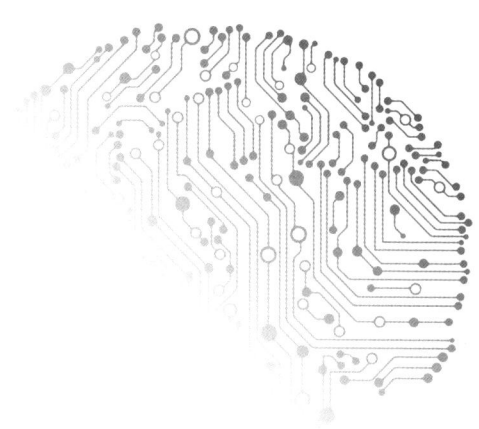

华南理工大学出版社
SOUTH CHINA UNIVERSITY OF TECHNOLOGY PRESS

·广州·

图书在版编目（CIP）数据

认知情报学理论探索与模型建构：面向智能指挥决策的趋势 / 刘伟超著．
—广州：华南理工大学出版社，2023.8（2024.12 重印）
ISBN 978-7-5623-7121-2

Ⅰ.①认…　Ⅱ.①刘…　Ⅲ.①情报学–研究　Ⅳ.① G250

中国版本图书馆 CIP 数据核字（2022）第 146027 号

Renzhi Qingbao Xue Lilun Tansuo Yu Moxing Jiangou：Mianxiang Zhineng Zhihui Juece De Qushi
认知情报学理论探索与模型建构：面向智能指挥决策的趋势
刘伟超　著

出 版 人：房俊东
出版发行：华南理工大学出版社
　　　　　（广州五山华南理工大学 17 号楼，邮编 510640）
　　　　　http：//hg.cb.scut.edu.cn　E-mail：scutc13@scut.edu.cn
　　　　　营销部电话：020-87113487　87111048（传真）
策划编辑：庄　严
责任编辑：李秋云　肖　颖
责任校对：洪　静　梁晓艾
印 刷 者：广州市新怡印务股份有限公司
开　　本：787 mm × 1092 mm　1/16　印张：14　字数：232 千
版　　次：2023 年 8 月第 1 版　印次：2024 年 12 月第 2 次印刷
定　　价：58.00 元

版权所有　盗版必究　　印装差错　负责调换

谨以此书献给我的父亲母亲,
作为他们长达二十五年教育投资的回报。

序

伟超博士在首部公开出版的著作即将付梓之际，望我为之作序。我自知才疏学浅，再三推辞，终因伟超博士多次联系不忍其烦心误事而壮胆应允。

本书是在作者撰写的中国人民解放军国防大学优秀博士学位论文的基础上，经过两年多的精心打磨完成的。全书针对当前情报学重大课题——面向智能指挥决策的发展趋势，立足情报学科建设与情报工作实践的使命任务，融合情报学、认知科学、心理学、军事学、哲学和系统科学等多学科专业领域思想，综合采用文献研究法、知识图谱法、内容分析法、信息加工观、建构主义观、哲学思辨法及案例研究法等方法工具，对认知情报学相关基本理论问题，特别是认知情报学理论模型建构与验证展开了比较系统深入的探究。

本书共六章，重点探讨了认知情报学研究的背景、意义、概念、综述和方法；梳理了国内外认知情报学的缘起背景和研究现状；论述了认知情报学的基础理论；建构了认知情报学的理论模型；应用美军在伊拉克战争中的实战战例，对所建构的认知情报学理论模型的科学性与有效性进行了检验验证与评估；最后总结了认知情报学理论模型的意义与价值，分析了认知情报学理论探索与模型建构的不足，展望了未来认知情报学理论探索与理论模型实践应用的前景。

数据、信息、文献等客观情报资源（可称之为情报素材）和用户、工作人员等情报主体是制约情报生成和利用的两大核心要素。我国杰出科学家、"两弹一星"工程奠基人钱学森就曾明确指出，情报"是激活了、活化了的知识"，"就是为了解决一个特定的问题所需要的知识"；"情报之所以能产生，离不开资料，但是资料不是情报"；"信息（资料）是产生情报的基础，情报工作包含信息工作（资料工作），但信息（资料）不等于情报，而是产生情报的基础，获得情报还必须经过知识或信息的激活与活化过程"[①]。伴随着信息革命

[①] 钱学森.在一次学术报告会上的讲话[J].情报科学技术，1985（1）：3-4.

的深化,尤其是大数据及智能化浪潮汹涌不息,一方面,制约客观情报资源搜集、存储与传递质量水平的关键性理论与技术方法问题均已得到有效缓解;但另一方面,受制于人类认知能力及现有理论与技术方法,客观情报资源的分析研判(情报分析)和情报分析成果的利用(情报利用)质量水平还是稍有欠缺,甚至于可靠可信的情报素材被泛滥低劣的信息垃圾湮灭、真实情报受虚假情报干扰、高价值情报得不到有效利用等情报失察失误现象仍然屡见不鲜。

此外,思考和研究情报问题及其相关因素,还绝对不能忽视一个关键性约束条件——以博弈双方的重要利益矛盾冲突为背景。情报就是能够"减少冲突中的不确定性"[①]的知识。如果进一步引申的话,大致可以得到下述基本结论:

(1)情报是对抗、竞争、攻防甚至无情杀戮的产物。真正的情报具有重要价值,获取和利用情报就预示着获得收益;获取和利用核心情报就意味着获得重大收益。只有各自利益存在对立尤其是根本利益存在严重对立的博弈、冲突和敌对的双方,才会千方百计地搜刮对方的情报,以图削弱、打击、战胜甚至消灭对手,赢得竞争优势和搏击胜利。双方的切身利益差异越大、对抗性越强,攫取对方情报的决心、意志、动力就越强。因此,一般说来,自己人、盟友之间甚至是存在细小矛盾和利益差异的双方,就不存在或者不应该存在针对性的情报活动,而应该是通过信息沟通交流,以求得增进了解、达成共识。

(2)情报一般不具有共享性,或者说其共享的范围十分狭窄。为了一举击败对手或敌方,使其毫无还手之力,甚至致之于死地,能否获得关键性情报显得尤其重要。情报不是大众用品、公共器物,情报必须保密,只允许合法用户获知和利用。情报获知和利用的范围需要受到严格限制。密级越高的情报,获知和利用的范围就越窄,越不能共享。因为对手一旦获取了我方的情报,就会据此采取针对性举措,使得我方在双方对抗中更难以赢得优势和胜利。与此不同的是,信息则是可以共享的。

(3)情报是一种对各种搜集来的客观情报资源——情报素材进行深加工、

[①] 罗伯特·克拉克. 情报分析:以目标为中心的方法[M]. 马忠元, 译. 高金虎, 审校. 北京:金城出版社, 2013: 15.

精加工的产品。通过各种方法途径搜集来的客观情报资源只是原始的资料，只能称作情报素材，它们还不是情报，只有当情报工作者对这些情报素材进行加工处理之后才能生成了情报。因此，"情报"与"信息"之间既有密切联系，又有很大区别，绝对不能混为一谈。从本质上说，情报是情报工作者经过艰苦的脑力劳动而生产出来的知识型产品，是情报工作者知识创新的成果和智慧的结晶；而信息则是指对客观世界中各种事物运动状态及变化的反映。情报的附加价值远远大于信息，其生命周期也远远短于信息。

（4）情报是对用户具有参考借鉴意义的特殊知识，为政治、经济、外交、科研、生产、国防和军事领域的用户指挥决策服务。用户之所以愿意付出高昂代价来谋求情报，就是因为情报有利于提高指挥决策的科学性、预见性，有利于赢得与自己的切身利益密切相关的博弈、竞争或对抗的胜利。换言之，情报服务的对象不是一般公众而是特殊的重要的专门用户。

本书阐述的认知情报学相关基本理论问题特别是建构的认知情报学理论模型较好地把握住了客观情报资源、情报主体（本书中称谓为情报认知资源）以及关键性约束条件之间的关系，对于更为准确地揭示和把握情报现象和本质，推动情报学更有效地吸收认知科学、心理学、军事学、哲学和系统科学等相关学科的理论养分，助力情报学理论真正实现"成熟化建设和跨越式发展"都有着一定的意义。

本书的作者伟超博士本硕博期间相继接受过系统完整严格的心理学、心理攻防及情报学等多学科学术训练且成绩优异，在硕士、博士研究生学习之余，又在复旦大学全程旁听了国际关系、新闻传播等学科的硕博课程，最终斩获2020年度中国人民解放军国防大学十大优秀博士学位论文奖。我有幸作为导师，亲眼见证了伟超博士读博三年时间里的成长进步。情报思想源远流长，情报学理论博大精深。面向智能指挥决策趋势的认知情报学研究，是一个既"新"且"杂"却很有价值的学术课题，充满挑战性。本书的出版只能算是伟超博士在该领域探索前行的阶段性成果，书中论及的相关理论及模型，尚停留在学术思辨和逻辑论证层面，这些理论及模型的科学性与有效性还有待更系统严格的验证与评估。更进一步，如何在这些理论及模型的指导下，建构可运用于实际情报工作的实操性认知情报实践模型，设计出能够有效提升情报分析与情报利用质量水平的"路线图""施工图",诸如此类的问题须要久久为功,任重道远。衷心希望伟超博士能够持之以恒地坚持自己的学术追求,守正笃实,刻苦自励,久久为功,在认知情报学研究的道路上不断取得更多更大的成绩!

周　军

2022 年 8 月于沪上

目录

1 绪论 /1

1.1 研究背景 2
   1.1.1 智能化：应对智能化军事科技革命的需要 2
   1.1.2 新课题：推动情报学建设发展的需要 5
1.2 研究意义 5
1.3 概念界定 6
   1.3.1 认知 6
   1.3.2 认知情报学 8
   1.3.3 认知情报学原理探索与模型建构 15
1.4 研究思路与目的 17
   1.4.1 研究思路 17
   1.4.2 研究目的 18
1.5 研究方法与创新点 19
   1.5.1 研究方法 19
   1.5.2 创新点 21

2 认知情报学研究述评 /23

2.1 认知情报学缘起背景 24
   2.1.1 后现代主义的冲击 25
   2.1.2 哲学体系的牵引 25
   2.1.3 认知科学的影响 26
   2.1.4 相邻学科的启发 27
   2.1.5 数据时代的驱动 28
   2.1.6 传统范式的反思 28
2.2 认知情报学国外研究现状及述评 29
   2.2.1 个体认知研究阶段 30

- 2.2.2 社会认知研究阶段 ... 34
- 2.2.3 认知计算研究阶段 ... 40
- 2.3 认知情报学国内研究现状及述评 ... 43
  - 2.3.1 共引关键词分析 ... 44
  - 2.3.2 发展脉络分析 ... 44
  - 2.3.3 代表性作者网络分析 ... 46
  - 2.3.4 小结 ... 48
- 2.4 认知情报学军事领域研究现状及述评 ... 50
  - 2.4.1 认知情报学在军事领域的总体概况 ... 50
  - 2.4.2 认知情报学在军事领域的具体实践：以美军指挥官关键信息需求为例 ... 52

3 认知情报学基础理论探索 /57

- 3.1 基本观点：信息加工观与建构主义观 ... 57
  - 3.1.1 信息加工观的内容及作用 ... 57
  - 3.1.2 建构主义观的内容及作用 ... 58
- 3.2 情报感知登记 ... 59
  - 3.2.1 感知信息加工概述 ... 60
  - 3.2.2 绝对感觉阈限理论 ... 61
  - 3.2.3 知觉模式识别假说 ... 62
- 3.3 情报注意隧道 ... 63
  - 3.3.1 注意的分类 ... 63
  - 3.3.2 注意的指向性：选择模型 ... 64
  - 3.3.3 注意的集中性：分配机制 ... 66
- 3.4 情报记忆瓶颈 ... 68
  - 3.4.1 瞬时记忆的信息加工 ... 68
  - 3.4.2 短时记忆的信息加工 ... 69
  - 3.4.3 长时记忆的信息加工 ... 71
- 3.5 情报知识表征 ... 74
  - 3.5.1 知识的表征 ... 75
  - 3.5.2 知识表征的重要方式：图式 ... 75
  - 3.5.3 知识表征的存储样式：内隐与外显 ... 78

3.6 情报思维过程 79
   3.6.1 情报思维的基本维度：问题解决 79
   3.6.2 情报思维的高阶维度：专家思维 80
   3.6.3 情报思维的载体维度：语言理解 83
3.7 情报认知风格 85
   3.7.1 美军情报认知风格划分类型 86
   3.7.2 北约情报认知风格划分类型 87
3.8 情报认知偏差 88
   3.8.1 认知偏差的环节表现 88
   3.8.2 认知偏差的内在原则 89
   3.8.3 认知偏差的外在表现 90
3.9 情报认知监控 92
   3.9.1 元认知的基础概念 92
   3.9.2 元认知的监督功能 93
   3.9.3 元认知的调控功能 93

4 认知情报学理论模型建构 /95

4.1 理论模型的逻辑概述 95
   4.1.1 基础资源：情报工作存在两种资源限制 96
   4.1.2 核心机理：认知资源有限与结构个性化 99
   4.1.3 基本领域：情报支援与情报对抗 103
   4.1.4 小结 105
4.2 基于认知资源角度的情报支援领域 106
   4.2.1 己方情报认知资源角度 106
   4.2.2 对方情报认知资源角度 113
4.3 基于认知结构角度的情报对抗领域 117
   4.3.1 主体情报认知结构构成 117
   4.3.2 己方情报认知结构角度 120
   4.3.3 对方情报认知结构角度 129
4.4 模型小结 135

5 认知情报学理论模型检验 /137

5.1 战例选择与相关资料说明 138

  5.1.1 伊拉克战争案例选择说明 138
  5.1.2 战例相关资料说明 139
  5.1.3 联合作战发展说明 140
 5.2 "从入侵到叛乱"阶段的理论模型检验 141
  5.2.1 基于认知资源角度的情报支援领域 142
  5.2.2 基于认知结构角度的情报对抗领域 144
  5.2.3 小结 147
 5.3 "从叛乱到内战"阶段的理论模型检验 147
  5.3.1 基于认知资源角度的情报支援领域 147
  5.3.2 基于认知结构角度的情报对抗领域 148
  5.3.3 小结 149
 5.4 "从内战到撤军"阶段的理论模型检验 150
  5.4.1 基于认知资源角度的情报支援领域 150
  5.4.2 基于认知结构角度的情报对抗领域 150
  5.4.3 小结 152
 5.5 本章小结 153

6 总结与展望 /154

 6.1 理论模型建构意义 154
  6.1.1 目标方面：确立具有中国特色的发展目标 155
  6.1.2 主体方面：确定人是胜负的决定因素 159
  6.1.3 技术方面：探索智能时代的"人—技"关系 170
  6.1.4 维度方面：促进"信息维度+认知维度"的纵向融合 ... 173
  6.1.5 领域方面：实现横向领域一体化发展 178
  6.1.6 对手方面：应对当前强敌的威胁与"修昔底德陷阱" ... 183
 6.2 对研究不足之处的梳理及未来研究展望 187

参考文献 /188

 一、中文文献 188
 二、外文文献 200

后记 /209

绪　论

20世纪30年代初美国经济大萧条时期,发生了这样一件事情:当消费者购买能力不足时,工厂即使生产再多的牛奶也只能将其倒进下水道。这个事例不仅揭露了资本主义残酷剥削的真相,更加生动地体现了工业革命所造成的供需矛盾新现象——即使有充足的供给,但需求不足时,事物的价值依旧无法充分发挥。在此之前,人类社会的供需矛盾主要表现为供不应求,对需求侧缺乏关注。而马克思敏锐地察觉到,工业革命带来的生产力大解放,使物质资源的供需平衡发生了变化,由此提出了供需矛盾等生产关系应随生产力发展而变革的著名论断。

时至今日,社会已由工业革命发展至信息革命,但当我们把"牛奶"换作"情报",把"消费者购买能力"换作"人的认知能力",把"工厂生产线"换作"情报工作"时,会发现上述的供需矛盾仍然存在。信息革命带来的信息大爆炸,使情报工作的供需关系同样发生了变化:受制于人类主体认知能力的不足,情报工作虽然能够搜集、组织海量客观情报,却往往得不到有效利用。

伴随着信息革命的深化尤其是大数据及智能化浪潮的来临,这种情报供需矛盾将日益突出:一方面,制约客观情报资料的搜集、存储与传递等的关键性问题均得到有效缓解,对数据、文献等进行处理的情报理论与技术得到前所未有的发展,情报工作效能理应得到全面提升;另一方面,受制于人类的认知能力,有用情报被虚假情报、无关情报干扰掩盖,导致以"珍珠港事件"和"9·11"事件为代表的情报失察、失误屡见不鲜。由此,情报学及情报工作呼唤一场以探索与提升人类认知能力为根本目标的供给侧改革。

从认知角度展开探索,情报学最早可追溯至20世纪70年代末情报学认知学派的诞生[1]。受情报学家教育经历及知识结构等因素的影响,早期研究往往

---

[1] DE MEY M. The cognitive viewpoint: its development and its scope [J]. Communication & Cognition, 1977(2): 7-23.

归因并止步于认知偏见，却较少对认知偏见背后的深层认知机理进行探究，自然也无法帮助情报主体提升合理安排能力和自身情报认知能力。为弥补传统认知学派研究的不足，情报学积极借鉴与吸纳认知科学近年取得的丰硕成果，并在 21 世纪初形成了认知情报学这一新兴学科[①]。认知情报学作为一门同时研究认知科学和情报科学的融合学科，既不是追随认知浪潮而拼凑出来的时髦概念，也不仅仅是定位于情报学的分支子学科，它代表的更像是一种"以人为本"的情报学科自我审视之思潮。

细化至认知情报学研究而言，由于认知情报学与智能指挥决策均以"人的认知"为研究核心，两者有着天然的密切联系，甚至现代情报学、认知科学的兴起也与第二次世界大战中军队的指挥问题有关。因此，认知情报学研究致力于促进情报与指挥两大领域的深度融合，实现"信息优势＋认知优势＝指挥决策优势"。以毛泽东同志的著名论述为例："指挥员的正确的部署来源于正确的决心，正确的决心来源于正确的判断，正确的判断来源于周到和必要的侦查，和对于各种侦查材料的联合起来的思索。"[②] 过去，我们情报工作的重点往往在于"周到和必要的侦查"，却将"各种侦查材料的联合起来的思索"人为分割至指挥范畴。认知情报学研究以指挥员、情报人员等指挥人员共有的"认知"为着力点，不仅强调各类各级情报人员、情报工作的步调一致，还强调情报与指挥之间的无缝连接，最终推动情报链与指挥链合并为"杀伤链"。

1.1 研究背景

1.1.1 智能化：应对智能化军事科技革命的需要

党的二十大报告强调，人民军队要坚持机械化、信息化、智能化融合发展，研究掌握信息化、智能化战争特点规律。在新一轮科技革命和产业变革的推动下，人工智能等新兴技术将在军事领域中广泛应用，由此推进信息化战争深化

---

① 以 2002 年成功举办的第一届认知情报学国际年会为旗帜，认知情报学作为独立概念与学术领域正式形成。
② 中共中央文献编辑委员会. 毛泽东选集：第一卷［M］. 北京：人民出版社，1991：179.

发展，智能化战争的雏形已经显现。当前的智能化浪潮，并不是一般的技术改进与升级，而是一场波及军事各领域的根本性革命。2020年5月，北约基于其6000余名科学家的研判分析，发表了题为《科技趋势：2020—2040》(Science & Technology Trends 2020—2040)的报告，提出"智能化"是未来关键军事技术的首要特征，尤其在作战指挥和战略决策方面拥有重要优势。这一报告无疑是智能化军事科技革命来临的又一力证。智能化军事科技革命在极大提升战斗力的同时，也给包括情报工作在内的军事各领域带来影响与冲击。2019年1月，美国国家情报总监办公室发布的《2019年国家情报战略》明确提出，人工智能技术与情报工作一体化要作为美国未来情报发展战略的七大任务之一。美军在"第三次抵消战略"中也明确将人工智能作为情报工作的重点发展方向。2023年7月，该办公室发布的《2023—2025情报界数据战略》进一步指出，情报界人才队伍要转变为数据驱动型，才能更好地为人工智能技术的运用奠定基础。对此，情报工作需要未雨绸缪，通过调整改变以更好地面对智能化浪潮。具体来说，智能化军事科技革命为认知情报学研究一是提出了技术需求，二是提供了技术支撑，三是带来了技术挑战。

首先，智能化军事科技革命提出了技术需求，认知情报学将作为新出现的军事智能技术群中的关键一环。在此次军事科技革命浪潮中，技术累积效应与协同效应带来的技术接连革命的新态势尤为明显：一种技术的进步会激发另一种技术的出现或重大改进，智能技术的发展呼唤实现以认知情报学为代表的"认知科学+信息科学"新跨越。在智能技术发展之初，人的认知研究就与其有着紧密联系。1936年，被称为人工智能之父的图灵在其发表的重要文章《论可计算数》中，就对心理认知与计算机的关系进行了探索。1950年，图灵在《计算机与心智》一文中提出了著名的"图灵测验"，为后来的人工智能发展提供了"人类心智＝智能计算机"这一基础假设。1956年，达特茅斯会议正式提出"人工智能"这一术语，其目标就是研发与人类认知相似的机器系统。几十年来，认知始终是智能技术的目标与需求。智能化技术在军事领域尤其是军事情报领域的应用，需要认知情报学厘清指挥人员的认知现状和发展特点，才能建立并训练出科学合理的智能算法。

其次，智能化军事科技革命提供了技术支撑，使认知情报学有望成为新质战斗力和新的学术领域。认知情报学的相关思想在20世纪六七十年代就已出现，但长期以来仍未形成独立领域，只能作为一种思潮，其重要原因就是存在技术限制。但随着智能化军事情报技术的发展与应用，制约情报搜集、存储与传递等的关键性技术问题得到有效缓解，IT（互联网技术）研究关注点能够从"T"（技术）向"I"（人）转变。由此，人们从简单重复的基础性情报工作中解放出来，得以集中精力解决情报认知与指挥决策等高级情报心理活动中出现的问题。

最后，智能化军事科技革命也带来了技术挑战，要求认知情报学加以应对与完善。恩格斯曾说："一旦技术上的进步可以用于军事目的并且已经用于军事目的，它们便立刻几乎强制地，而且往往是违背指挥官意志而引起作战方式上的改变甚至变革。"[1] 智能技术在给军事情报工作带来巨大收益的同时，也提出了严峻的技术挑战：①情报工作的目标与任务升级。直至信息化时代，军事情报工作千百年来主要侧重于回答"是什么"的问题，态势感知也一度成为情报工作的代名词。但智能技术带来的认识论变革，使人类认识世界有了新的视角与方法，也使军事情报工作要在"是什么"的基础上回答"为什么"的问题。这就要求对敌我双方的认知进行研究，利用认知的高解释性促使"知己知彼"进入更深层次。②军事智能技术的发展使军事情报工作面临数据大爆炸的困境。传统军事情报的工作方法与机制等往往建立在数据稀缺的基础之上，还未适应当下这个数据冗余的时代。如何处理数据冗余但情报稀缺的矛盾，其本质就是提升情报工作解释性的问题，这要求我们深化对"人的认知"这一新路径的探索。③情报人员的价值与定位遇到了挑战。早在2016年，机器人索菲亚就获得了沙特阿拉伯的国民待遇。这一事件虽然更多地被看作是工程学的噱头，但依然是具有历史意义的事件，因为这意味着人工智能在诸多领域具有了替代人类的可能[2]。智能化军事科技革命需要我们开始思考：情报人员在指挥决策环路中与人工智能机器有何区别？该处于何种位置？贡献何种价值？

---

[1] 中国人民解放军军事科学院.马克思恩格斯军事文集：第一卷[M].北京：战士出版社，1981：17.
[2] 王峰.人工智能时代重启人文概念[EB/OL].(2020-04-03)[2020-07-25].http://news.cssn.cn/zx/bwyc/202004/t20200403_5109419.shtml.

1.1.2 新课题：推动情报学建设发展的需要

时代的发展、技术的进步和国家建设（包括军队建设）的需要给情报学的发展建设带来了新的机遇和挑战。情报学作为一门应用型和交叉型学科，如何抓住机遇、迎接挑战，进而推动情报学的"成熟化建设和跨越式发展"①，是值得中国情报学界深思的重大问题。近年来，"情报学建设发展"始终是各类学术研讨活动的热门议题、各种专业期刊的保留选题、各级科研资助项目计划的基本论题，以及各个教学科研机构及其研究人员的关注课题。在中国科学技术情报学会和华中师范大学信息管理学院共同主办的"中国情报学年会暨情报学与情报工作发展论坛（2019）"上，与会专家认为"情报学学科建设与发展是学界的头等大事"②。

情报学的建设发展不能偏离情报的本质。情报学界的基本共识是：情报是一种特殊的知识，知识性是情报的本质属性。譬如，我国杰出科学家、"两弹一星"工程奠基人钱学森就曾明确指出，情报"是激活了、活化了的知识"，"就是为了解决一个特定的问题所需要的知识"，"信息（资料）是产生情报的基础，情报工作包含信息工作（资料工作），但信息（资料）不等于情报，而是产生情报的基础，获得情报还必须经过知识或信息的激活与活化过程"③。尽管今天的情报学又站在了一个新的转折点上，但是不管选择什么建设方案、发展路径，只有坚守情报的本质不动摇，不忘初心，才能确保我们的出发点、落脚点和目标点不出错。

1.2 研究意义

情报学的建设发展是必须重点关注的课题。本书面向指挥决策需求，立足情报学学科的前沿，运用多学科综合的视角与方法展开创新性的研究，对于推动情报学的成熟化建设和跨越式发展具有一定的理论价值。

---

①② 冯昌扬，单思远，肖海清，等. 中国情报学年会暨情报学与情报工作发展论坛（2019）纪要［J］. 图书情报知识，2020（2）：123-133.
③ 钱学森. 在一次学术报告会上的讲话［J］. 情报科学技术，1985（1）：3-4.

一是有助于进一步揭示和把握情报现象和本质，发展和完善有关情报学理论尤其是认知情报、情报认知等问题的已有认知成果。本书第二章对已有研究做了全面系统的述评，第三章对基础理论部分进行梳理分析，夯实了当前国内外相关文献的研究。

二是有助于情报学的军民融合性研究。近年来，尽管军、地情报学界合作进行课题研究、开展学术研讨、发表学术成果的现象日渐增多，但是对于情报学是否应该包括军事情报学、情报学是否应该进行军民融合性研究、情报学是否应该研究军事情报现象等问题，学界还存在认识分歧。笔者认为，在新时代，如果回避国家安全相关问题，不展开军民融合性研究，不探索军事情报现象，真正实现情报学"成熟化建设和跨越式发展"是难以想象的。个中缘由已有专家发表过宏论，这里不再赘述。

三是有助于推动情报学更有效地吸收相关学科的理论养分。"情报学要实现学科的丰富和创新，就要在基础研究上强化情报学与相关学科的知识融合，'拿来主义'并不是一件坏事，关键在于如何在情报学领域中发挥出跨学科理论和方法的独有价值"①。因此，综合运用各种相关学科的原理、技术、方法，展开跨界整合、集成创新是值得情报学研究人员积极尝试的推动情报学成熟化建设和跨越式发展的可选路径。面向智能指挥决策的需求，运用认知科学、心理学等学科知识，交叉研究情报学理论与现实问题，对于推动情报学更有效地吸收相关学科的理论养分具有示范作用。

1.3　概念界定

1.3.1　认知

在人类当前的诸多学科中，很多尚未得到有效解决的难题都有一个共同的根源，那就是对人的内心，尤其是对人类的认知过程及自然智能的机理缺乏深入了解。认知心理学认为，人由两大相互联系和相互作用的系统组成，一个是

---

① 曹文振，赖纪瑶，王延飞．人工智能时代情报学发展走向之辨：对本体论、感知论、方法论、服务论的再思考［J］．情报学报，2020（5）：557-564．

维持生存的系统，它涉及人类的情绪、需要、动机和意志等；另一个则是认知的系统，它涉及个体获取知识和经验的内部心理操作过程，以及个体学习与运用知识的过程[①]。从认知科学角度看，"认知"（cognition）是人获得知识和应用知识的过程，包括感知注意、记忆、思维、语言等[②]。其概念具有三层界定：一是研究对象主要强调从感知注意、记忆到思维的系列智慧过程；二是研究视角主要是将认知过程视为信息输入、编码、存储、提取的加工过程，而非对其一般特征的描述；三是研究理念上强调人们对信息与情报的主动建构，而非被动接受外界信息与情报。认知作为表征人们个体差异的关键心理因素，相关研究有利于加深情报学对主体识别、选择、获取和利用情报的特征、方式和行为的理解，并有利于建立情报主体和情报系统之间的渠道桥梁[③]。

认知科学及其相关研究，自诞生之日起就与军事和战争紧密相关。第二次世界大战空前的残酷性与对抗性，使指挥员在巨大压力下出现了注意力涣散等问题，匆忙入伍的新兵也难以快速掌握并操作较为复杂的武器装备，这些问题都有待专门的领域知识进行回答，认知科学由此萌芽。认知科学的探寻在二战后得到了延续，其中剑桥大学心理学家唐纳德·布罗德本特将相关研究与信息情报科学相结合，奠定了当今认知研究的主流——信息加工观[④]。目前，认知科学主要有四大理论体系，分别是物理符号论、联结理论、模块论和生态情境论。

就我国的认知科学发展而言，2006年1月，我国将"脑科学与认知科学"列入基础研究的八大前沿科学领域；2011年11月，中国认知科学学会的设置与成立，标志着认知科学在我国逐渐形成学术交流圈与专家共同体。认知科学作为一门融合学科，涉及信息学、心理学、计算机学、语言学、生理学和社会学等多个领域，在本书中主要采用心理认知的研究视角展开研究。

[①] 梁宁建.当代认知心理学[M].上海：上海教育出版社，2014：6.
[②] 彭聃龄.普通心理学[M].4版.北京：北京师范大学出版社，2012：2.
[③] 刘萍，叶方倩.基于认知观的信息搜寻行为研究综述[J].情报科学，2017（1）：161–166.
[④] 安德森.认知心理学及其启示[M].7版.秦裕林，程瑶，周海燕，等译.北京：人民邮电出版社，2012：9.

1.3.2 认知情报学

认知情报学[1]（cognitive informatics，CI）这一概念最早于 2002 年在国际电气与电子工程师协会（Institute of Electrical and Electronics Engineers，IEEE）主办召开的第一届认知情报学国际年会上被正式提出[2]。会议中，加拿大卡尔加里大学的王英旭（音译，Yingxu Wang）教授发表了一篇题为《主题：认知情报学》（*Keynote：On Cognitive Informatics*）[3]的论文，标志着"认知情报学"这一概念被正式提出。此后，以王教授为代表的国际团队对认知情报学展开了系列研究。综合而言，他们认为认知情报学（CI）是一门融合认知科学与信息科学的跨学科研究，主要弥补了传统信息科学忽略人类大脑是情报的原始来源与最终目的地这一基本事实[4]，因此，他们重点对大脑和智能系统的内部信息处理机制与过程进行研究[5]。目前，该团队相关研究主要涵盖大脑认知信息模型[6]、大脑分层参考模型[7]、人类感知机制[8]、认知计算[9]、认知机器学习[10]、

---

[1] 周军，刘伟超. 认知情报学的缘起与发展［J］. 文献与数据学报，2019（1）：3-10.
[2] 严贝妮，陈秀娟. 情报学与认知科学的碰撞和交融——认知情报学的产生与发展趋势探微［J］. 情报理论与实践，2013，36（12）：1-5.
[3] WANG Y X. On cognitive informatics［C］. The 1st IEEE International Conference on Cognitive Informatics，2002.
[4] WANG Y X. On cognitive informatics［J］. Brain and Mind，2003，4（2）：151-167.
[5] WANG Y X，KINSNER W，ANDERSON A J. A doctrine of cognitive informatics［J］. Fundamental Informatics，2009，90（3）：203-228.
[6] WANG Y X. The OAR model of neural informatics for internal knowledge representation in the brain［J］. International Journal of Cognitive Informatics and Natural Intelligence，2007，1（3）：64-75.
[7] WANG Y X，PATEL S，PATEL D，et al. A layered reference model of the brain［C］. The 2nd IEEE International Conference on Cognitive Informatics，2003.
[8] CHEE S A，ZAPHIRIS P. On the cognitive processes of human perception with emotions，motivations，and attitudes［J］. Journal of the American Society for Horticultural Science，2007，1（4）：1-13.
[9] WANG Y X. Cognitive informatics：towards future generation computers that think and feel［C］. The 5th IEEE International Conference on Cognitive Informatics，2006.
[10] KINSNER W. Towards cognitive machines：multiscale measures and analysis［C］. The 5th IEEE International Conference on Cognitive Informatics，2006.

自然智能①、神经信息学②、计算智能③和认知机器人④等。根据相关主题，我们不难得出，首创团队的研究主要偏向于信息科学与计算机科学领域，与我国当前情报学科主流研究并不十分吻合，在一定程度上可以称之为"认知信息学"。王英旭教授后来被美国斯坦福大学聘为计算机科学系客座教授也可佐证这一点。国内外其他相关研究各有定义，尚未形成一致的理论概念。

本书通过对国内外相关研究的分析梳理并结合国内情报学科研究方向，认为相关概念可界定为：认知情报学（cognitive informatics）是从信息加工视角，研究情报生产、搜集、加工、传递、利用、投送和评估等过程中情报主体的认知过程、认知结构与认知特点的领域与学科。

从广义来说，认知情报学包括所有认知科学与情报科学交叉融合的领域（图1-1）：一方面是研究认知对客观情报的影响，即狭义的认知情报学，该方面也是传统情报学认知学派的研究重点；另一方面也研究客观情报对认知尤其是认知重塑的反作用，这一方向在以往的情报学研究中较少涉猎，但对军事领域的情报对抗与商业领域的竞争情报有重要意义。研究客观情报对认知心理的影响与塑造，尤其是探索情报的认知对抗领域，不仅有利于为情报工作提供相较于传统信息视角更广阔的活动空间，增添"对抗"环节，还有利于更好地解释军事领域尤其是联合作战中的"心理作战"向"军事信息支援行动"转变的深层趋势⑤。

---

① WANG Y X. On abstract intelligence: toward a unifying theory of natural, artificial, machinable, and computational intelligence [J]. International Journal of Software Science and Computational Intelligence, 2009, 1 (1): 1-17.
② WANG Y X. The theoretical framework of cognitive informatics [J]. International Journal of Cognitive Informatics and Natural Intelligence. 2007, 1 (1): 1-27.
③ WANG Y X, ZHANG D, TSUMOTO S. Preface: cognitive informatics, cognitive computing, and their denotational mathematical foundations [J]. Fundamental Informatics, 2009, 90 (3): 1-7.
④ WANG Y X, HOWARD N, KACPRZYK J, et al. Cognitive informatics: towards cognitive machine learning and autonomous knowledge manipulation [J]. International Journal of Cognitive Informatics and Natural Intelligence, 2018, 12 (1): 1-13.
⑤ 2010年6月21日，美军正式将"心理作战"改名为"军事信息支援行动"，凸显了认知心理与情报的深度融合趋势。

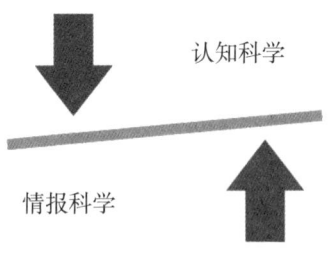

图 1-1　广义认知情报学的研究范围

从狭义来说，认知情报学的内容领域主要分为如下几类：一是情报工作人员在加工中的认知，二是情报用户在利用中的认知，三是情报智能系统的认知算法，四是情报工作人员、用户、情报智能系统之间的认知匹配，以及情报过程中对主体认知产生影响的外界因素等（图1-2）。狭义认知情报学的根本逻辑假设为：第一，情报的有效利用需要以情报主体（包括情报人员、情报用户、情报智能系统等）的认知为中介；第二，认知资源在一定时间内是有限的，并存在多种影响因素；第三，基于前二，需要进行专门的科学研究，以便有效提升情报认知的资源总量并进行合理分配。

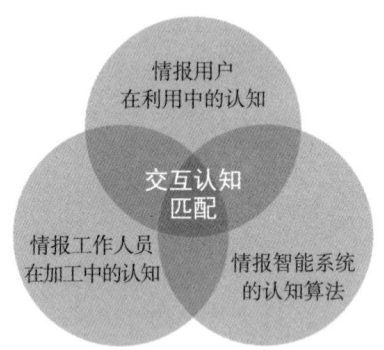

图 1-2　狭义认知情报学的研究范围

值得指出的是，认知情报学作为一门横跨认知科学和情报科学的新兴融合学科，在学科建制化的视角下，目前相关研究尚未达到学科成熟与独立的条件及标准，只能称之为"研究领域"，但其发展趋势和未来前景又显示其具有发展成为"学"的可能性。为引起国内学者的关注与兴趣，本书暂且将该领域称为"学"。此外，由于认知情报学是多学科融合的新生事物，因此有必要将其与"情报学用户研究""情报学认知观"和"认知心理学"相区别，以下详述。

1 绪　论

1.3.2.1　与情报学用户研究相区别

认知情报学与传统的情报学用户研究，两者虽有重叠但并不完全相同。传统的情报学用户研究主要分为用户心理研究和用户行为研究，而用户心理研究中的用户认知研究仅是其中的一小部分，主要集中于用户需求研究（图1-3）。用户行为研究与需求研究积累了丰富的成果，为推动情报学发展提供了巨大助力，但都存在先天缺陷——过于依赖用户主动表现出的行为与需求。以用户情报需求类别为例（图1-4），相关研究中真正起效的仅是"表达出的情报需求"，但其一来可能被"非真实的情报需求"所误导，二来也可能错过"未意识到的情报需求"和"未表达出的情报需求"。用户行为研究与此相似。仅仅将用户作为情报主体，实际上忽略与否定了情报工作人员的认知与心理[①]，同时也忽视了情报工作人员与用户之间存在的情报认知差异。

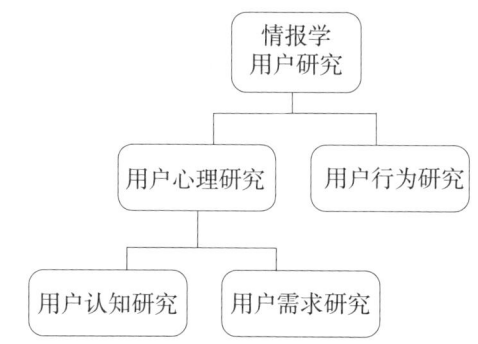

图1-3　传统的情报学用户研究类别概略图

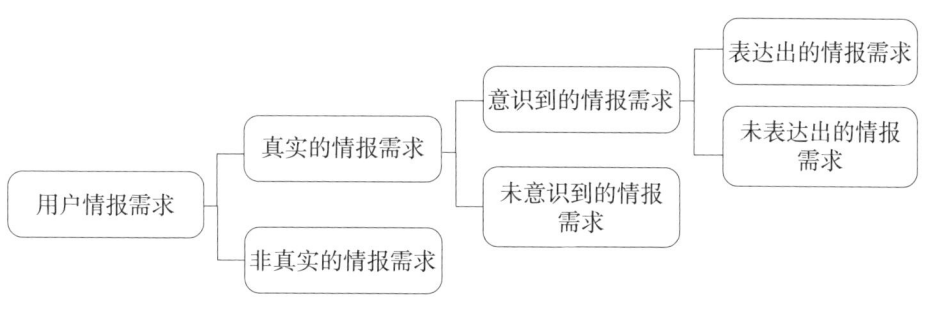

图1-4　用户情报需求类别示意图

---

① 赵冰峰. 论情报的逻辑［J］. 情报杂志, 2010, 29（5）: 66-69.

首先，认知情报学将研究对象扩展至情报主体，不仅包括用户，还包括情报工作人员，乃至作为辅助的情报智能系统（图1-5）；其次，在研究领域上，以信息加工视角对认知进行研究，使主体内在的心理认知结构得以"外显"，同时避免了遗漏和误判；最后，可作为对情报心理整体研究的重点抓手，这是由于相关研究发现，态度、兴趣、情绪、意志等多种心理因素对情报主体的影响均是以认知为中介[1][2][3]。因此，对认知展开研究，就能在整体情报心理研究中抓重点、理头绪。

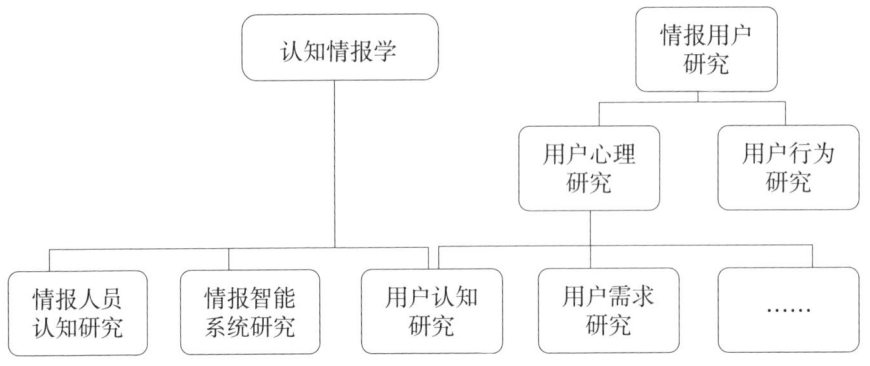

图 1-5 认知情报学与情报用户研究区别示意图

1.3.2.2 与情报学认知观相区别

情报学认知观是情报学传统认知学派的代表性观点，也是认知情报学的雏形（详见"2.2.1"部分）。情报学认知观为认知心理学奠定了三大研究基础：一是通过对情报认知及知识结构的研究，确立了"以人为中心"的情报学研究导向；二是明确了文本、数据、信息等情报客体与情报主体的关系，指出情报客体并不是单独存在的，只有以主体认知为中介才能发挥作用；三是批评了当时情报系统建设中忽视主体的错误路线，主张情报系统和用户之间的交互应在认知层面而非物理层面，促进了情报智能系统的主体驱动研发。

---

[1] 黄珊.非智力因素对情报分析的影响研究[D].郑州：郑州大学，2015.
[2] 周鹏，韩正彪.非智力心理因素对情报分析过程的影响机理[J].图书情报工作，2011，55（16）：25-28，49.
[3] 严贝妮.情报分析中的个体认知偏差及其干预策略研究[M].北京：中国社会科学出版社，2016：52.

认知情报学又在情报学认知观的基础上，实现了三大研究突破。

第一，实现了研究路径的突破。情报学认知观带有浓重的情报用户研究色彩[①]，对主体认知的研究往往局限于对用户知识结构非常态的描述和解释。但用户知识结构的直接研究存在两大先天困难，一是用户知识结构是动态变化的；二是用户受无意识、潜意识等因素影响，有时也无法清楚准确地对自己的知识结构非常态进行描述和分析。因此，单纯依靠对用户知识结构的研究来改善情报认知显然是不够的，这也是情报学传统认知学派陷入低潮的关键原因。认知情报学引入认知科学的信息加工研究视角，把认知活动比喻为信息加工流程进行研究，知识结构成为认知加工若干流程中的一环，使情报认知的研究路径得以拓展并绕开了原有阻碍。

第二，实现了研究机理的突破。情报学认知观认为，情报活动出现认知失误，除了因为个体的知识结构不符合当前情报任务外，主要是由个体存在的认知风格、认知陷阱等偏见所导致的。但本书认为，认知偏差绝不是情报认知失误产生的根本机理。虽然认知偏差听起来较为贴合情报活动中出现的认知失误现象，并且认知偏见目前仍是国内情报认知研究的热门领域，但深入了解认知偏见后可知，几乎每个人都存在个性化的认知风格，甚至可能陷入认知陷阱，所谓的认知偏见只是与绝对理性思维相较而言的概念。作为每个人都可能出现的普遍现象，在社会学和统计学视角下，认知失误就是正常现象，不能被简单称为"偏见"或"偏差"。本书通过对认知科学最新研究成果的梳理分析，认为认知偏见并不足以完全解释情报活动的认知失误。认知资源有限性和由此产生的认知结构个性化，才是决定情报认知活动的关键因素和认知偏见产生的根本原因，也应是情报认知研究的核心机理（详见"4.1.2"部分）。

第三，实现了研究范围的突破。一方面，认知情报学将研究主体由传统的情报用户扩展至情报人员、情报智能系统；另一方面，情报学认知观的相关研究过于关注个体认知，但人们的认知也受其所处的社会、文化、组织和情境等

[①] 《中国情报学百科全书》编辑委员会.中国情报学百科全书[M].北京：中国大百科全书出版社，2010：232.

因素影响。认知情报学开始关注更广的维度,增添了情报认知的社会属性,有利于情报工作的高效开展。

1.3.2.3 与认知心理学相区别

认知心理学又称信息加工心理学,诞生于20世纪50年代,是一门研究认知活动及相关心智活动的科学领域。该领域由认知科学与心理学融合而成,是当今心理学主流学派。认知情报学与认知心理学有诸多相通之处,但两者也有显著区别。

一是研究目的不同。认知情报学对认知的关注,主要还是将其看作手段,瞄准的是情报活动,其根本目的是促进情报的有效生产、搜集、传递、利用与评估以及决策辅助;认知心理学则把对主体认知活动的探寻作为其研究的根本目的。

二是融合方向不同。从广义而言,认知情报学与认知心理学都是认知科学与信息科学相互融合形成的交叉领域,但它们与这两大科学领域的融合方向却恰好相反(图1-6)。认知情报学是以情报为基础,引进心理认知的理论与方法,情报是根石,认知是枝叶。认知心理学则是以心理认知为基础,借鉴情报学科的理念,如把人视为情报装置,把认知活动过程视为情报编码,把认知资源视为通道容量,等等,因此认知才是根本,情报只是一种比喻视角。

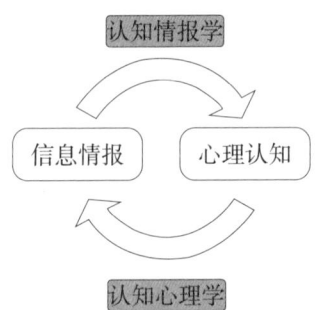

图1-6 认知情报学与认知心理学的学科融合区别示意图

此外,当前认知心理学面临一些发展困境,也出现了相应转向,强调要把认知放到实际的工作生活中进行检验,即具身认知概念[①]。因此,认知情报学

---

① 叶浩生.认知心理学:困境与转向[J].华东师范大学学报(教育科学版),2010,28(1):42-47,90.

在一定程度上可以看作认知心理学在具体情报领域和实际工作生活中的运用，是认知心理学新转向的具体拓展。

1.3.3 认知情报学原理探索与模型建构

综合上述概念界定，可将"认知情报学原理探索与模型建构"理解为：基于信息加工观和建构主义观的联合视角，研究探索指挥管理者、参谋人员、情报人员及智能情报系统等在情报生产、收集、加工、传递、利用、投送和评估等过程中的认知过程、认知结构与认知特点，并据此进行模型建构。

从学科归属来看，认知情报学属于情报学分支理论，是着眼于国家安全与发展的大情报学之有机组成部分。同时，它也隶属于指挥、管理和决策等科学，属于情报学和上述学科领域的交叉理论成果，是服务于科学指挥的知识体系。

从研究目的来看，其根本任务在于增强指挥决策的成效，为我方夺取基于信息优势的决策优势提供情报途径；其核心任务在于提升人类和人工智能系统等主体在情报各环节的认知能力，打通"数据—信息—情报—知识—智能"环路的"最后一公里"。

从提升路径来看（图1-7），一是从人自身的角度，一方面帮助个体改进其情报认知策略及模型，另一方面帮助指挥主体在组织内部基于情报共享形成认知共享，推动我方由"信联"向"心联"转变；二是从人机结合角度，提供认知辅助工具，一方面用机器帮助主体提升情报认知能力，另一方面监控主体对情报的认知情况，避免主体落入认知盲区与认知陷阱。

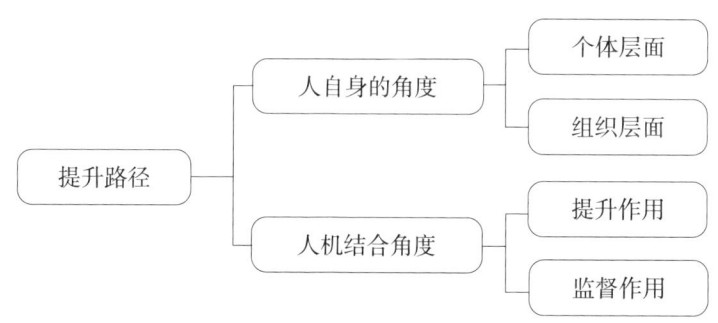

图 1-7　认知情报学原理与模型的提升路径示意图

认知情报学原理探索与模型建构具有以下特点。

一是研究主体不仅局限于指挥管理者等传统情报用户，还包含参谋人员、情报人员、情报智能系统。研究主体将被更多地视作一个朝向共同目标的整体而非零散个体。此外，还涉及具有人工智能属性的情报保障系统，体现出人机结合的搭配结构。为便于表述，在此之后的正文中，本书将用"指挥人员"这一名词作为上述研究主体的统称。

二是研究范围方面更为新颖。情报认知过程被类比为信息符号的加工分析过程，借助"符号"[①]这一概念，指挥人员的情报认知的内在心理过程得到外显，并具有可操作性。这表明认知情报学的研究范围与情报学传统用户心理研究的间接型路径具有很大差异：情报学传统相关研究通过用户需求、用户行为等外在表现来间接研究用户心理，而认知情报学则采用类比方法，主要研究情报注意（情报的接收）、情报记忆（情报的存储）、情报决策思维（情报的加工处理）等新环节。

三是研究目的和最终价值主要体现为两方面：一方面是为我方指挥决策节约有限的认知资源，并尽可能浪费和消耗对方指挥决策体系的认知资源；另一方面则是完善、共享我方的认知结构，并扰乱、滞后对方的认知结构与指挥决策流程。

四是由于情报认知过程被视为一系列信息符号的加工分析过程，因此最终可以并应当建立情报认知过程的模型/程序，且该模型/程序具有逻辑序列化的特点。从结构来看，该模型/程序可分为两大领域：一是基于认知资源角度的情报支援领域，主要包括情报的感知、注意、记忆等环节；二是基于认知结构角度的情报对抗领域，主要包括知识表征、思维过程、认知风格、偏差与监控等。两者相互关联，一方面，没有情报感知等支援活动，情报的认知结构就无法有效形成；另一方面，认知结构一旦形成，就会成为情报的认知框架，对情报的感知、注意等支援活动产生重大影响。

---

① "符号"是指能代表或说明其他事物的一切东西，如语言、标志、记号等。符号不仅能够表征外部事物，还可以表征信息加工的操作。

1.4 研究思路与目的

1.4.1 研究思路

本书的研究思路及整体逻辑架构为：

第一，情报学与军事情报工作的科学全面发展依赖于两部分研究：①对数据、信息、文献等客观情报资源的研究；②对用户、工作人员等情报主体的研究。两者犹如鸟之两翼，不可偏废。然而，有一段时间内对情报主体的研究相对不足，导致情报学与军事情报工作的上述两部分出现失衡。

第二，由于难以对情报主体的内在心理进行直接研究，因此过往研究只能依赖情报主体的自我报告或相关行为分析，导致已往对情报主体的研究集中于"需求"领域。按照传统研究路径，研究得到的所谓情报主体需求——"表达出的情报需求"——仅仅是其真正需求的一小部分，也就意味着，针对情报主体的研究需要开辟新路径。

第三，随着现代认知科学的发展，"认知"成为研究主体心理这一黑箱的有效新路径。与传统需求研究相比，认知研究更为客观中立且对主体自我报告依赖较少。传统情报学研究也会关注认知，但重点与热点集中于认知偏差、认知偏见等领域。此类研究对于情报学的发展及军事情报工作的开展起了一定作用，但存在两大根本性问题：①情报主体存在认知失误与偏见，并不能完全客观、理性地对情报进行加工与利用。这就导致在哲学先验层面，以负面、消极的视角看待情报主体，认为其存在缺陷并需要以情报技术进行弥补。主体实质成为需要被情报工作"拯救"的对象，这无疑与情报学一直主张的"以人为中心"的积极观点相悖；②所谓的认知失误与偏见，在逻辑学意义上确实存在，但从社会学与统计学角度来看，每个人在每时每刻都可能出现的整体性认知偏移，是否应被称为失误或偏见呢？显然，答案是否定的。更为重要的是，所谓存在即合理，当每个人都存在所谓的认知失误或认知偏见时，也就意味着其背后必定还有规律性的、更深层的机理存在。因此，情报学的认知研究绝对不能仅仅停留在认知失误与认知偏见的浅表层面。

基于此，本书首先在哲学先验层面，以更为正面、积极的视角看待情报主体，认为其经过若干年的进化优选，自身具备情报工作所需的认知能力与水平。

因此，认知情报学的重点不是关注主体的认知瑕疵，而是帮助其唤醒、提升并合理分配认知能力；接着，综合运用认知科学的最新研究成果与理论，以"认知偏差"这一相对中性的词汇代替"认知失误"与"认知偏见"，并对其深层机理进行探索；最终，提出认知资源有限性与认知结构个性化才是情报认知的核心机理，并整合建构出新的理论模型。

本书共分为六章：

第一章为绪论，主要探讨认知情报学研究的背景、意义、概念、思路与方法等，重点对相关概念进行界定，并与相邻概念进行区分。

第二章为认知情报学研究述评，重点对国内外、军事领域已有的研究进行梳理归纳。这是由于本书对认知情报学这一新兴学术领域展开了尝试性探索，需要翔实清晰的文献综述来奠定研究基础。

第三章、第四章和第五章为本书的主体部分。第三章主要对基础理论进行研究，第四章依据基础理论对整体理论模型进行建构，第五章则以美军在伊拉克战争中的实战战例，对理论模型进行检验。

第六章为总结与展望，对理论模型的意义与价值进行总结，对研究的现有不足进行梳理，对未来理论探索与实践应用进行展望。

1.4.2 研究目的

本书的研究目的是通过梳理认知情报学的现有研究与基础理论，建构认知情报学理论模型，并且检验这一理论模型的科学性、有效性。这一目的的内涵主要包括：

一是推动情报学的供给侧改革。从情报主体角度而非客体情报角度，对情报工作进行探讨。明确情报的加工与利用是以主体的认知资源为中介进行的，并以知识等认知结构的改善为最终目的。解决情报学面临的有用情报缺失、无用信息泛滥这两大问题，从而帮助情报学回归至"情报是激活的知识"的本质和"耳目尖兵参谋"的核心定位。

二是推动情报学与其他学科融合。认知情报学的研究，最为显著的是推动情报学与认知科学相互融合，还有利于情报学与指挥决策学融合。除此以外，还有利于情报学与心理学、语言学、哲学、脑科学、人工智能等学科领域有机融合，从而帮助情报学扩展新的学科外延。

三是提升情报工作的实践效能。认知情报学的研究不仅仅是查漏补缺式解决情报认知的失误失察问题，而是从情报全程的各个认知环节入手，通过提升情报主体认知能力来整体提升情报工作的实践效能。

四是对认知情报学历史进程进行总结梳理。就情报学而言，学科史相关研究的不足，使今天的许多研究仍然重复着过去已经明确的问题①。认知情报学作为情报科学和认知科学的交叉领域，目前在国内外均属新兴领域。截至2022年8月，国内直接以"认知情报学"为题的文献仅有5篇（且3篇为笔者撰写）②③④⑤⑥，亟须对该领域的全局性及全程性做进一步分析。

五是对情报认知的核心机理进行探索。通过研究发现，情报认知的核心机理可概括为认知资源有限性与认知结构个性化两方面。基于两大核心机理，对情报工作尤其是军事情报工作的变革进行探索显得尤为迫切。

1.5 研究方法与创新点

1.5.1 研究方法

研究方法是指人们在解释新现象、提出新观点、探索新理论、揭示事物内在规律时，所运用的各种工具和手段等。具体来说，大致有两层含义：一是已经获得的科学知识和理论，其对于认识新的求知对象具有指导性的方法论作用；二是为了研究和解决某一科学课题所设立的各种认识手段，既有物质工具，也有思想方法。基于上述两层含义，本书的主要研究方法有：

---

① 柯平.迎接下一代情报学的诞生：情报学的危机与变革[J].情报科学，2020，38（2）：3-10.
② 严贝妮，陈秀娟.情报学与认知科学的碰撞和交融：认知情报学的产生与发展趋势探微[J].情报理论与实践，2013，36（12）：1-5.
③ 庞娜.认知情报学：大数据背景下情报分析的新机遇[J].情报理论与实践，2018，41（12）：55-60，98.
④ 周军，刘伟超.认知情报学的缘起与发展[J].文献与数据学报，2019，1（4）：3-10.
⑤ 刘伟超，周军.认知情报学研究进展[J].情报资料工作，2020，41（6）：36-45.
⑥ 刘伟超，周军，叶姝雯.认知情报学对军事情报学的影响[J].中华医学图书情报杂志，2021，30（3）：54-57.

第一,文献研究法。坚持史论结合、整体把握、比较分析和辩证思考的原则,对情报学、认知科学、心理学、军事学、哲学和系统科学等多学科领域的著作、论文、报告、新闻、实验和案例等进行学习、分析、融合与提炼[1]。重点通过整合分析情报学、认知科学与心理学以及军事学等领域的相关经典和前沿文献,拓展研究思路并增加研究的理论深度和广度。

第二,知识图谱法。综合运用文献计量统计学与数据可视化分析技术,利用 Cite Space、Visio 等软件绘制相关研究领域的知识图谱,勾勒其发展脉络,追踪其研究前沿。其中,Cite Space 是由华裔科学家陈超美研发的第三代信息可视化软件,可通过对文献引文网络的分析,绘制整个学科或知识域在一定时期内的发展趋势,从而发现若干研究前沿领域的演进历程。它既能揭示静态的"知识结构框架图",刻画知识在学科上的结构关系;又能展示动态的"知识发展进程谱",体现知识在时间上的发展与流动[2][3],是对认知情报学进行整体梳理与分析的有效工具。

第三,内容分析法。运用内容分析方法排除个人主观色彩,从现存的材料出发,将所有相关材料看成一个有机的整体,遵从客观、严谨的逻辑思路,对材料进行全面、系统的研究。具体来说,一方面用数学统计方法,对相关材料进行量的分析;另一方面用定性分析方法,对相关材料进行一定的逻辑推理。

第四,信息加工观。信息加工观将人视作一类信息传递装置,而认知流程则类似于信息加工和处理的过程。具体来说,认知的感知、注意、记忆、思维等环节类似于信息的输入、加工、存储与输出等过程。与之相对应的是,认知也被视作一个由感受器、效应器、加工器和记忆装置共同组成的系统。在信息加工观视角下,指挥决策及其情报认知在本质上可被视为一个情报流动的过程。由此,相关研究可以直接观察两大范围内的情报流动:一是情报在指挥人员、指挥机关、指挥系

---

[1][3] 刘伟超,周军. 台湾地区脸书(Facebook)用户信息行为研究:基于用户和媒介的双重视角[J]. 台湾研究,2019(3):71-83.

[2] CHEN C M. Cite space Ⅱ:detecting and visualizing emerging trends and transient patterns in scientific literature[J]. Journal of the American Society for Information Science and Technology,2006,57(3):359-377.

统和行动力量之间进行的表象流动；二是情报在指挥人员脑内进行的内隐流动。

第五，建构主义观。建构主义观强调，客观情报的意义不仅取决于事物本身，还取决于主体认知（类似于情报学中的情报观）。不同的主体由于原有知识经验不同，对同一客观情报会有不同的理解。因此建构主义观认为，主体认知不仅仅是对客观情报由外向内进行传递，更是一个主动建构自身知识经验的过程。需要指出的是，建构主义并非唯心主义和主观经验主义对主观作用的片面夸大，而是强调主观与客观相结合，是马克思主义实践论和能动论的延伸。建构主义强调人的主动性和社会的建构性，与认知情报学有着天然联系。

第六，哲学思辨法。思考指的是分析、推理、判断等思维活动；辨析指的是对事物的情况、类别、事理等的辨别分析。因此，哲学思辨法主要是运用逻辑推导的方法进行理论、概念的思考。国内认知情报学相关研究经常用到此方法，尤以赵冰峰教授的《论情报的逻辑》[1]、《论情报的认知对抗本质》[2]二文最为突出。这是由于认知情报学作为新兴领域，诸多概念与逻辑都是新兴事物，易引发歧义与误会，需要哲学思辨对其本质进行厘清。

第七，案例研究法。分析典型案例，从而研究和探讨认知情报学理论及规律。一方面推动理论模型与实践情况的密切联系；另一方面也规避了情报工作作为人类特殊实践活动，其理论较难在日常生活中进行检验的不足。

1.5.2 创新点

本书的主要创新点有：

一是选题新。认知情报学作为一门新兴学科，其研究在国内外都处于前沿发展状态。就国内而言，该领域研究成果较少，且主要为对国外研究的综述与介绍。

二是方法新。本书在通用研究方法的基础上，综合采用情报科学、认知科学、心理学、哲学与军事学等多学科融合研究的方法，对认知情报学理论展开研究。首先，本书第二章的研究述评部分运用情报科学的内容分析法、知识图

---

[1] 赵冰峰. 论情报的逻辑[J]. 情报杂志, 2010, 29（5）: 66-69.
[2] 赵冰峰, 赵永廷. 论情报的认知对抗本质[J]. 情报杂志, 2010, 29（4）: 19-21, 71.

谱法进行全面探索。其次，本书第三章的基础理论部分运用认知科学的信息加工观与建构主义观等方法进行系统建构。再次，本书第四章的理论模型部分运用哲学思辨法，对基础理论进行辩证分析。最后，本书运用军事学的案例研究法，以伊拉克战争中美军视角这一联合作战战例，对理论模型部分进行检验。

三是观点新。首先，研究观点更为深入。在传统情报学研究对认知的关注中，其重点与热点往往停留在认知偏差、认知偏见等领域，总体上层次不深、主观性较强。本书综合运用认知科学与情报学的最新研究成果与理论，对情报认知的深层机理进行探索，最终提出"认知资源有限性与认知结构个性化才是情报认知的核心机理"的观点，并整合建构新的理论模型。这在国内研究中尚不多见。其次，研究观点更为系统。传统情报学研究对认知的探索，往往过于分散零碎：一方面对情报认知环节缺乏整体把握和深入探讨；另一方面将情报认知的作用局限于情报分析领域。对此，本书一方面对情报认知的感知登记、注意隧道、记忆瓶颈、知识表征、思维过程、认知风格、认知偏差、认知监控等全环节进行系统研究，有利于更好掌握情报认知过程的内在逻辑性；另一方面将情报认知的应用拓展至整个情报过程，尤其是对指挥决策的支撑，有利于提升军事情报工作的作战效能并拓展其作战范畴。

四是应用新。在应用层面，认知情报学研究有利于多种联合：一是学科间的联合，如认知科学与情报科学的联合、心理学与情报学的联合、情报学与指挥学的联合、军事情报学与民用情报学的联合等；二是人与人之间的联合，如情报人员与用户之间的认知联合、指挥人员与指挥人员之间的认知联合、情报人员与情报人员之间的认知联合等；三是人与技术的联合，使情报学能够更好地应对人工智能技术大爆发带来的智能化战争与智能化情报新挑战。

# 认知情报学研究述评

对某一研究领域的发展历史进行研究，可以对该领域本身及其内外相关因素产生更全面、更深刻的认识[①]。就情报学而言，学科史相关研究的不足，使今天的许多研究仍然重复着过去已经明确的问题[②]。认知情报学作为情报科学和认知科学的交叉领域，目前在国内外均属新兴领域，因此该领域的全局性和全程性的分析尚有欠缺。对认知情报学的缘起与发展脉络、国内外研究现状进行详细的梳理分析与评述，既是一项过往未有的艰巨工作，也具有重要研究意义。

一是有助于揭示认知情报学产生与发展的必然性，彰显其生命力；二是有利于更好地理解该领域的概貌及未来趋势，为展开认知情报学研究奠定坚实基础；三是有利于学界更清晰地掌握认知情报学的研究现状，为后续研究的深入开展提供文献梳理基础。即通过考察历史的逻辑，见证学理的发展。

总体而言，由于客观情报的有效利用必须经过主体的认知，因此认知情报学自萌芽以来就显示出旺盛的学术生命力。对NTIS Database（美国政府报告题录数据库）进行文献分析后发现，情报学认知学派兴起于20世纪70年代，其理论主张发展至20世纪80年代时，已经为更多情报学者所接受，成为情报科学研究的方法之一，并对情报检索、情报系统、数据库等领域产生重要影响[③]。经过40余年的研究积淀，以2002年"第一届认知情报学国际年会（ICCI）"的成功举办为标志，认知情报学作为独立概念与领域正式形成[④]。目前，国外

---

① 刘兵.驻守边缘[M].青岛：青岛出版社，2000：48-49.
② 柯平.迎接下一代情报学的诞生：情报学的危机与变革[J].情报科学，2020，38（2）：3-10.
③ 徐如镜.情报科学与发展中的认知科学[J].情报学报，1991，10（6）：402-410.
④ 严贝妮，陈秀娟.情报学与认知科学的碰撞和交融：认知情报学的产生与发展趋势探微[J].情报理论与实践，2013，36（12）：1-5.

的认知情报学研究已先后经历个体认知研究、社会认知研究、认知计算研究三个阶段，积累了丰富的理论成果，也日益显示出其作为情报学学科增长点的重要价值。相较于国外同行的日益重视，认知情报学研究在我国国内尚处于初步发展阶段。虽然国内学者吴国兴早在1988年就于《情报学刊》（现名《技术与市场》）上发表文章，探讨成立"认知情报学"的价值与可能性，但直至2021年1月，国内知网上直接以"认知情报学"为题的文献仅有5篇。将文献搜索范围扩大至"情报认知""情报心理"，也仅有300余篇文献，与国外相距甚远。

2.1 认知情报学缘起背景

本节通过梳理认知情报学的缘起与发展脉络，以期更好地理解和把握其发展脉络及未来趋势。1945年万尼瓦尔·布什（Bush V.）发表《诚如所思》（*As We May Think*）一文，该文被视为现代情报科学的开端。布什在文中创造性地构想了一个可以模拟人类认知思维的机器——记忆扩展器（memory extender）[①]，将其作为情报工具来帮助人们更好地接受并处理信息和知识。这一构想预言了包括记忆在内的认知各要素将在情报学中发挥重要作用。

但受当时科研条件限制，情报学在研究层面难以对情报的语义尤其是情报主体的心理认知过程进行探索，因而现代情报学主要以信息科学和物理学实验为研究方法，专注于对信息、技术和系统等客观物体展开探索。物理信息范式对于情报学的意义在于提出并阐释了三大基础性理念，即：情报是可测度的；情报流是可控的；情报具有物理和语义双层含义。这也导致情报工作在实践层面只是单方面要求用户被动配合或遵守情报系统的设计，这显然会限制情报工作效用的发挥和情报学理论的健康发展。出于对物理信息范式的反思和补充，认知情报学及其雏形——情报学认知观在20世纪70年代开始萌芽。概括地说，认知情报学孕育、诞生与发展的学科土壤、社会背景及主要缘由包括以下几个方面。

---

① BUSH V. As we may think [J]. Atlantic Monthly, 1945, 176（1）: 101-108.

2.1.1 后现代主义的冲击

现代主义发端于文艺复兴时期，于20世纪50年代在西方发展至顶峰，主要表现为科学和理性的精神，基本观点是科学技术可以解决人类的一切问题。后现代主义则诞生于20世纪60年代，具有反现代主义理论倾向。由于此时的科学界对"物质的结构""宇宙的起源""生命的本质"三大问题的研究都取得了突破性进展，"心智的本质"被列为需要关注的第四大问题[1]，因此，相对于现代主义对事物属性的重视，后现代主义更重视人们在认识事物时的认知与预期。

对情报学而言，现代主义追求通过改进技术来提高情报系统的性能和服务成效。譬如，情报组织和检索需要严格按照主题词表进行标准化和规范化处理。而依据后现代主义的观点，情报组织和检索还需要探讨情报系统和用户的交互过程，特别是情报检索还要注重对用户自然语言的理解与认知。由此带来了情报工作重心从文献服务到信息服务再到知识服务的转移，其实质就是情报学研究对象从系统到人的深化。此外，相对于现代主义认为学科之间应该有明确的分工，后现代主义鼓励学科之间要有更多的融合和跨越，这也为认知情报学框架下的学科融合奠定了基础。

2.1.2 哲学体系的牵引

哲学对知识本质、心理表征、智能发展等领域的深入思考[2]，对认知情报学的孕育与诞生起到了重要的牵引作用。早在柏拉图、亚里士多德时期，哲学家们就对信息与心灵、情报与认知等展开了积极探索[3]，而唯物辩证法[4]、现象学[5]和阐释学[6]等哲学流派也都对认知情报学的孕育、诞生与发展产生了

---

[1] 刘晓力，孟伟. 认知科学前沿中的哲学问题 [M]. 北京：金城出版社，2014：1.
[2] VAN GELDER T. What might cognition be, if not computation? [J]. The Journal of Philosophy, 1995, 92（7）：345-381.
[3] 刘晓力，孟伟. 认知科学前沿中的哲学问题 [M]. 北京：金城出版社，2014：9.
[4] 杨小华，朱文涛，钟积奎. 情报科学认知范式研究 [J]. 医学信息学杂志，2009, 30（2）：26-29.
[5] 王知津，王璇，韩正彪. 当代情报学理论思潮：现象学 [J]. 情报资料工作，2011, 32（4）：19-23.
[6] 王丽娜，周鹏，马婧. 当代情报学理论思潮：阐释学 [J]. 情报资料工作，2011, 32（4）：24-29.

思想启迪，而与认知情报学最具相关性的哲学体系则是由波普尔建构完成的。1967年，英国著名科学哲学家波普尔作了《没有认识主体的认识论》的著名演讲，系统提出了影响深远的"三个世界"理论，为认知情报学乃至情报学奠定了哲学基础。

该理论将世界划分为三大维度①，即：世界Ⅰ——纯粹物理世界，包括物质、能量、生物、人脑等客观存在的物体；世界Ⅱ——精神意识世界，包括感性知觉、认识经验、想象等主观意识状态；世界Ⅲ——知识文化世界，指具有物化特征的文化、文明、语言文字和理论体系等客观信息②。其中，世界Ⅲ被认为是由人类主观知识世界（世界Ⅱ）借助一定载体形式所形成的，但它一出现就具有发展自主性，也就是所谓的知识客观进化。学界普遍认为世界Ⅲ的明确提出奠定了情报学、图书馆学等信息管理学科的哲学基础③④，而如何深度关联世界Ⅱ和世界Ⅲ，则为认知情报学的孕育提供了哲学前提与需求。值得一提的是，受波普尔"三个世界"理论的影响，库恩将包括科学共同体心理特征等因素在内的"社会—心理"部分列为其科学范式哲学中的关键一层⑤。

2.1.3 认知科学的影响

20世纪50年代起对人类心智本质的探讨及学科大融合的时代背景，为认知科学的形成奠定了良好基础。作为探究认知和心智工作机制的前沿性学科，认知科学源自多个学科，其早期主要由两大部分构成：一是以计算机科学、信息论和控制论为代表的信息加工研究领域；二是以心理学、语言学和人类学为代表的心理分析研究领域。对于情报学而言，认知科学内部两大领域的融合，使情报工作人员及用户的认知和心理活动通过信息加工的理解方式成为情报学的研究对象。因此，认知科学理论也被学者称为情报学的基础层⑥。

---

① POPPER K H. Objective knowledge [M]. Oxford: Oxford University Press, 1972: 12.
② 曲刚. 波普尔"世界Ⅲ"理论述析 [D]. 长春: 东北师范大学, 2015.
③ 吴慰慈, 邵巍. 图书馆学概论 [M]. 北京: 书目文献出版社, 1985: 4-5.
④ 孟广均, 徐引篪. 国外图书馆学情报学研究进展 [M]. 北京: 北京图书馆出版社, 1999: 23.
⑤ 俞传正. 论科学哲学对情报学理论与方法的影响 [J]. 情报杂志, 2005 (3), 11-13.
⑥ 梁战平. 开创情报学的未来: 争论的焦点问题研究 [J]. 情报学报, 2007, 26 (1): 14-19.

从时间维度来看，若以各国认知科学学会和专业杂志的诞生为标志，认知科学正式诞生于20世纪70年代，与认知情报学的萌芽时期基本吻合，体现出两者相互影响的特征。认知科学于情报学的意义在于：第一，信息加工观点将人脑与计算机作类比，将内隐心理活动与外显信息活动进行类比，用户认知不再是无法探测的"黑箱"，情报学的相关研究不再局限于对人员行为的研究，还为对其主观心理的研究提供了理论可能；第二，认知科学作为对心智和智能的跨学科研究[1]，提出了能够并应当建立心理活动的计算机模型和程序，使图灵的"计算机能够模仿人"这一伟大预言得以证实。对这一预言的推演进一步促成了"人工智能"的诞生，也为情报学向智能化发展提供了方向[2]。

2.1.4 相邻学科的启发

认知科学作为多学科交叉领域，自诞生之日起就与其他学科融合发展，为其他学科提供了新的着力点与生长点。如著名的《认知科学百科全书》(*The MIT Encyclopedia of the Cognitive Sciences*)认为，认知科学来源于哲学、心理学、人类学、语言学、计算机科学和神经科学六大基础性学科[3]。这六大基础学科又分别与认知科学进行交叉融合，先后形成了心智哲学、认知心理学、认知进化、语言与认知、人工智能与认知神经科学等新兴领域。这些相邻学科卓有成效的融合发展，又给情报学的创新性研究带来重要启发。

以认知心理学发展对认知情报学的启发为例。从时间层面来看，认知心理学诞生的标志是1967年奈瑟尔（Neisser U.）出版了《认知心理学》一书，比1977年认知情报学的萌芽整整早了十年；从内容维度来看，认知心理学对"认知的有限容量"这一观点的提出与研究，使情报学在关注情报搜集的同时开始重视用户认知；从学者观点来看，认知心理学家皮亚杰（Piaget）提出的发生认知论，与早期认知情报学家贝尔金（Belkin N. J.）的知识非常态假说在核心逻辑上具有异曲同工之妙。可以说，心理学等相邻学科与认知革命的成功融合，

---

[1] 萨伽德.心智：认知科学导论[M].朱菁，陈梦雅，译.上海：上海辞书出版社，2012：39.
[2] 王甦，汪安圣.认知心理学[M].重排本.北京：北京大学出版社，2010：10.
[3] WILSON R A, FRANK C K. The MIT encyclopedia of the cognitive sciences [M]. Cambridge: MIT Press, 2001.

为情报学与认知科学的交融，即认知情报学的萌芽提供了榜样与启发。

2.1.5 数据时代的驱动

媒介哲学家麦克卢汉曾先知一般地预言：媒介是人的延伸。以此类推，数据、信息与情报则是认知的延伸，数据驱动已成为科技界的一种新范式。如果后现代主义、相关哲学体系、认知科学及其与邻近学科的融合是认知情报学早期萌芽的理论助推器，那么以大数据浪潮为代表的数据驱动则是认知情报学得以正式诞生和发展的技术推动力。

数据时代给认知情报学的诞生带来了正反两方面的巨大驱动力。一方面，大数据、云计算与人工智能等技术对海量数据的挖掘与利用，给情报学带来了更多、更全、更新和更深刻的认知视角，为认知情报学提供了坚实的基础和充足的养料。致力于改变知识创新与流通的数字人文之崛起，可视为认知情报学蓬勃发展的先声。另一方面，数据时代的到来也在一定程度上打破了情报学研究挥之不去的"数据迷信"。传统情报学范式指导下的研究者们常常对数据、信息抱有"包治百病"的不切实际观念，认为"数据就能说明一切"。然而，大数据时代的到来表明：所谓真正的"大数据"，在可预见的未来是无法获取的，也是无法计算的，我们拥有的只能是全数据的一个较大子集。因此，所谓"拥有大数据就能获得真相"的论断与"给我一个杠杆，我能撬起整个地球"有着相同实质，即理论上没错，但问题就在于实践中没有哪里能找到这么大的杠杆，也不可能有这么全的数据。这就倒逼情报学家利用认知的高解释性，来弥补数据和信息不足的缺陷，由此推动认知情报学的产生与发展。

2.1.6 传统范式的反思

如果上述种种均是认知情报学诞生的外部推动因素，那么情报学对自身传统范式的反思则是内部决定性因素。第二次世界大战之后产生的海量知识成果及以计算机为代表的现代信息技术的飞速发展，使文献计量分析成为20世纪70年代以前情报学的主要研究内容。当时学界"不言自明"地预设：情报和情报系统是完全独立于用户而存在的，因此情报工作只需要搜集、处理、储存足够多的情报，并在合适的时机传递给用户，就能够为用户所用。"魔弹论"正是这一预设的典型代表。基于此，当时的情报学家主要研究如何利用目录与索引系统对情报进行管理,强调"查全率""查准率"等。但是学界在取得丰硕成果的同时,也越来越发现无法完全解释情报研究及实践中的一些现象。

认知情报学先驱英格沃森(Ingwersen P.)曾生动地指出传统路径的弊端:20世纪70年代之所以会有认知范式的出现,乃是因为旧有的范式太强调情报资源与系统内部程序的探讨,而忽略了系统本就是为用户所设计。更糟的是,我们还要求用户配合系统的设计。[1] 出于对传统范式的反思,认知情报学先后经历了个体认知研究、社会认知研究和计算认知研究等发展阶段,推动了情报本体论与情报认知论的有机融合。

如上所述,在后现代主义冲击、哲学体系牵引、认知科学影响、相邻学科启发及数据时代驱动等的综合作用下,越来越多情报学家开始反思情报学的物理范式,转而关注和思考情报领域中的认知问题,最终整合形成了认知情报学产生与发展的背景与推动力。

2.2 认知情报学国外研究现状及述评

认知情报学自萌芽至今已有40余年的历史,国外该领域的研究已积累了较多成果。梳理代表性研究项目及理论成果,按照共通性划分研究阶段,能更好地理解和把握这些成果及其特点。英格沃森在1999年将认知情报学的发展划分为两个阶段[2]:第一阶段为1977—1991年,以研究用户的个体认知特征为主;第二阶段自1992年起,探究社会文化和特定情境下的用户认知特征,增添了社会维度。这一经典划分得到了国内外专家的认可[3][4],因此本书也将继续采用此法。

在此基础上,笔者通过综合分析国外学术理论及实践的相关最新发展动态,

---

[1] 邹永利. 情报学认知学派评述 [J]. 图书馆论坛, 2010, 30 (6): 96-100.

[2] INGWERSEN P. Cognitive information retrieval [J]. Annual Review of Information Science and Technology (ARIST), 1999, 34: 3-52.

[3] HJØRLAND B, ALBRECHTSEN H. Toward a new horizon in information science: domainanalysis [J]. Journal of the American Society for Information Science, 1995, 46 (6): 400-425.

[4] 邹永利. 情报学认知学派评述 [J]. 图书馆论坛, 2010, 30 (6): 96-100.

发现认知情报学的发展在上述两阶段后至 2011 年前后又出现了新变化，进入了以认知计算为代表的第三阶段。具体而言，该阶段是心理认知与情报计算的深度融合期，主要表现出认知过程与计算活动相类比、认知结构与计算关系相类比、知识框架与情报系统相类比等特征。综上所述，本书将认知情报学的国外研究大致划分为个人认知、社会认知和计算认知三个研究阶段（表 2-1）。

表 2-1 国外认知情报学发展阶段述评

阶段	优点	缺点
个体认知研究阶段	该阶段对传统情报学的物理信息范式进行反思与补充，情报学研究的重点开始从文献取向、系统取向转变为认知取向和用户取向，其实质是客观情报与主观认知开始初步融合	一是相关研究考察的变量主要局限于个体认知维度，缺乏更广维度的考量；二是认知研究的视角多为用户研究；三是呈现方式局限于概念、公式和理论模型等简单形式
社会认知研究阶段	该阶段夯实了认知情报学的基础：一方面弥补了个体认知研究中缺乏的社会维度；另一方面缓和了情报需求指数级增长与情报服务能力有限的矛盾	一是相关理论适应性较差；二是需要考虑的变量较多，对研究者与研究条件的要求较高；三是容易忽略个体特性；四是部分学者片面认为该阶段已是最终阶段
计算认知研究阶段	该阶段指明智能情报系统未来的两大作用：一是帮助人"做正确的事"；二是实现机器"正确地做事"，最终实现情报的个体化服务	亟须解决三大问题：一是非形式化领域如何无损转变为形式化领域；二是已经形式化的领域如何保证是可计算的；三是理论上可计算的认知问题，实践技术层面如何达到算法可实现

2.2.1 个体认知研究阶段

这一阶段的时间跨度大致为 1977—1991 年，其主要特征是情报学家们开始探讨认知情报学的雏形——情报学认知观。相关研究的核心理念是情报的处理和利用是以主体的认知为中介进行协调的，且是以主体知识结构的改善为最终目的。这促使情报学不再是只注重文本、系统等物质客体，而是将情报与用户主体进行了尝试性连接，在思想观念上引领情报学研究从系统驱动向用户驱动转变，影响至今。该阶段的代表性人物有德梅（De Mey M.）、布鲁克斯（Brookes B.C.）、贝尔金（Belkin N.J.）和德尔文（Dervin B.）等。

2.2.1.1 "国际认知观点研讨会"召开

1977年在一定程度上可看作是情报学认知观诞生的元年。该年3月,根特大学在比利时召开了"国际认知观点研讨会",这一会议被称为情报学认知观正式诞生的标志,也是认知情报学正式萌芽的起点。德梅、布鲁克斯和贝克金等诸多后来被学界公认为认知学派奠基人的学者先后进行了交流发言,促进了情报学认知观的碰撞与发展。同年8月,丹麦皇家图书馆在哥本哈根举办了"情报科学研究理论与应用国际研讨会",认知学派的相关观点得到学界进一步关注。德梅在会议上指出,任何信息的处理,无论是知觉的还是符号的,都需要透过人或智能等处理主体的世界概念模型来充当中介[1][2]。这一观点强调了人对情报的利用与吸收,凸显了认知的重要性,为早期情报学认知观提供了核心理念与框架基础。

2.2.1.2 布鲁克斯的情报学基本方程式

被后人称为"认知学派第一个支持者"[3]的布鲁克斯,从同为英国学者的波普尔的"三个世界"哲学理论出发,首次明确提出"情报学认知观"这一论述,并提出了影响至今的情报学基本方程式:$K(S)+\Delta I \rightarrow K(S+\Delta S)$,其中用户原有认知结构$K(S)$由于吸收了情报$\Delta I$,产生了新的认知结构$K(S+\Delta S)$,而$(\Delta S)$就是用户的认知增量[4][5][6][7]。这一方程式的意义在于,阐释了客体情

---

[1] DE MEY M. The cognitive viewpoint: its development and its scope [J]. Communication & Cognition, 1977(10): 7–23.

[2] DE MEY M. The relevance of the cognitive paradigm for information science [M]//HARBO O.Theory and Application of Information Research. Mansell, London, 1980.

[3] INGWERSEN P. Towards a new research paradigm in information retrieval [M]. Knowledge engineering: expert systems and information retrieval. London: Taylor Graham, 1988: 150–168.

[4] BROOKES B C. The foundations of information science: part Ⅰ, philosophical aspects [J]. Journal of Information Science, 1980, 2(3–4): 125–133.

[5] BROOKES B C. The foundations of information science: part Ⅱ, quantitative aspects: classes of things and the challenge of human individuality [J]. Journal of Information Science, 1980, 2(5): 209–221.

[6] BROOKES B C. The foundations of information science: part Ⅲ, quantitative aspects: objective maps and subjective landscapes [J]. Journal of Information Science, 1980, 2(6): 269–275.

[7] BROOKES B C. The foundations of information science: part Ⅳ, information science: the changing paradigm [J]. Journal of Information Science, 1981, 3(1): 3–12.

报只有与主体原有认知结构相吻合，才会改善并增长主体认知与知识，否则就无法发挥作用。据此，用户认知结构改善成为情报工作有效性与价值性的根本判断标准。这不仅推动了情报学研究对象从文献层次向知识层次的深化[①]，更推动了认知研究在情报学领域中进一步扩大。

2.2.1.3 贝尔金的知识非常态假说

贝尔金等人将当时情报领域的认知发现进行了初步归纳关联，提出了著名的"知识非常态假说"（abnormal states of knowledge，ASK）[②]，情报学认知研究得以实现初步系统化[③]。ASK假说以情报需求为突破口，以渐进式的四层逻辑推论指出了情报学认知观的使命所在：①用户的情报需求源于其认识到已有知识结构无法完成当前任务，因此内部知识结构出现非常态/异常状态，而补充外部情报则可以解决这一非常态/异常状态。②用户的知识状态是动态变化的，因此情报需求也是动态变化的，即同一情报在不同时间对同一用户将产生不同的影响，并且用户往往也无法精确地描述如何解决自己的非常态。这颠覆了传统情报学所认为的用户需求是明确且稳定的基本假设，并影响至今。③由于情报效果取决于用户的认知与知识状态，因此情报检索作为情报工作的核心领域之一，应该着力于描述、解释和改变用户的知识非常态。④情报学的最终目的应该是促进情报生产者与使用者之间的有效沟通，其关键在于双方需要相互理解彼此的认知与知识结构。因此，情报工作可分为两大层次，即文本语言层和认知知识层，其中认知知识层要同时对用户和情报工作人员的认知展开研究，才能达成两者的协调与配合。此后，贝尔金基于该假说建立"情报检索认知沟通系统"进行技术实践[④]，受到当时情报学家的广泛关注。

---

① 梁战平. 情报学若干问题辨析[J]. 情报理论与实践，2003（3）：193-198.
② BELKIN N J. Anomalous states of knowledge as a basis for information retrieval[J]. Canadian Journal of Information science，1980，5（1）：133-143.
③ 师宏睿. 贝尔金与德尔文情报认知观评述[J]. 图书与情报，2003（5）：12-14.
④ BELKIN N J. Cognitive models and information transfer[J]. Social Science Information Studies，1984，4（2-3）：111-129.

2.2.1.4 德尔文的意义建构理论

与布鲁克斯、贝尔金等学者对用户内部认知进行研究的角度不同，德尔文从用户与情报的关系出发，通过强调用户对情报的主动检索和主动建构，以此说明情报学认知观研究的重要性。德尔文认为，只考虑情报对人的作用是片面的，忽略了人在使用情报的同时也在创造情报，因此情报的功能与用途应由使用者自己决定[①]。据此，他提出了"意义建构理论"，该理论的核心假设可提炼为三个层面：一是情报不仅仅是一种被动传递，更是一种主动建构；二是情报工作应从用户而不是工作者/传递者的角度进行考虑；三是通过意义建构的三步模式，即情境、差距与使用，可以减少用户的"认知差异"和"情报利用差异"[②]。这一理论在整个认知情报学尤其是情报学认知观的发展中起着承上启下的作用：一方面，批判了当时主流情报学仍以系统为中心的传统认识论，提出了以用户为中心的新认识论，对这一阶段的情报学认知观研究进行了总结；另一方面，对情境的重视为下一阶段的相关研究提供了有益的铺垫。

2.2.1.5 小结

个体认知研究阶段是认知情报学的萌芽时期，主要工作是对传统情报学的物理信息范式进行反思与补充。早期的认知情报学家认为情报学显然不应局限于对文献情报自身的研究，对客观文献情报的处理分类标准应基于用户的认知与利用特点，否则就是舍本逐末。这一转折意味着情报学研究的重点开始从文献取向、系统取向转变为认知取向和用户取向[③]，其实质是客观情报与主观认知开始初步融合。

这一初步融合对情报学的全面发展具有重要意义，也获得了学界关注与认可。在认知情报学萌芽不久后的1981年，《美国情报学会会刊》特意在"展望专号"

---

① DERVIN B. From the mind's eye of the user: the sense-making qualitative-quantitative methodology[M]. Cresskill, NJ: Hampton Press, 2003: 269-292.
② 朱婕, 靖继鹏. 基于"意义建构"之上的"信息差"理论及模型[J]. 图书情报知识, 2006（1）: 57-61.
③ 汪冰. 试析情报科学研究的若干重点与发展方向[J]. 情报科学, 1998（4）: 295-304.

上发表了一组主题文章[①②③④]，介绍情报与认知的关系，目的是"让更多情报科学家注意到，人们在信息处理的认知方面的新发现，对情报学的发展具有理论上的重要意义和实践中的潜在价值"[⑤]。著名情报学家格里菲斯（Griffith B. C.）在为这组文章撰写的导言中更是指出："在今后的十年中，情报处理要想取得实质性发展，情报学就必须采纳或建立一门认知科学"[⑥]；1991年，在芬兰召开的"情报科学理论与前景国际研讨会"上，学者们普遍认为，以情报学认知观为代表的早期认知情报学在整个情报学学科发展中的作用日益显著。

但是，个体认知研究阶段也存在一些不足。一是相关研究考察变量的主要局限为个体认知维度，缺乏更广维度的考量；二是认知研究的视角多为用户研究，以致当时一些批评者认为认知情报学就是情报用户研究，这也是当前部分学者容易混淆认知情报学与情报学用户研究之间的关系的原因所在；三是由于当时认知科学尤其是认知心理学的发展尚处于起步阶段，且情报学家大多缺乏心理学的整体知识和系统训练，因此相关研究大多停留在对情报工作中认知过程的朴素总结，仅能以概念、公式和理论模型等简单形式进行呈现。为弥补上述不足，认知情报学进入了社会认知研究阶段。

2.2.2　社会认知研究阶段

这一阶段的时间跨度大致为1991—2010年，其主要特征是情报学家开始

---

① WALKER D E. The organization and use of information: contributions of information science, computational linguistics and artificial intelligence [J]. Journal of the American Society for Information Science (pre-1986), 1981, 2 (5): 347.

② SIMON H A. Information-processing models of cognition [J]. Journal of the American Society for Information Science, 1981, 32 (5): 364-377.

③ MONSELL S. Representations, processes, memory mechanisms: the basic components of cognition [J]. Journal of the American Society for Information Science, 1981, 32 (5): 378-390.

④ FISCHHOFF B, GOITEIN B, SHAPIRA Z. Subjective expected utility: a model of decision making [J]. Journal of the American Society for Information Science, 1981, 32 (5): 391-399.

⑤ SIMON H A. Information-processing models of cognition [J]. Journal of the American Society for Information Science, 1981, 32 (5): 364-377.

⑥ GRIFFITH B C, Cognition: human information processing, [J]. Journal of the American Society for Information Science, 1981, 32 (5): 344-346.

在社会、情境等视角下对情报学的认知现象展开探讨,"认知情报学"概念在学界得以确立。2002年"第一届认知情报学国际年会(ICCI)"成功举办,标志着认知情报学作为独立概念与领域正式形成[①]。该会议旨在揭示人类信息处理的认知机制和过程以及在认知计算中模拟它们的方法,有力推动了认知情报学的发展[②]。这一阶段的研究认为,人们的认知与知识,则主要受其所处的社会、文化、历史与情境所影响[③],如果只关注个体认知,则会造成对人们共同认知结构的忽视[④],不利于情报服务的高效开展。因此,认知情报学开始关注社会情境,而非单一个体的心理状态,增添了认知的社会属性。该阶段的代表性人物有英格沃森(Ingwersen P.)、安德雷森(Endsley M. R.)、查特曼(Chatman E. A.)和赫约兰德(Hjørland B.)等。

2.2.2.1 英格沃森的情境分析观

英格沃森在认知情报学的发展历程中起到承上启下的枢纽作用。一方面,他作为个体认知研究阶段的集大成者,进一步发展了布鲁克斯的基本方程式,将其修正为:$PI \rightarrow \Delta I + K(S) \rightarrow K(S + \Delta S) \rightarrow PI'$[⑤]。其中,$PI$为潜在情报,一旦其被个体认知到就会转化成为情报$\Delta I$,用户吸收$\Delta I$后发生变化的知识结构又可能产生新的潜在情报$PI'$,其他符号则与布鲁克斯方程式中的含义相同。这一修正模型弥补了基本方程式无法解释情报产生与接受这两大环节的不足,真正覆盖了情报——知识流的全周期。此外,英格沃森还通过强调方程式中两个"+"的意义不同,来说明认知在情报中的重要性:前者是情报的机械性连接,后者则是认知融合的有机过程[⑥]。

---

① 严贝妮,陈秀娟. 情报学与认知科学的碰撞和交融——认知情报学的产生与发展趋势探微[J]. 情报理论与实践,2013,36(12):1-5.
② WANG Y X, PENG J, PATEL S, et al. Cognitive informatics:towards cognitive machine learning and autonomous knowledge[J]. Manipulation,2018,12(1):1-13.
③ CAPURRO R,HJØRLAND B. The concept of information[J]. Annual Review of Information Science and Technology,2003,37(1):343-411.
④ CRONIN B. The sociological turn in information science[J]. Journal of Information Science,2008,34(4):465-475.
⑤ INGWERSEN P. Information retrieval interaction[M]. London:Taylor Graham,1992:79.
⑥ INGWERSEN P,JÄRVELIN K. The turn:integration of information seeking and retrieval in context[M]. Berlin:Springer Science & Business Media,2006:93.

另一方面，英格沃森作为社会认知研究阶段的重要开拓者，在贝尔金研究的基础上提出信息检索交互模型，并进一步修正为整合认知理论与模型[①]。该模型对于认知情报学的意义在于：一是探讨了用户在搜索和利用情报时与信息系统的交互认知过程；二是指出在交互认知过程中，个体认知具有多元化和差异性；三是提出情境是影响用户认知的主要因素，也是其信息行为的出发点和落脚点[②]。自此，"情境"因素进入了认知情报学的研究视野。情境分析观认为，认知过程不只发生在大脑之中，还会与外部环境进行相互作用并构成一种耦合系统，其倡导的是一种交互认知观。这种观点反对传统认知研究中忽视情境因素或仅仅将其视为补充要素的立场，关注用户所在情境以分析用户认知与需求。情境认知研究不仅使情报研究与实践更具智能化与环境适应性[③]，也有利于研究与实践的深入和细化[④]。此后，情境认知又先后演化为涉身认知、嵌入式认知、延展认知和生成认知等范式。

2.2.2.2 安德森雷的情境意识观

自英格沃森提出"情境"对认知情报学的重要性后，诸多情报学家开始了相关研究，美国情报学家安德雷森以系统、深入的相关研究而闻名。她基于心理学关于认知力有限这一基本假设，提出了情境意识观。该理论认为，情境意识作为用户关于外界环境的内部表征，主要包括对外界环境要素的具体感知、对相关意义的理解以及对未来趋势的预测等，直到认知从外界环境中选择并整合情报，对用户决策有着重要影响。其中，情境意识的重点在于两种加工方式，即概念驱动加工（自上而下的加工）和数据驱动加工（自下而上的加工）。在概念驱动加工中，主体认知负责搜集与概念一致的情报，并在编码过程中过

---

① INGWERSEN P, JÄRVELIN K. On the integrated cognitive theory for information retrieval: drifting outside the cave of the laboratory framework [J].Curanderos De Relaxions Labor Ales, 2008, 18: 381-402.

② INGWERSEN P. Cognitive perspectives of information retrieval interaction: elements of a cognitive IR theory [J]. Journal of Documentation, 1996, 52（1）: 3-50.

③ BROOKS R A. Intelligence without representation [J]. Artificial Intelligence, 1991, 47（1-3）: 139-159.

④ SARACEVIC T. Information science [J]. Journal of the American Society for Information Science, 1999, 50（12）: 1051-1063.

滤与概念无关的情报;而在数据驱动加工中,外界情报能够激活新的认知概念。这两种加工方式的顺利转换是情境意识得以形成的关键,如果出现错误,情境意识就可能受损,情报将无法被正确地认知。

此外,安德雷森认为情境意识由低到高可分为三层水平:感知水平、理解水平和预测水平。感知水平是对战场环境各要素状态、特征和变化的感知,属于"见山是山"的阶段。这一阶段的情报工作评价主要依据可信度和可靠性等本体类指标。理解水平强调指挥人员要以概念驱动加工(自上而下的加工),对作战情报有整体理解,属于"见鸟知林"的阶段。《孙子兵法》曾对这一阶段有过精彩论述:"众树动者,来也;众草多障者,疑也;鸟起者,伏也;兽骇者,覆也。"预测水平是对未来战场态势发展状况的预测,建立在对前两个水平高质量加工的基础上。预测水平的提出对于情报工作有着重要影响,由于在此之前往往追求"快决策""准决策",因此情报工作多为对当前任务态势的描述解释。但预测水平要求"早决策",进一步推动情报工作由被动反应型向主动塑造型转变。

但安德雷森通过研究发现,情境意识并不是万能的。即使人们具有良好的情境意识,仍有可能因策略失误、经验不足、人格特质和组织及技术限制等因素形成错误决策。这说明在良好的情境意识转化为良好的决策的过程中仍存在其他影响因素。由于安德雷森的研究成果对态势感知及情报认知具有重要价值,2013 年 6 月美国空军司令部正式任命其为新一任美国空军首席科学家。值得注意的是,安德雷森与其上任梅伯里①(Maybury M. T.)均以人机与认知工程为研究方向,一别此前美国空军首席科学家主要为航空航天专业或机电工程专业出身的传统,显示出美军对指挥控制及情报工作等领域中认知研究的重视。

2.2.2.3 查特曼的社会取向观

查特曼作为社会取向研究中最具代表性的学者,成功将社会学中的异化理论、创新扩散理论和社会网络理论引入情报学研究[②③]。社会取向观相比英格

---

① 梅伯里的任期为 2010—2013 年,其毕业于剑桥大学计算机系人工智能专业。
② CHATMAN E A. Life in a small world: applicability of gratification theory to information-seeking behavior [J]. Journal of the American Society for Information Science,1991,42(6):438–449.
③ CHATMAN E A. A theory of life in the round [J]. Journal of the American Society for Information Science,1999,50(3):207–217.

沃森的情境分析观，将认知情报学的视野进一步扩大。社会取向注重社会因素，将对个体的情报行为研究拓展到更为广阔的社会、文化背景之中，强调情报行为的特点来源于社会文化的学习和影响①。该方面的研究弥补了个体认知观所缺失的社会维度，强调个体为了克服自身知识的非常态，需要使用由社会或组织共同维护的意义结构来完善自身的认知结构。查特曼借用社会科学理论，通过不同群体的信息行为，提出信息流动的"小世界"概念，并进一步提出信息贫困理论、圆周生活理论和规范行为理论等。

此外，角色理论也是社会取向研究的重要成果。根据该理论，人们在社会中承担多种社会角色，每一种角色都需要有相应的情报和知识才能胜任，这就是情报需求产生的根本原因。因此，用户情报需求的多样性是由其所扮演的社会角色多样性（主要包括个人角色特征、社会角色特征和组织/职业角色特征）决定的，掌握用户的社会角色有利于预测其情报需求。就角色特征而言，个人角色特征从微观上反映了情报需求的独特性，社会角色特征从宏观上反映了情报需求的普遍性，组织/职业角色特征则建立在用户职业活动层面并对情报需求起着决定性作用。从情报学的整体发展历程来看，社会角色理论的提出，尤其是对组织/职业角色特征的深入研究，为领域分析方向奠定了基础。

2.2.2.4 赫约兰德的领域分析观

领域分析作为社会认知研究的大方向之一，其概念来自计算机科学，强调从学科领域的角度看待用户。丹麦学者赫约兰德将这一概念与方法引入情报学研究，他与爱布瑞森（Albrechtsen H.）合作发表的《迈向情报科学的新地平线——领域分析》首次全面阐述了该方面的历史渊源与核心思想②，被视作该方面的代表性研究成果③。他认为，理解情报的最佳方法是将其视作某一社会领域的整体知识结构，相关领域既可以是一个学科，也可以是基于职业、信仰

---

① CAPURRO R, HJØRLAND B. The concept of information [J]. Annual Review of Information Science and Technology, 2003, 37（1）: 343-411.
② HJØRLAND B, ALBRECHTSEN H. Toward a new horizon in information science: Domain analysis [J]. Journal of the American Society for Information Science, 1995, 46（6）: 400-425.
③ 王琳. 领域分析: 北欧情报学研究的代表性学说 [J]. 图书情报工作, 2010, 54（18）: 24-27.

等形成的话语社区[①]。麦（Mai J.E.）则进一步指出，领域是指分享共同目标的人类群体，其形成核心是人们的社会活动[②]。可以看出，这与社会取向中关于信息流动的"小世界"和"组织/职业角色特征"等研究有着异曲同工之妙。

正是基于这种逻辑继承与相似，赫约兰德在2002年美国情报科技学会的年会报告中，明确将领域分析视作情报科学研究的社会认知方向[③]，主要体现在：用户在习得语言符号后，其个体认知的形成与发展主要依赖其接触的符号系统。而这些符号系统均是在某一社会文化及领域的大环境中形成的，具有社会文化和领域的特殊性。因此，研究个体对情报的认知时，必须将其放在所处社会文化与环境中进行考量[④⑤]。

2.2.2.5　小结

作为认知情报学的发展期和形成期，社会认知研究阶段丰富了认知情报学的研究对象、维度与方法。学界普遍认为该阶段的意义在于弥补了个体认知研究中缺乏的社会维度，然而鲜有提及的是，其更大意义在于解决了情报学当时所面临的"世纪之问"。随着21世纪的到来，社会大分工与信息爆炸的趋势日益明显，一方面人们无须也无法获得"大而全"的情报，另一方面受限于当时的技术，情报实践工作更是无力提供"大而全"的情报服务。除极个别特殊领域外，情报工作无法按照个体认知研究的理论预期，为每个用户提供个性化的情报定制服务，情报理论研究指导工作实践的有效性面临挑战。

此时，在社会文化背景下，依托用户所在的具体学科或职业领域，以具体活动为中心展开情报研究与服务工作，可以说是在"大而全"和"个性化"之

---

① HJØRLAND B. Domain analysis in information science：eleven approaches-traditional as well as innovative [J]. Journal of Documentation，2002,58（4）：422-462.

② MAI J E. Analysis in indexing：document and domain centered approaches [J]. Information Processing & Management，2005，41（3）：599-611.

③ HJØRLAND B. Epistemology and the socio-cognitive perspective in information science [J]. Journal of the American Society for Information Science and Technology，2002，53（4）：257-270.

④ HJØRLAND B. The socio-cognitive theory of users situated in specific contexts and domains [M] // FISHER K. Theories of Information Behavior. Information Today，2005：339-343.

⑤ HJØRLAND B. Information：objective or subjective/situational? [J]. Journal of the American Society for Information Science and Technology，2007，58（10）：1448-1456.

间的适度折中。仅对认知情报学而言，以情境、社会文化或领域为标志，将用户及其情报需求进行合理分类，一方面有利于定向展开信息搜集和投送，避免用户的情报认知与理解出现偏差；另一方面，也使建构普适性和一般化的用户情报认知模型成为可能，进一步拉近了认知科学与情报科学之间的距离，夯实了认知情报学的基础。

但是，社会认知研究阶段也存在一些不足。一是由于将社会文化及情境设为主要研究变量，导致大量研究结果无法通过实证进行重复检验，相关理论适应性较差；二是由于社会文化研究需要考虑的变量较多，是十分复杂的系统性研究，因此对研究者能力与研究条件的要求较高，难以展开与推广；三是虽然社会认知研究常常强调其是基于个体认知研究进行的，但往往容易在追求群体共性的同时忽略个体特性；四是部分学者没有考虑到信息技术的持续性发展所带来的强大推动力，片面认为社会认知研究已经是认知情报学的最终归宿点[①]。

2.2.3 认知计算研究阶段

这一阶段的时间跨度大致为2011年至今，其预设研究目标是让机器拥有人类或类人的认知能力，并与传统程序化计算所具备的高性能、大规模计算的特长相结合，最终实现人工智能背景下的情报学发展。认知计算这一概念最初来自人工智能领域，因此这一阶段的出现是情报科学受智能浪潮影响之结果，同时该阶段也将为情报学科跨入智能时代奠定基础。

早在社会认知研究阶段中领域分析的研究里，就有学者开始尝试借鉴计算科学。如加拿大的王英旭（音译，Wang Yingxu）在2007年就提出，计算技术由低到高可分为命令式计算、自主计算与认知计算，其中认知计算具有模仿大脑机制的自主推理和感知能力。之所以以2011年作为新阶段起始年，一是因为在学术层面上，"认知情报学国际会议"更名为"认知情报学和认知计算国际学术会议"，显示出认知计算正式为认知情报学领域所关注；二是因为IBM（国际商业机器公司）于当年推出Watson认知计算系统，该系统在知识竞赛

---

① 王知津,孙立武.情报学的人性化趋势：认知、领域分析与社会认知[J].图书情报知识,2006(1)：62-65.

中战胜了人类。这不仅意味着当时人工智能寒冬的结束，更标志着能够理解和应用非结构化数据的认知计算正式落地。据此，本书将2011年至今的认知计算研究确定为认知情报学发展的第三个阶段。

2.2.3.1 认知计算的核心逻辑

认知计算一方面是人类与机器的交互，另一方面也是人文与技术的融合。虽然其具体定义随着研究与实践的深入而不断调整[1][2]，但学界及业界普遍认为认知计算是指一种能够规模化学习、有目的地推理，并与人类自然交互的系统[3]，其目标是让计算机具备人脑的认知能力，以帮助人们解决现实问题。

具体而言，在核心逻辑上，认知计算把认知结构理解为计算关系，将认知过程看作是计算活动，从而将情报认知与数据计算深度融合。在知识体系上，认知计算既继承了情报学和认知科学的理论方法，也借鉴了计算科学、数据科学和基础数学等学科的研究成果。在技术支撑上，认知计算目前主要以机器学习、深度学习等为技术关键，将以非结构化数据为代表的大数据作为原料，以自然语言形式为检索模式。在人机关系上，认知计算改变了情报用户的使用习惯，用户也主动参与机器的算法建构之中。机器通过在交互中模拟人对情报的心理认知过程，能够以更人性自然、更个性化的方式帮助人们认知情报与信息。在最终目标上，这一阶段的认知情报学希望能够从决策者的认知角度来组织与管理信息，或从中检索出具有认知价值的情报与知识等[4]，更强调以辅助决策为情报的最终目标。

2.2.3.2 认知计算的探索现状

受大数据及人工智能等技术浪潮的影响，这一阶段研究以计算机科学、脑科学等"硬科学"为主，以认知科学、心理学等"软科学"为辅。由于本书的

---

[1] KELLY J E. Computing, cognition and the future of knowing[J]. White paper：IBM Research, 2015（2）：1-12.
[2] VON AHN L. Augmented intelligence：the web and human intelligence.[J]. Philosophical Transactions：Series A, Mathematical, Physical, and Engineering Sciences, 2013, 371（1987）:1-3.
[3] IBM商业价值研究院.IBM商业价值报告：认知计算与人工智能[M].北京：东方出版社, 2016：3.
[4] 徐峰, 冷伏海.认知计算及其对情报科学的影响[J].情报杂志, 2009, 28（6）：20-23.

研究重点在于理论模型建构及实际应用探讨，对自然智能、抽象智能等领域涉猎较少，因此主要对认知过程与情报学的关联研究进行梳理分析。

国外学者对认知计算模型进行了积极探索与建构。凯里（Kinley K.）等学者在前人模型的基础上建立了一个将认知风格与具体的信息搜索策略、查询式构造行为和信息处理策略等行为进行关联的模型[1]。萨琳娜（Savolainen R.）则在借鉴社会认知理论的基础上提出了一个基于网络能力的认知模型，重点关注网络能力与自我效能之间的关系[2]。此外，近年来情感对情报行为的影响研究也方兴未艾，特欧蓬（Tenopir C.）研究发现，用户的情感一直频繁地与信息搜寻过程的认知活动同时发生，并且积极情感更为常见，通常与搜寻结果相关的想法关联，而负面情绪则通常与有关系统、检索策略和检索任务的想法相关。此外，即使用户花费更多的心智努力，负面情绪也会导致搜寻表现较差，并且用户的情绪在处理特定时间限制下的多任务信息搜寻时扮演着重要角色[3]。

国内的认知计算研究尚处于起步阶段。2008年，国家自然科学基金委员会发布了"视听觉信息的认知计算"重大研究计划[4][5]；2009年，《情报杂志》发表了《认知计算及其对情报科学的影响》[6]一文；2013年，IBM中国研究院在北京主办了以"从大数据到认知计算"为主题的学术研讨会，与会专家达成了"我们已经进入认知计算的新时代"的共识[7]；2018年8月，第一届中国认

---

[1] KINLEY K, TJONDRONEGORO D, PARTRIDGE H, et al. Model infusers web search behavior and their cognitive styles [J]. Journal of the Association for Information Science & Technology, 2014, 65（6）：1107-1123.

[2] SAVOLAINEN R. Network competence and information seeking on the Internet [J]. Journal of Documentation, 2002, 58（2）：211-226.

[3] TENOPIR C, WANG P, ZHANG Y, et al. Academic users interactions with science direct in search tasks: affective and cognitive behaviors [J]. Information Processing & Management, 2008, 44（1）：105-121.

[4] 武慧娟, 孙鸿飞. 基于认知计算与情境感知的个性化信息自适应推荐模式框架研究[J]. 情报科学, 2018, 36（5）：114-118, 143.

[5] 吴国政, 韩军伟, 邓方, 等. "视听觉信息的认知计算"重大研究计划结题综述[J]. 中国科学基金, 2019（4）：334-341.

[6] 徐峰, 冷伏海. 认知计算及其对情报科学的影响[J]. 情报杂志, 2009, 28（6）：20-23.

[7] 武慧娟, 孙鸿飞. 基于认知计算与情境感知的个性化信息自适应推荐模式框架研究[J]. 情报科学, 2018, 36（5）：114-118, 143.

知计算与混合智能学术大会召开，中国科学院院士陈霖在主题报告中探讨了认知与计算的深层关系，提出未来智能技术发展已经超出生物学和信息科学的层次，需要从认知科学中进一步开展研究[①]。

2.2.3.3 小结

本阶段试图借助计算思维的方式，理解和学习人们在面对情报时的认知过程，同时弥补人们的情报认知局限。认知计算对情报工作最大的两个作用是，一帮助人更好地"做正确的事"，二实现机器"正确地做事"，最终实现情报的个体化服务。总的来说，该阶段的研究大多围绕认知风格、认知能力、知识和经验以及情感等认知因素对用户信息搜寻行为的影响具体展开，但有关各因素之间的关联作用以及相互融合的研究并不多。由于该阶段的相关研究刚刚起步，因此尚无法进行详细述评。但认知计算研究现阶段普遍面临三大问题，在认知情报学研究中也需要解决：①非形式化领域如何无损转变为形式化领域；②已经形式化的领域如何保证是可计算的，算法如何实现；③理论上可计算的认知问题，在实践技术层面如何破解计算的复杂性。

此外，计算仅是认知理性部分的拓展，主要是在存储性、精确性和敏捷性等方面拥有优势。但是其对认知感性部分涉及较少，缺乏人类对情报认知的弹性化和个性化特点。因此，认知情报学的未来发展必将进入新的阶段。

2.3 认知情报学国内研究现状及述评

虽然早在1988年，国内学者吴国兴就于《情报学刊》（现名《技术与市场》）上发表文章，探讨成立"认知情报学"的价值与可能，但相较于国外同行的日益重视，认知情报学在国内尚处于初步发展阶段。为更加全面、直观地对国内研究进行梳理分析，本书运用数据可视化技术绘制相关领域的知识图谱。以中国知网（CNKI）全文数据库为数据来源，为防止文献遗漏，本书将检索式构造扩展为：主题 = "'情报'or 'cognitive information'"，且关键词 = "'认

---

① 陈霖. 新一代人工智能的核心基础科学问题：认知和计算的关系[J]. 中国科学院院刊，2018，33（10）：1104-1106.

知'or'心理'"，学科方向为"心理学"和"情报学、情报工作"，检索时间为1980—2019年（相关文献最早发表于1980年），检索得出相关文献394条，其中外文文献48条。经数据筛选和清洗，剔除无关文献、重复文献和新闻报道等，共得有效学术文献347条。将有效文献导入Cite Space Ⅲ软件中，进行可视化分析。

2.3.1 共引关键词分析

通过对相关文献关键词词频对应关系的分析可知：一是认知情报学的研究热点主要为"情报分析""信息/情报检索""情报用户"和"竞争情报"等重点领域；二是认知过程与结构的具体划分包括"认知观""认知偏差""情报需求"和"情报意识"等；三是相关研究涉及的学科领域包括"情报学""认知科学"和"心理学"，其中，心理学学科中不仅包含我们直觉上认为的"认知心理学"领域，还包括"社会心理学"和"心理战"两大领域，值得我们进一步探究（图2-1）。

图2-1 国内认知情报学研究文献共引关键词图谱

2.3.2 发展脉络分析

为更好地把握和了解研究主题的发展脉络与前沿趋势，本书进一步以时间为维度绘制了关键词聚类分析共现时区示意图（图2-2）。由图2-2可知，国

2 认知情报学研究述评

内相关研究大致可划分为三个阶段，第一阶段为 1985—1995 年，开始探讨情报学与心理学的融合，有文献从学科融合角度正式提出建立"认知情报学"的可能性[①]；第二阶段为 1996—2005 年，相关研究开始由笼统的"用户心理"向"认知"领域深化，相关研究逐渐增多；第三阶段是 2006 年至今，认知领域的研究进一步细化为"认知偏差""关联理论"和"认知对抗理论"等方向，其中，"情报分析"和"认知偏见"是迄今最新的研究方向。为更好地凸显相关关键词的发展趋势，在隐去具体时间维度后，笔者绘制了关键词发展趋势图，如图 2-3 所示。

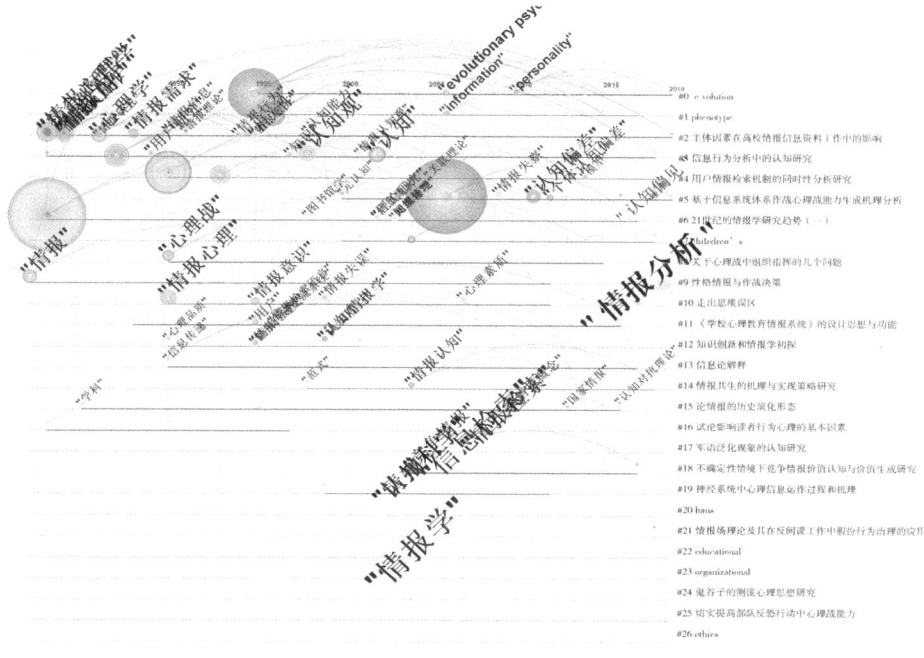

图 2-2　国内认知情报学研究关键词聚类分析共现时区示意图

---

① 吴国兴. 认知科学与情报科学 [J]. 情报学刊, 1988（3）: 10-12, 22.

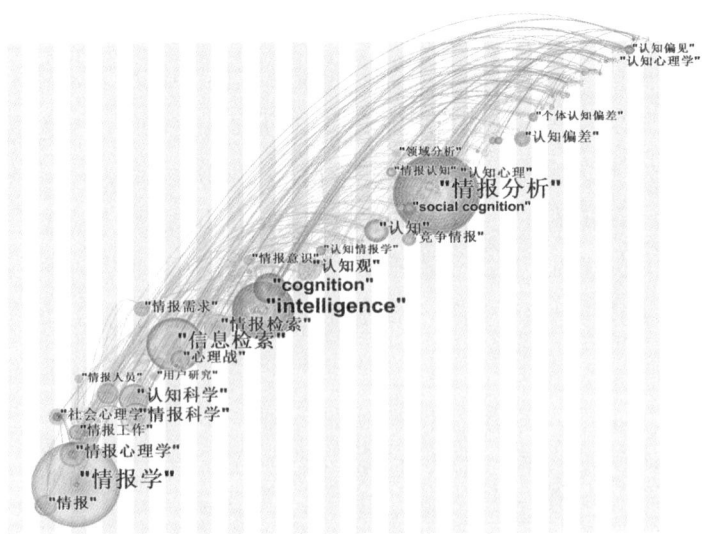

图 2-3　国内认知情报学研究关键词发展趋势图

2.3.3　代表性作者网络分析

为更好地了解国内研究者的相关情况，本书绘制了样本文献的作者共现网络（图 2-4），发现邹永利、赵冰峰、贺颖和严贝妮等代表性学者，其中一部分学者主要研究并介绍国外相关学者的理论成果。邹永利曾在 1995 年前往日本学习，恰逢认知情报学代表性学者英格沃森前往他所在的学校交流，他得以直接接触当时认知情报学的国际观点和方法，因此先后于 1999 年[①]和 2010 年[②]对情报学认知学派进行述评。师宏睿和王琳等学者则主要研究并介绍了认知情报学早期的代表性学者，如推介了布鲁克斯[③④]、贝尔金、德尔文[⑤]以及波普尔[⑥]等人的思想。张新民与罗卫东则翻译了英格沃森的代表作《转折——在情

---

① 邹永利.关于情报学认知观点的思考[J].图书馆，1999（1）：8-11.
② 邹永利.情报学认知学派评述[J].图书馆论坛，2010，30（6）：96-100.
③ 师宏睿.布鲁克斯情报认知观研究[J].图书馆理论与实践，2001（6）：51-53.
④ 王琳.布鲁克斯情报学基本方程式的思想脉络探析[J].情报探索，2014（11）：16-19.
⑤ 师宏睿.贝尔金与德尔文情报认知观评述[J].图书与情报，2003（5）：12-14.
⑥ 师宏睿.信息世界1、2、3及其于图书馆学情报学本体论重构的意义[J].图书馆理论与实践，2005（6）：11-13.

2 认知情报学研究述评

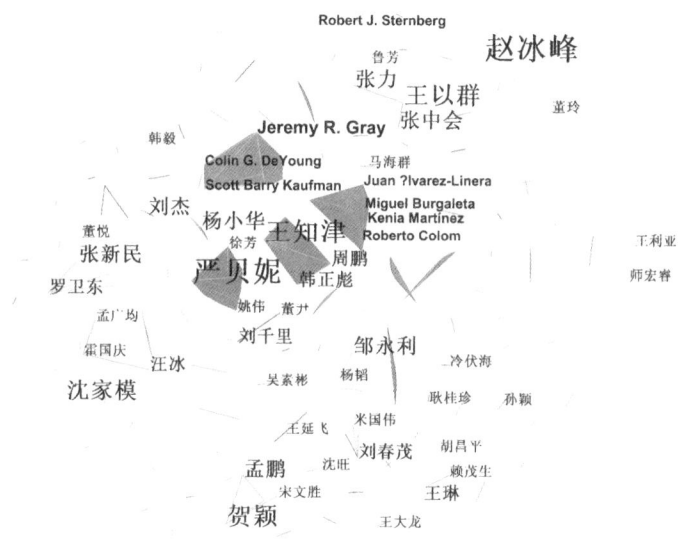

图 2-4 国内认知情报学研究学者共现网络示意图

境中集成信息查寻与检索》①。严贝妮于 2013 年发表的《情报学与认知科学的碰撞和交融：认知情报学的产生与发展趋势探微》②对历届国际认知情报学会议的重点内容进行了梳理分析，是国内第一篇直接以"认知情报学"进行命名的研究论文。此外，她还撰有《情报分析中的个体认知偏差及其干预策略研究》一书，促进了认知情报学领域及观点在国内学界的传播。

除以上外，另一部分学者借鉴认知理论对情报学相关问题展开研究。赵冰峰等人③④⑤指出了认知情报学发展的哲学基础与意义。王知津等人则从情报分

---

① 张新民，罗卫东.从认知观和情境观视角集成信息查寻与检索研究：《转折——在情境中集成信息查寻与检索》内容介绍[J].情报学报，2007，26（4）:632.
② 严贝妮，陈秀娟.情报学与认知科学的碰撞和交融：认知情报学的产生与发展趋势探微[J].情报理论与实践，2013，36（12）：1-5.
③ 赵冰峰.论情报的历史演化形态[J].情报杂志，2010，29（6）：18-21.
④ 赵冰峰.论情报的逻辑[J].情报杂志，2010，29（5）：66-69.
⑤ 赵冰峰，赵永廷.论情报的认知对抗本质[J].情报杂志，2010，29（4）：19-21，71.

析中的思维定式①、误判心理②等角度,探讨情报失察中的认知问题。王以群、张力、张中会在《用户情报认知行为模型》一文中,以用户情报需求为牵引,尝试建构三层级别的认知行为模型。鲁芳从认知心理学视角,分析比较了国内外经典的情报工作方法,以减少情报分析中的个人认知偏差③。贺颖最早在其硕士论文中重点探讨了情报学的认知视角④,并在此后多年中进行深化研究⑤⑥。通过系统研究,贺颖认为认知学派的新思维不仅有利于将情报学领域与其他学科领域相关联,更有利于为整个情报学科内部各领域的集成与关联提供新路径⑦。

2.3.4 小结

2010年,清华大学举办了第九届"认知情报学国际学术会议",标志着我国情报学界对认知情报学的研究进入新高度。国内学界也开始出现题目中包含"认知情报学"的相关研究文献,如发表于2013年的《情报学与认知科学的碰撞和交融:认知情报学的产生与发展趋势探微》⑧及发表于2018年的《认知情报学:大数据背景下情报分析的新机遇》⑨,对国内认知情报学研究的发展起到了重要推动作用。但上述两篇文献也存在一定的不足,如前者主要局限于对历届认知情报学国际年会的相关文章进行梳理与总结,后者讨论的学术领域只是认知情报学的一小部分,在严格意义上更应该被称为"认知计算情报学"。笔者通过对国内

---

① 王知津,张素芳,周鹏.从肯定到质疑:情报分析过程中的思维转换[J].图书情报工作,2011,55(16):20-24.
② 王知津,王树义.情报分析中的误判心理及其对情报失察的影响[J].图书情报工作,2011,55(16):12-15,24.
③ 鲁芳.基于认知心理的情报分析方法[J].四川兵工学报,2010,31(7):135-137.
④ 贺颖.情报学的认知视角分析[D].天津:天津师范大学,2002.
⑤ 贺颖,陈士俊.认知结构在知识管理中的转变[J].情报科学,2006,24(12):1790-1795.
⑥ 贺颖,张庆一,陈士俊.知识结构的间隔与情报思维方式[J].图书与情报,2007(5):47-51.
⑦ 贺颖,孟鹏,宋文胜.认知观给情报科学带来的新思维[J].情报杂志,2003(8):4-6.
⑧ 严贝妮,陈秀娟.情报学与认知科学的碰撞和交融:认知情报学的产生与发展趋势探微[J].情报理论与实践,2013,36(12):1-5.
⑨ 庞娜.认知情报学:大数据背景下情报分析的新机遇[J].情报理论与实践,2018,41(12):59-64,102.

文献的进一步研读发现，国内学者对于认知情报学的研究可分为三个层面。

一是从整个情报学学科的角度探索认知与心理的重要性。该层面的文献又可分为两大类。一类是在探讨整个情报学发展趋势及面临的挑战时，发现融合情报学研究的本体论与认识论两大视角是其中的关键问题，进而自觉提出需加强对认知情报学领域的研究，以便在两大视角间建立起"桥梁"。另一类是对情报学认知流派进行针对性梳理与研究，如徐如镜早在1991年就撰文指出，情报科学研究已经涉及认知方面，但主要局限于用户学习方面[①]；而武汉大学于2015年前后开展了有关信息情报学与心理学跨学科合作的研究，主张心理现象的本质是信息过程[②]，并出版了"信息心理学丛书"。

二是探索整体认知与心理结构对情报工作的影响。该层面的研究主要将认知过程与结构作为情报研究中的一个整体因素，主要可分为三大类：①探讨情报服务及知识共享中认知的影响作用[③]；②注重对情报分析过程中的认知因素进行研究，著名情报学家高金虎教授主编的"情报与反情报丛书"中就译介了美国中情局出版的《情报分析心理学》一书[④]，而钱军在其博士论文《情报分析过程的认知研究》中重点关注了认知偏见对情报分析工作的影响，并提出了认知能力是决定情报分析质量的根本因素这一观点[⑤]；③集中于公安、反恐、维和和军事行动等特殊情报学领域所涉及的认知分析，"9·11"事件后，美国相关领域的研究文献也体现出了这一特点，可能是因为"人的分析"在上述涉及国家安全的情报领域中具有重要意义。

三是探索具体认知活动对情报工作的影响。该层面是对认知与心理活动的细化分析，主要包括对信息过载引发的情绪焦虑、心理偏差、信息获取动机及

---

① 徐如镜. 情报科学与发展中的认知科学［J］. 情报学报，1991（6）：402-410.
② 李宗荣. 信息心理学：背景、精要及应用［M］. 武汉：武汉大学出版社，2017.
③ 杨琳. 认知心理学视阈下的情报服务研究［D］. 哈尔滨：黑龙江大学，2014.
④ 霍耶尔. 情报分析心理学［M］. 张魁，朱里克，译. 北京：金城出版社，2015.
⑤ 钱军. 情报分析过程的认知研究［D］. 南京：南京大学，2008.

非理性决策等活动的研究[1][2],目前国内相关的公开研究尚不多见。需要指出的是,近年来情报学领域研究的热点,如语义网、关联数据、可视化、知识服务、人工智能等,虽然表面上仍是对信息的加工处理,但本质上触及对人类具体认知活动与结构的相关研究,因篇幅有限在此不做赘述。

2.4 认知情报学军事领域研究现状及述评

进入 21 世纪,认知情报学吸引了越来越多学科领域的目光,其中军事领域的认同与关注愈发明显。一方面,因为情报技术发展进入瓶颈期,传统作战指挥学、军事情报学的"物理范式"和"信息范式"研究难以取得重大突破,从学理角度产生了认知研究的需求;另一方面,美国在"9·11"事件和阿富汗、伊拉克战争中暴露出的国家安全及军事作战等情报领域的认知短板与不足,也给认知情报学中关于军事领域的理论研究带来了外部冲击与实践动力。

因此,本节首先从全局角度探讨认知情报学在军事领域相关研究中的总体概况,其次讨论指挥官关键信息需求这一认知情报学目前在美军等西方军队中最具代表性的应用。本节梳理认知情报学在军事这一特殊领域的具体实践,以窥整体发展的情况。

2.4.1 认知情报学在军事领域的总体概况

认知情报学在萌芽初期就对军事情报领域尤其是军事情报对抗领域起到了颠覆性的变革作用。传统信息论认为,情报对抗的本质是信息对称与不对称的过程,只要获得信息优势就可以取得情报对抗的胜利。然而从认知情报学角度出发,情报对抗取得胜利的关键在于决策优势,而非信息优势,需要在实现并维持己方决策流程顺畅运行的同时,破坏并迟滞敌方的决策流程。换言之,

---

[1] 柯青,王秀峰. 认知风格与信息搜寻行为整合研究[J]. 情报理论与实践,2011,34(4):35-39.

[2] 孙在全. 基于用户认知的信息检索研究[D]. 郑州:郑州大学,2011.

即情报的本质是提供决策①②。这就把情报与用户认知的高阶部分——决策进行了紧密绑定。对于情报工作而言,通过了解人们在获取情报前后决策状态的变化,可分析情报流在决策中的动态过程与功能,进而建立起以情报处理为核心的通用决策模型。

美国是认知情报学乃至情报学研究的前沿重镇,美军早在20世纪80年代就展开了认知情报学的相关研究。1984年,美国陆军社会科学与行为研究所通过对200余名情报分析人员进行访谈研究,总结出军事情报分析中的认知模型,并探讨了分析过程中的认知偏差③。美国中央情报局情报分析专家霍耶尔从认知心理学的角度探讨情报分析的失误,相关内部报告也成为美国中情局等情报机构的经典培训教材。相关内容于1999年解密公开后,由美国中央情报局情报研究中心以 *Psychology of Intelligence Analysis*(《情报分析心理学》)为名进行出版④,引起了强烈反响。美军情报专家博伊德(Boyd J.)提出决策周期理论,认为战场认知与决策过程可分解为观察(observe)、调整(orient)、决策(decide)以及行动(act)四大环节(即OODA)。决策周期理论最终被美军正式接纳和吸收,并成为其目前外军普遍采用的情报与指挥的基本方法之一。此外,美军对认知情报学的研究还体现在技术研发方面,美国国防部国防高级研究计划局(DARPA)资助的一批聚合科技探索项目中,包含了提高战时情报处理能力的脑机接口技术、战场情报的现实性增强工程、类脑计算等对于提升认知情报能力具有重要作用的新项目,以实现"第三次抵消战略"。2017年3月,包括美军陆军训练与条令司令部在内的多家机构,共同探索认知计算在情报工作中的运用,并认为其具有巨大潜力⑤。2018年2月,DARPA的"恢复主动

---

① YOVITS M C. Information science:toward the development of a true scientific discipline [J]. American Documentation, 1969, 20(4):369–376.
② YOVITS M C, FOULK C R. Experiments and analysis of information use and value in a decision-making context [J]. Journal of the American Society for Information Science, 1985, 36(2):63–81.
③ THOMPSON J R, HOPF W R, GEISELMAN R E. The cognitive bases of intelligence analysis [R]. Logicon Inc Woodland Hills Ca Operating Systems div, 1984:7.
④ 霍耶尔. 情报分析心理学 [M]. 张魁, 朱里克, 译. 北京:金城出版社, 2015.
⑤ DELL C O, TREES L. Challenges and lessons in cognitive computing [J]. KM World, 2017(3):25–27.

记忆"项目团队将被试的记忆力在原有水平的基础上暂时提升了 15%，实现了系统原型的初步验证。2019 年 2 月 26 日，美国国防部首席信息官戴纳·迪希在阐述美军正在进行的数字现代化和信息技术改革时，就提出通过加强信息情报领域中的认知能力，来重塑美军情报领域的日常竞争并提高战备能力。

除美国外，近年来我国周边军事强国和地区也都十分关注认知情报学的相关领域。2018 年 3 月，俄罗斯国防部长绍伊古在总结叙利亚战争经验的基础上，提出要重点推进包括机器感知及图像识别、人工智能系统和生物传感技术等在内的八大优先突破性技术，这些技术将为认知情报学相关研究提供硬件基础。同年 12 月，日本发布了最新的《防卫计划大纲》，强调要完成系统与人的跨域联合，以全面提升指挥控制与情报能力。

目前，军事情报学界与情报工作也开始关注认知情报学领域，国防大学国家安全学院的专家认为："归根结底，情报是对客观世界的认识，属于认知的范畴。认知能力的高低制约着战略情报活动的水平，不仅表现在战略情报生产需要以认知能力为基础，还表现为情报价值发挥受到认知能力的限制。"[①] 但总体而言，理论与实践层面都正在从传统走向现代，从经验走向科学。从认知情报学角度来看，其还存在两大失衡问题：一是对象选择方面，各大战区最新的战场情报态势图中，增加了对敌方指挥人员心理结构和认知能力的评估情报，但对己方和友方主要指挥人员的相关信息却较少涉及，只"知彼"而不"知己"；二是主体选择方面，研究重点主要是指挥员等情报用户群体，但对情报分析人员的关注不够。通过现代科学知识的助力，将认知情报学研究目光由对手拓展至自身，由指挥员扩展至指挥人员，有利于情报工作的协调发展。

2.4.2 认知情报学在军事领域的具体实践：以美军指挥官关键信息需求为例

现代技术极大地改变了作战环境，战场信息海量增加，信息革命也使军事情报系统拥有了前所未有的搜集和传输能力。但指挥人员的情报处理与决策认知能力却没有得到相应增强，指挥人员往往由于不知道如何在可用信息中找到对完成任务至关重要的情报，最终导致"They try to do everything and, as a result,

---

① 李冬伟，唐永胜. 大战略情报析论［M］. 北京：时事出版社，2019：50.

do nothing."（他们试图做所有事情，结果，一事无成）[①]。面对情报工作的主要矛盾由情报匮乏转向情报冗余这一新特点，美军积极吸收认知情报学的有益成果，并在其最新版《联合情报条令》的"原则"部分提出：情报工作要加强对指挥官认知能力和需求的关注。为落实这一原则，美军提出并发展了"指挥官关键信息需求"这一理念，其目的是通过确定指挥人员在情报需求与利用领域的优先次序来获得信息优势，并在此基础上最终获得决策优势和行动优势。

这一理念也得到了各国军队的肯定。截至2021年1月，笔者以中国人民解放军国防大学数字图书馆为数据来源进行检索，发现共有4篇文献发表于情报学与军事学核心期刊，相关研究属于近年来解放军的新兴研究领域，且研究质量较高。此外，发表于《解放军报》的《机制"润滑"方有联合"顺滑"》[②]，将指挥官关键信息需求列为联合作战顺利实施的机理之首。北约于2016年颁布的新版《盟军联合情报监视侦察条令》中明确提出，联合情报侦察行动应以满足指挥官和参谋人员的情报需求为最终目标，并将指挥官的情报需求称为指导联合情报侦察行动的"方向盘"。因此，对指挥官关键情报需求进行详细分析，不仅有利于掌握认知情报学在军事领域的最新实践成果，更有利于深刻理解认知情报学面向作战指挥建构的深层机理与原则。

2.4.2.1 指挥官关键信息需求的概念特征

美军联合作战计划等相关条令文件对"指挥官关键信息需求"（commander critical information requirements, CCIRs）进行了界定[③]，但该界定表述较为复杂，

---

① BAREFIELD M R. Commander's critical information requirements (CCIR): reality versus perception [M]. School of Advanced Military Studies United States Army Command and General Staff College Fort Leavenworth, 1992: 7.
② 李文清. 机制"润滑"方有联合"顺滑" [N]. 解放军报, 2017-02-28 (7).
③ 美军对"指挥官关键信息需求"的定义：指挥官关键信息需求是各级指挥官指挥控制作战行动所需的重要情报和信息，它直接影响着指挥官的决策过程与结果。从作战行动的信息流转角度看，指挥官关键信息需求是指挥官履行其职责的最重要的信息管理工具、途径与过程。充分、准确地满足此类信息需求，将帮助指挥官准确、及时地评估作战行动环境、确定行动中出现的决策点，也有助于管理行动风险。指挥官关键信息需求由其本人建立，在这期间会得到参谋团队的辅助与支持，这也作为其行动设计与计划制订的一部分。

且相比美军战争实践存在滞后性，因此理论指导意义较弱。通过梳理美军在理论和实践中表现出的特征，本书将"指挥官关键信息需求"的基本概念提炼为：为适应和节约指挥人员有限的认知资源，由指挥人员主导确定与作战任务密切相关、对正确决策具有关键作用的信息，该信息应具有适时动态、要素多样和简单易懂等特点。

要想全面、深刻地理解美军"指挥官关键信息需求"这一概念的本质内涵，还需厘清美军在相关实践中表现出的特征要点。具体而言，其特征可概括为六大要点，即"5W1H"。

一是如何管理（why）。现代战争环境产生的海量、多元信息远超指挥人员有限的认知处理能力，如不进行管理和筛选，容易导致指挥人员注意力失焦和产生错误的思维定式。

二是谁为主体（who）。美军条令明确规定，虽然相关参谋人员可提出相关建议，但需由指挥员主导提出和亲自确定，从具体开发和应用流程（图2-5）中可以清晰地看出其主体地位。

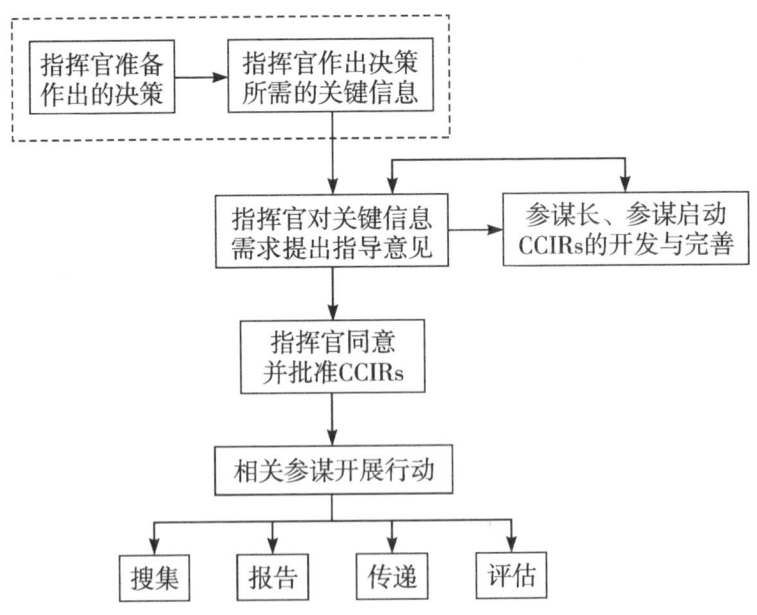

图2-5 美军指挥官关键信息需求开发与应用流程

三是搜集什么（what）。关键与非关键信息需求区分的依据为是否与"作战任务"[1]密切相关,即指挥官需要什么信息才能及时作出合理决定。

四是要素领域(where)。从纵向来看,美军强调对敌方军事力量的情报搜集不应只是简单的数据罗列,而应致力于寻找其指挥中心、任务重心、能力强项和弱项等要素。从横向来看,美军吸取近几场战争经验,提出关键信息需求不再局限于军事领域,还要涉猎政治、经济、外交、社会和基础设施等领域。

五是适时动态(when)。在时间维度上,关键信息需求一方面注重时效性,要求在指挥官确认的"信息价值保持截止时间"之前进行反馈;另一方面强调动态管理,要求在作战行动中持续进行评估和调整。

六是如何呈现(how)。由于关键信息需求的核心在于节省指挥官有限的认知资源,因此美军强调要以最简洁易懂的方式呈现。目前美军主要采取两大措施,一为将关键信息需求的数量限制在十条以内,二为采用"提问—回答"样式进行清单式呈现。

2.4.2.2 指挥官关键信息需求的内容体系

美军指挥官关键信息需求着眼于"知彼知己"二分法,其基本内容可分为优先情报需求(priority intelligence requirements,PIR)和友军信息需求(friendly force information requirements,FFIR),具体阐析如下:

第一,优先情报需求(PIR)是指指挥官及其参谋人员在了解敌方或作战环境时需要优先得到的情报支援[2]。该部分通常由情报部负责提供,重点关注敌军和作战环境。优先情报需求不仅要获取敌军当前的布防情况,更要注重搜集并分析敌方的态势企图、作战能力、重心节点和指挥人员的指挥风格等情报。

第二,友军信息需求(FFIR)是指指挥官了解己方部队的状况和支援能力时需要得到的信息[3]。这一部分主要由作战部和战略计划与政策部共同负责

---

[1] 国防信息学院蔡理金副教授认为,关键信息需求的依据是"作战目标"。本书认为,虽然"任务"与"目标"存在相似性,但某一作战任务可由多个目标构成,若以"目标"为依据容易导致关键信息需求固限于战术层面。此外,美军发展指挥官关键信息需求的目的是实现其"任务式指挥",因此本书认为关键信息需求应以"任务"为依据。

[2] 参考美军《联合情报条令》(JP2-0)。

[3] 参考美军《联合作战条令》(JP3-0)。

搜集，重点关注己方和友方可用的作战力量与资源。值得注意的是，由于美军当前作战部队往往是根据任务特点临时抽组的模块化单位，因此其"友军"概念既包括友邻作战单位，也包括指挥官自身的下属部队，这一要素也可在一定程度上被理解为"己方部队信息需求"。

除美军条令明确规定的上述两大基本要素外，其指挥官关键信息需求在具体实践中还包括两大补充要素，如图2-6所示，具体阐析如下：

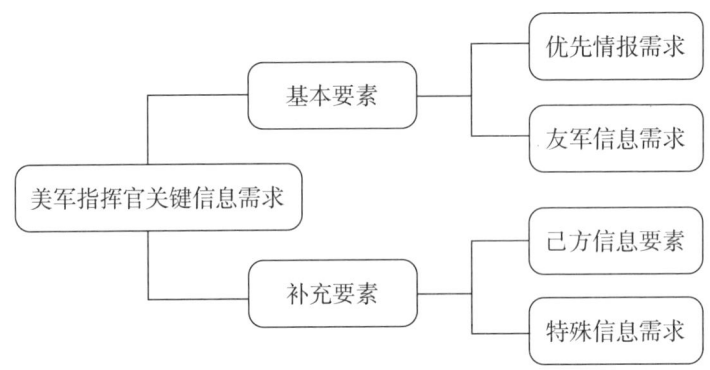

图2-6 美军指挥官关键信息需求内容体系

一是己方信息要素（essential elements for informations，EEFIs），这一需求被定义为：敌方指挥官和情报体系感兴趣的[①]，有关己方特定意图、能力和行动的关键性信息，敌方对此类信息的获取有利于提高其行动效能。这一要素主要是帮助指挥官从敌方角度进行反思，以提升己方的安全保密能力。

二是特殊信息需求（host nation information requirements，HNIRs）。这一需求是美军基于阿富汗战争和伊拉克战争经验所提出的，也有美军专家建议将其归入优先情报需求当中。这一要素主要是指挥官对作战区域内的政治、文化、宗教和民俗等非军事信息的需求。其中，营、连级指挥官的特殊信息需求主要是熟悉并避免冒犯当地的风土民情；旅级指挥官要理解风土民情背后的原因和机理；战区级指挥官则要基于当地民众行为习惯背后的动机，进行相应的预测和应对。

---

① 确定敌方"感兴趣"的方向，主要靠两大评估途径：一是敌方重要领导者的决策偏好，二是敌方情报搜集和处理的能力。

认知情报学基础理论探索

认知情报学作为新兴研究领域，目前尚未形成自有的成熟理论体系。本书将以情报学和指挥学为主体，以情报科学和认知科学为支撑，以哲学、脑科学、传播学和心理学等其他学科领域的理论为补充，对认知情报学的基础理论进行尝试性探索。

本章主要分为三大部分，第一大部分主要对本书采用的信息加工观与建构主义观这两大基本观点进行分析（主要为"3.1"部分）；第二大部分主要对基于信息加工观的情报认知的各环节展开介绍，包括情报的感知登记、注意隧道、记忆瓶颈、知识表征与思维过程，该部分更多体现为情报主体认知的共性所在（主要为"3.2"至"3.6"部分）；第三大部分为基于建构主义观的情报认知偏好介绍，主要包括情报的认知风格、认知偏差与认知监督，该部分更多体现为情报主体认知的个性所在（主要为"3.7"和"3.8"部分）。

3.1 基本观点：信息加工观与建构主义观

认知情报学研究主要探寻情报主体在情报生产、搜集、加工、传递、利用、投送和评估等过程中的认知过程、结构与特点，相关理论及实践研究主要建立在信息加工观与建构主义观这两大基本观点之上。基于此，指挥主体可被视为积极、主动的信息加工者、情报获得者和知识建构者。

3.1.1 信息加工观的内容及作用

信息加工观将人视作信息传递装置，而认知流程则是信息加工和处理的过程。具体来说，认知的感知、注意、记忆、思维等环节被视为信息的输入、加工、存储与输出等过程。与之相对应的是，认知系统也可以视为由感受器、效应器、加工器和记忆装置共同组成的。在信息加工观的视角下，指挥决策及情报的认知在本质上成为一种情报流动的过程。这种情报流动主要在两大范围内进行：一是在指挥人员、指挥机关、指挥系统和任务单位之间进行的表象流动，二是在指挥人员脑内进行的内隐流动。

对于认知情报学而言，信息加工观具有以下四方面的意义。一是指挥人员等主体被视为如计算机一般的智能信息装置，指挥人员大脑内部的情报认知过程被视为加工分析信息符号的过程。这说明情报认知在功能上具有符号运算能力，人们可以运用符号对情报等外界信息进行深层复杂加工，而不只是简单的反射行为，这为本书提供了逻辑意义与着力点。二是情报认知过程所需资源在容量上具有有限性。情报认知同时受到外界客观信息资源，以及主体信息加工能力或容量的限制。本书将在下一章"4.1 理论模型的逻辑概述"中进行具体阐述。三是过程上具有多阶段、多层次的系统特性。情报认知虽然在细节上同时存在串行与并行两种信息加工方式，但在整体上仍保持加工的系列性，即信息符号的加工分析要经历一系列连续阶段。外界情报必须经过感知、注意、瞬时记忆、短时记忆、长时记忆、知识表征乃至思维过程，最终才能被主体认知并利用。因此，本章将在"3.2"至"3.6"部分的内容中对上述阶段进行研究。四是信息加工观将情报认知过程视为一系列信息符号的加工分析过程，相关研究往往通过建立各种模型/程序来说明人的认知活动。因此，本书将把认知情报学的基础理论部分归纳总结为具有逻辑序列化的模型形式，具体论述将在第4章中开展。

但信息加工观存在一大缺陷，即虽然看到了人们对客观情报的主动加工，而在基本逻辑上还是强调信息是事先客观存在的，个体的认知只能被动地建立在此之上。信息加工观认为客观情报的意义完全是由其自身决定、独立于主体之外的，认知过程只是表征和反映情报客体的过程而已（类似于情报学中的信息观）。这就容易产生将人简单视为工具的"物化"倾向，低估主体认知在情报各环节中的主观能动作用，导致情报科学出现计算机学科化。

3.1.2 建构主义观的内容及作用

针对信息加工观存在的不足，本书引入强调整体、动态与过程的建构主义思想对其进行补充。建构主义观认为，客观情报的意义不仅取决于事物本身，还取决于主体认知（类似于情报学中的情报观）。不同的主体由于原有知识经验不同，对同一客观情报会有不同的理解。因此，建构主义认为主体认知不仅仅是对客观情报作由外向内的传递，更是其主动建构自身知识经验的过程。需要指出的是，建构主义对主观作用并非片面地夸大，而是强调主观与客观应相结合，是马克思主义实践论和能动论的延伸。

建构主义强调人的主动性和社会的建构性，与情报学有着天然的联系。北欧著名情报学者特亚（Talja S.）、图密（Tuominen K.）和萨沃莱宁（Savolainen R.）曾专门在 *Journal of Documentation*（《文献学杂志》）上发表的 *"Isms" in information science: constructivism, collectivism and constructionism*（《情报学中的"主义"：建构主义、集体主义与构造主义》）[1]一文，阐述了建构主义对于推进情报学学科发展建设的重要现实意义，一度成为英美各国图书情报领域研究生基础课程中的必读文献[2]。美国中情局在其出版的教材中也指出，情报认知过程在于"建构"，而不在于"记录"现实[3]。

建构主义之于认知情报学而言主要有以下贡献。一是突出主体在情报各环节中主动性的意义，而不是被动对外界情报进行信息加工。二是指出指挥人员的情报利用是受内在求知欲驱动的，而非对外界信息的简单反应。因此，认知模式不仅有自下而上的，还有自上而下的。三是强调包含情报工作人员及用户在内的所有情报主体之间须有效沟通，才能进行更好的意义建构。四是情报主体具有自身特有的认知风格、认知偏见与认知监控，但建构主义更多的是作为一种理论思考框架，如果没有信息加工观，认知情报学研究将缺乏抓手，尤其是难以进行实质性的量化研究。

3.2 情报感知登记

感觉（sensation）、知觉（perception）作为大脑信息加工的登记环节，是认知的起始之处和根源所在。早在古希腊时代，普罗泰戈拉就认为感觉是知识

---

[1] TALJA S, TUOMINEN K, SAVOLAINEN R. "Isms" in information science: constructivism, collectivism and constructionism [J]. Journal of Documentation, 2005, 61（1）: 79-101.
[2] 王琳. 情报学基础理论研究 30 年（1987—2017）的回顾与思考 [J]. 情报学报, 2018, 37（5）: 543-560.
[3] 霍耶尔. 情报分析心理学 [M]. 张魁, 朱里克, 译. 北京: 金城出版社, 2015: 31.

的来源，甚至提出"知识就是感觉"的理念。作为信息输入人脑后短暂保留的结构，感知登记对于后续的信息加工处理至关重要。但由于当今感知登记的研究重点在于探寻外界信息作用于感觉器官后，人体感受器如何将物理刺激转化为生物电信号，并以动作电位形式传递到大脑中枢等领域的内容，因此相关研究与脑科学的关联度较高，而对于未来一段时间内认知情报学的基础理论而言整体关联度较低。因此，本节内容主要对感觉、知觉信息加工进行概述介绍，以及对与本书关联程度较高的感觉阈限、知觉模式识别等方面的内容进行探讨。

3.2.1 感知信息加工概述

感觉是人脑对直接作用于感觉器官的客观事物个别属性的认识[①]。感觉信息加工是外界信息在人脑内的瞬间留滞，只有在此停留登记的信息才能进行下一步的认知加工。感觉信息加工对认知情报学研究具有三方面影响。一是感觉适应与对比。当客观情报持续作用于主体时，主体的情报感觉能力可能会逐渐减弱，这就是感觉适应；感觉对比的变化与之相反。这两种现象通过人机工程学，对情报辅助系统的产品呈现方式产生了重要影响。二是感觉种类的拓展。目前，情报感觉主要用到视觉和听觉，未来可以考虑拓展至触觉、嗅觉乃至味觉等感官类别，以增强情报认知效果。譬如，有些电影院推出"芳香厅"，通过为顾客提供观影中所见事物的气味以增强观影效果。三是绝对感觉阈限的应用，下文将对其进行详细论述。

知觉是人脑对直接作用于感觉器官的客观事物整体属性的认识[②]。知觉信息加工是将不同感觉信息组织成整体的过程，包含有觉察、辨别和确认等过程，具有选择性、整体性、理解性和恒常性等特点。格式塔学派曾对知觉信息加工的相关特点进行总结，且这些特点对于情报可视化具有重要价值[③]。整体而言，知觉的信息加工既依赖于外界情报直接作用于感官的刺激特性，也依赖于情报主体的已有认知，因此可分为自上而下和自下而上两种模式。知觉信息加工对

[①][②] 彭聃龄.普通心理学[M].4版.北京：北京师范大学出版社，2012：91.
[③] 高俊峰，李欣，宋াढ成.可视化信息导航中用户的完形认知心理研究[J].情报理论与实践，2015，38（2）：55-58.

认知情报学研究具有两方面的影响：一是合理运用模式识别理论，将更好地实现客观情报与主体原有记忆的有效匹配；二是避免错觉的出现。错觉是指主体对客观事物产生的歪曲、不正确的知觉，运用知觉的常性误用理论与深度加工观等已有研究成果，有利于避免错觉的出现。

3.2.2 绝对感觉阈限理论

感觉系统对刺激的有效分辨是从某一强度开始的，即外界刺激只有达到某一强度时才会引发主体的心理感受，这一临界强度被称为绝对感觉阈限[1]。其中，能够引发心理感受的刺激称为阈上刺激，未引发心理感受的刺激则称为阈下刺激。阈下刺激虽然不能被主体有意识地察觉到，但依然会对主体的情感、态度等心理状况产生影响，并间接引起认知与行为的变化。大量认知研究尤其是生物反馈实验也证明，阈下刺激能够引起目标受众的脑电、心电、皮肤电等生理指标发生显著变化[2]，且大脑皮层的无意识加工和有意识加工之间并不存在显著区别。此外，相关实验发现，阈下刺激能够有效改变个体的固有内隐态度，且这种改变具有跨时间的高稳定性。如在 2000 年美国总统大选中，小布什的公关团队，巧妙地利用了阈下刺激干扰选民，在竞选对手陈述医疗制度改革方案的电视录像中加入了一个极短的、人们无法察觉的镜头，上面写着一个很大的单词"RATS"（胡扯），对照研究发现该方法使人们对该竞选人的评价有所降低[3]。

绝对感觉阈限在认知情报学中的运用，主要体现在情报对认知的影响方面，即情报的认知对抗领域。巧妙地利用绝对感觉阈限与阈下刺激，可通过增强己方虚假情报隐蔽性的方式从而提升对敌诱导效果。认知研究发现并证实，阈下刺激情报投送可以在避免引起目标受众防御反应的状态下达到影响效果。

---

[1] 刘伟超，周军. 台湾地区脸书（Facebook）用户信息行为研究：基于用户和媒介的双重视角[J]. 台湾研究，2019（3）：71-83.
[2] 林升梁. 隐藏的说客[M]. 厦门：厦门大学出版社，2009：137.
[3] WEINBERGER J, WESTEN D. RATS, we should have used clinton: subliminal priming in political campaigns[J]. Political Psychology, 2008, 29（5）：631-651.

换言之，在特定情报中植入阈下误导刺激，能够对对方指挥人员起到"此时无声胜有声"的诱导效果。

目前，较为成熟可行且方便实用的阈下情报诱导方式主要有两种。一种是闪现式情报投送，即在视频影像类情报资料中反复、快速闪现阈下误导刺激。以常见的电影为例，目前绝大多数电影的帧速为 24 帧/秒，每一帧持续的时间为 41.67 ms，因此，在电影中投送阈下误导情报时，只需将其做成时间短于 41.67 ms 的单帧图像并插入电影的特定位置即可。另一种则是嵌入式情报投送，这种呈现方式中的阈下情报刺激往往静态隐藏在其他信息中，不一定是目标受众觉察不到的，也可能是不特别指明则难以注意到的。以网页页面为例，阈下情报设置于热门信息或网页几何中心等位置附近[1]，依然有用户注意不到但仍会受影响的作用。随着虚拟现实技术、视频叠加技术和全息影像技术等技术手段的蓬勃发展，阈下情报投送方式必将越发多元化，值得持续关注。

3.2.3　知觉模式识别假说

模式识别是知觉研究的重要研究领域，对于情报能否顺利得到辨别分析并纳入主体认知结构有着重要作用。模式是指由若干元素按一定标准形成的某种刺激结构，模式识别则是主体确认某一模式并将其与其他模式相区分的过程。模式识别强调在情报的知觉过程中，人的经验与知识结构发挥着重要作用，这是一种自上而下的认知加工。从情报认知的信息加工处理阶段来看，模式识别是外界感觉信息与主体记忆已有信息进行匹配和再整合的过程[2]。

目前，被学界公认的模式识别假说有三种。一是模板说。该假说认为人们的长时记忆中存储着与外界模式——对应的诸多模板，当外界情报作用于感觉器官时，主体就将其与头脑中的各个模板进行比较与匹配。这一假说更符合计算机的运行规律，但无法解释人们面对新异刺激时的识别模式。二是原型说。该假说认为人们的长时记忆中存储的是该类事物的客观抽象原型，反映的是该类事物共有的、基本的特征。这一假说对模板说进行了有效的修正。三是特征

---

[1] 杨龙, 邱元松. 阈下视觉信息在心理战中的应用 [J]. 中国新通信, 2012, 14 (22)：53, 58.
[2] 梁宁建. 当代认知心理学 [M]. 上海：上海教育出版社, 2014.

说。该假说认为模式具有多种特征，因此特征及其分析才是模式识别的关键。特征说相比前两种假说具有两大优点，首先是极大减轻了主体的记忆与识别负担，更符合认知省力原则；其次是使模式识别的研究层次更为细化，由事物原型深化为实物基本特征和基本属性，因此相关研究日益受到重视。

3.3 情报注意隧道

注意（attention）如同高速公路上的隧道一般，具有指向性和集中性两大特点。其中，指向性又称选择性，是指对情报的瞄准和方向选择，只有被主体指向和选择的情报才会被加工，否则主体将会"视而不见，听若不闻"；集中性则是指对已指向情报的持续和深入关注，决定认知加工的力度与深度，是初级情报加工过程向高级情报加工过程转换的重要条件。

注意虽然只是一种心理状态及各种心理认知过程的共有特性，而非独立的心理认知环节，但贯穿于情报认知与指挥决策的全过程。而且如没有注意的指向与集中，情报就无法实现认知加工并进入记忆系统，因此本书将对其进行单独分析：首先梳理注意的四大主要分类，其次探讨注意的指向性及相关模型，最后讨论注意的集中性和分配机制。

3.3.1 注意的分类

根据注意的不同特性及作用，学界将注意分为不同类别。较有代表性的是分为四类，分别是集中注意和分配注意、内源注意和外源注意、后注意和前注意、不随意注意和随意注意。

3.3.1.1 集中注意和分配注意

集中注意与分配注意有着显著差别。集中注意是指主体面对同时呈现的两个或更多情报，却只对其中一项情报作出反应，这是一种自上而下、受目标驱动的认知能力。通过有关集中注意的研究，可以了解指挥主体是如何选择某一情报而忽视其他情报的。分配注意是指主体面对同时呈现的两个或更多情报时，对所有情报作出反应，这是一种自下而上、受外界刺激驱动的认知能力。对分配注意的研究除有利于更好地理解注意的机制及其容量等问题外，还可更好地理解指挥人员等情报主体的认知资源有限性。

3.3.1.2 内源注意和外源注意

内源注意是指情报主体注意的运用取决于主体自身期望等内在原因；外源注意则是指情报主体注意的运用主要受外界信息的影响。其中，内源注意更为依赖于认知资源，且受到主体的期望或目标的影响；外源注意则较少依赖于认知资源，而主要受外界刺激线索的影响。就认知情报学而言，内源注意主要由指挥主体已有的知识经验所引发，外源注意则主要由任务突发情况所引发。

3.3.1.3 后注意和前注意

后注意是使人们的注意焦点从一个情报转向另一个情报的反应系统。当情报被后注意系统锁定后，相关情报才会进入前注意系统。前注意系统主要受主体内部已有知识经验与动机的影响，对后注意系统起到调整、控制的作用，并影响情报主体整体注意资源的分配。例如，对某一任务情况的高期待，会通过前注意调节系统来影响后注意反应系统，使指挥人员对相关情报的出现更加敏感，并保持长久的高度关注。

3.3.1.4 不随意注意和随意注意

不随意注意是指没有目的也不需要意志维持的一种注意。引发不随意注意的因素主要有情报的相对强度、对比性、新异性和运动变化等，以及情报主体的需要、直接兴趣和情绪等。随意注意是指有目的、需要一定意志维持的一种注意，也是人类独有的一种形态。引发随意注意的因素主要有任务、经验、人格、间接兴趣、组织要求等。随意后注意是指有目的、但无须太多意志维持的一种注意，可被理解为是不随意注意和随意注意的结合。随意后注意往往是对复杂情报进行有效认知的必要条件，因此须着重培养。

3.3.2 注意的指向性：选择模型

为厘清注意在认知过程中如何发挥指向与选择的作用，学者们对此进行了不懈探索，并提出了多种模型理论，目前得到学界普遍认可的模型主要有三种。

3.3.2.1 注意的过滤器模型

英国认知学家布劳德本特（Broadbent D.E.）在双耳分听实验中发现，外界的情报刺激往往超出大脑的信息加工能力，为了避免认知超载，注意起到了类似过滤器的作用。对此，布劳德本特提出了注意的过滤器模型理论。该理论认为，注意作为认知过滤器是按照"all or no"的原则进行工作的，即只有通过过滤器的情报才能被认知分析，而没有通过过滤器的情报将完全消失。该模型体现了注意在认知加工早期所具有的选择性功能，因此也被称为注意早期选择模型。

3.3.2.2　注意的衰减器模型

英国学者特瑞斯曼（Treisman A. M.）等人在布劳德本特的研究基础上提出了衰减器模型理论。与过滤器模型相比，衰减器模型有三大突破性变化。一是将单通道模型改为双通道或多通道模型。注意在不同通道内进行分配与切换，以便及时传递更为重要的情报。二是提出注意的过滤器有两种，一种为外周过滤器，主要是依据物理特征对情报刺激进行过滤，属于初级认知加工；另一种为中枢过滤器，是根据语义特征对情报刺激进行过滤。人们对情报注意的加强或衰减，主要受中枢过滤器控制。三是提出注意并非按照"all or no"的原则进行工作的。未被注意的情报刺激只是出现了一定程度的衰减，并未完全关闭。当这些情报刺激因某些线索引起人们的注意时，人们能迅速对其进行认知加工与处理。

这三大改进有效解决了传统过滤器模型无法对"鸡尾酒会现象"（cocktail party phenomenon）进行解释的困境。所谓鸡尾酒会现象，是指当人们在鸡尾酒会上与其他人交谈时，自身的注意力集中于当前的交谈过程，并不能有效关注外界的嘈杂信息；但当旁人提到自己的名字等高敏感信息刺激时，自身注意力能迅速捕捉并进行转移。布罗德本特也认同了特瑞斯曼的上述改进。

两种模型也存在很多共同点。首先，过滤器模型与衰减器模型的逻辑出发点是相同的，即两者都认为认知资源的容量和通道是有限的，需要注意作为中介环节（过滤器或衰减器）进行调节。其次，两种模型中注意这一中介环节的存在位置是相同的，均处在认知的初级感知和高级分析之间。最后，两种模型的中介环节的基本作用也相同，都是对外界情报进行选择，使其一部分进入高级认知环节。

3.3.2.3　注意反应选择模型

多伊奇（Deutsch J. A.）等学者提出的注意反应选择模型与上述两种模型不同：首先，被感知到的外界情报都可以被高级认知环节加工与处理；其次，注意的最主要作用并不是作为中介环节对情报刺激进行过滤或衰减,而是选择对哪一情报刺激作出何种反应;再次,注意的反应选择是依据情报对主体的重要性,而非情报刺激自身的物理或语义特征,这就突出了注意作为一种信息加工的主动性;最后,个体之所以注意到某些情报,而忽略另一些情报,是因为主体已经对前者有所反应,而非后者没有进入高级认知环节。

3.3.3 注意的集中性:分配机制

注意分配是指一个人同时执行两个及以上任务时的心理特性。注意的分配机制主要探讨在不同认知任务中注意资源的集中与管理。本小节主要对注意分配的影响因素及负载理论进行研究。

3.3.3.1 注意分配的影响因素

注意的分配机制能根据人的实际需要进行调节与控制、优先加工自身认为重要的外界情报。注意分配主要受以下四种影响因素的作用。

首先,主体的预期和动机。情报组织的规定、文化等使情报主体对情报利用后果有不同的预期,反作用影响着主体对情报的注意。如情报员对情报的判断往往有四种,分别是"正确确认""正确排除""漏报"和"虚报"。其中,"漏报"和"虚报"都会受到相应惩罚,但两者不同的惩罚标准将给情报员以不同的预期,进而影响其情报判断标准。假设规定中对"漏报"的惩罚更为严厉,那么情报人员就会倾向于对情报设定一个较为宽松的抉择标准,更容易产生"有"的预期和动机。

其次,主体的经验和知识。在大量认知科学研究中发现,专家和新手因为经验和知识的不同,对情报的组成与特性有着不同的注意表现。专家常常遵循规则和机理对情报的关键部分进行注意;新手则往往基于情报和问题表面对情报的任意部分进行注意。如有丰富经验的指挥人员,首先会对若干情报中显示关键态势的部分进行注意;而经验较少的指挥人员,其关注点则往往受字体大小、颜色鲜艳程度等情报的外在特征所影响。

再次,情报的客观特性。注意过程是神经系统对刺激信号或噪声的客观反应,取决于客观刺激信号与噪声之间的区别。因此,情报的客观特性也影响着主体注意的分配。具体来说,一是情报的难度。在注意分配上,能否同时完成两个任务取决于任务的难度。一般来说,当一项难的任务与另一项相对容易的任务发生冲突时,相对容易的任务可能先被加工或处理。二是情报的相似性。在注意分配中,所要加工与处理的情报的相似性是重要的影响因素。这些相似性表现在多个方面,如使用同一感觉通道、使用同样的认知加工过程、要求相同的行为反应等,相似的多项情报的加工要比不相似的情报的加工更为困难。

最后,情报的时间特性。对情报的注意分配,必须有一定的时间用于加工和处理。西蒙通过实验发现,只有经过最少 8 秒钟的持续注意,情报才有可能被初步加工并输送至短时记忆等环节作进一步处理。这就要求情报呈现必须保持一段时间,而不能"闪现"。这一部分将在下一节有关记忆的信息编码的内容中进行具体介绍,在此不做赘述。

3.3.3.2 注意分配的负载理论

针对注意分配是主动的还是被动的争论,以及注意分配中的干扰现象,以拉维(Lavie N.)为代表的学者们提出了负载理论[1][2]。负载理论认为,当前主要情报任务的认知负载程度决定着注意资源的分配。如果主要情报任务的认知负载较高,注意资源就会被占用,其他次要情报任务就无法获得注意资源;如果主要情报任务的认知负载较低,注意资源就会有所剩余,进而被分配到其他次要情报任务并产生一定的干扰效应。这就解释了注意分配的具体方式:当情报任务的需求超出注意资源容量时,注意分配是主动、串行、有选择地展开;反之,注意分配则是自动、并行、无选择地展开。

此外,认知负载理论也被认为在一定程度上解决了注意选择的早期选择模型(过滤器模型和衰减器模型)与晚期反应模型(注意反应选择模型)之间的分歧。在高负载条件下,注意在认知早期起着选择与过滤的作用,以节约认知资源;在低负载条件下,认知资源自动溢出以加工干扰刺激,此时注意起着对干扰刺激作出反应的作用。

---

[1] LAVIE N, TSAL Y. Perceptual load as a major determinant of the locus of selection in visual attention [J]. Perception & Psychophysics, 1994, 56(2): 183-197.

[2] LAVIE N. Perceptual load as a necessary condition for selective attention [J]. Journal of Experimental Psychology, 1995, 21(3): 451-468.

3.4 情报记忆瓶颈

情报在经过感知登记并受到注意后进入记忆环节。记忆（memory）是人脑对外界输入信息进行编码、存储和提取的认知过程，对外界信息具有增删、修改和重组等功能。可以说，记忆是影响情报处理能力的瓶颈环节。根据不同标准，记忆可分为多种类别，其中，情报学界关注较多的是内隐记忆与外显记忆，以对应研究内隐知识与外显知识，相关内容将在"3.5 情报知识表征"中进行探讨。但就认知情报学而言，记忆更应被视为一个对情报进行整体信息加工处理的过程，因此本书将情报记忆瓶颈具体分为瞬时记忆、短时记忆与长时记忆三大系统。

瞬时记忆、短时记忆和长时记忆三大系统又可分别划分为三大阶段：编码阶段、存储阶段、检索阶段。首先，编码阶段是指主体对情报的感知、理解、思考和判断等过程。该阶段是主体知识经验的形成过程，新输入的情报只有与主体已有的知识经验产生联系并有效融合，才能形成新的知识经验，即情报得以有效吸收与利用。其次，存储阶段是指主体将编码过的情报，以一定形式保存在主体记忆系统中的过程。该阶段是主体知识经验的表征过程，情报以概念、命题或图像等形式进行存储。最后，检索阶段是指从已存储的知识经验中查找相关信息并进行再认或回忆的过程。日常生活中，对一个人记忆力的强弱进行评价，就是针对检索阶段进行的。

3.4.1 瞬时记忆的信息加工

瞬时记忆是记忆系统的开始，也被称为感觉记忆。瞬时记忆主要是在外界情报刺激通过感知觉时，以情报刺激的原样在人脑中进行复刻。但是，瞬时记忆具有一定程度的选择性，并不是所有的感知觉刺激都会进入瞬时记忆。

3.4.1.1 瞬时记忆的信息编码

瞬时记忆的信息编码具有三大特点：一是情报刺激在进入瞬时记忆时，一般不需要主体进行主动加工和操作，即对认知资源的占用较少；二是通过感觉通道对情报刺激进行独立编码，因此瞬时记忆的编码结果多为视觉图像或听觉声像；三是情报刺激主要是依据情报刺激的物理特性进行编码，因此具有鲜明的形象性。

3.4.1.2 瞬时记忆的信息存储

瞬时记忆的信息存储为情报刺激的后续认知加工提供了基本条件，当情报刺激无法被瞬时记忆进行信息存储时，就会与新输入的情报刺激相互混杂并快速消失。瞬时记忆的信息存储时间较为短暂，实验发现大多在 0.25~2 s。其中，图像记忆保持时间约为 1 s，声像记忆与之相比略长，多为 4 s 左右。在容量方面，瞬时记忆的信息存储同样受到感觉通道的影响，其中，视觉图像记忆约为 9 个单元，听觉声像记忆约为 5 个单元。

3.4.1.3 瞬时记忆的信息检索

瞬时记忆的存储痕迹很容易衰退，除受到注意而转入短时记忆的部分情报刺激外，大多瞬时记忆会快速消失，因此瞬时记忆的信息检索较为困难。此外，柯里尔（Coriell E.）和艾弗巴赫（Averbach A. S.）针对图像记忆提出了视觉掩蔽效应，即在目标图像呈现后马上再呈现一个无关的图像信息，导致瞬时记忆无法有效提取目标图像。这一效应的表现方式主要为模式掩蔽效应与明度掩蔽效应，主要影响因素有空间、时间与色彩。此外，听觉通道也存在类似的掩蔽效应。这提示，情报工作在瞬时记忆的信息提取方面要注意避免此类掩蔽效应的出现。

3.4.2 短时记忆的信息加工

短时记忆是连接瞬时记忆与长时记忆的中间阶段，具有整合瞬时记忆阶段的感觉信息，以及为长时记忆阶段暂时储存情报刺激的作用。

3.4.2.1 短时记忆的信息编码

情报刺激从瞬时记忆进入短时记忆，必须经过注意的选择，但不同类别的短时记忆对信息编码的要求不同。一是简单记忆，情报刺激仅仅是简单地从瞬时记忆系统进入短时记忆系统，不需要进行信息编码。二是工作记忆，情报刺激需要经过信息编码，与长时记忆中的知识经验发生语义层面的联系。工作记忆同时具有信息编码和信息存储的双重功能[①]，便于情报主体进行言语理解、阅

---

① BADDELEY A D. The episodic buffer: a new component of working memory?[J]. Trends in Cognitive Sciences, 2000, 4(11): 417-423.

读和推理等高级情报认知活动[1]。因此也有学者认为，工作记忆可单独列为一类。

就信息编码的形式而言，短时记忆主要采用言语复述等听觉形式。即使原始输入方式是视觉、触觉等形式，在短时记忆中均以言语听觉的形式进行加工编码，这与瞬时记忆有所不同。

3.4.2.2 短时记忆的信息存储

复述是短时记忆存储的主要方式，具体是指人类不出声地对情报刺激进行重复诵读的内部心理过程。复述又可具体分为机械言语复述和精细言语复述，前者是指不对情报进行理解，只是简单重复，使情报刺激保留在短时记忆之中；后者是指通过对情报刺激加以理解，使新信息与已有知识经验建立联系，这也是短时记忆存储最重要的方式。

短时记忆信息存储的容量虽然不高，却值得关注。曾任美国心理学会会长、哈佛大学心理学系主任的米勒（Miller G. A.）发表过一篇名为 *The magical number seven, plus or minus two: some limits on our capacity for processing information*[2]（《神奇的数字 7±2：我们信息加工能力的限制》）的著名文章，提出了在认知科学领域极为重要的论断：短时记忆的存储容量为 7±2 个组块，即短时记忆大约可保存 5~9 个具有意义的信息组块。这一广度也在不同种族、文化、性别和年龄等群体中得以验证，并广泛应用于日常生活，如数字验证码大多为 7 个字符左右。卡宛（Cowan N.）在上述基础上发表了论文 *The magical number 4 in short-term memory: A reconsideration of mental storage capacity*[3]（《神奇的数字 4：心理存储能力的再认识》），提出了工作记忆容量的概念。该文章认为工作记忆的存储容量受注意焦点的影响[4]，应为 3~5 个组

---

[1] BAYLISS D M, JARROLD C, GUNN D M, et al. The complexities of complex span: explaining individual differences in working memory in children and adults [J]. Journal of Experimental Psychology: General, 2003, 132（1）: 71-92.

[2] MILLER G A. The magical number seven, plus or minus two: some limits on our capacity for processing information [J]. The Psychological Review, 1956, 63: 81-97.

[3] COWAN N. The magical number 4 in short-term memory: a reconsideration of mental storage capacity [J]. Behavioral and Brain Sciences, 2001, 24: 87-185.

[4] 苏静.工作记忆、领域知识对青少年回忆成绩影响的研究 [D].广州：广州大学，2007.

块。学界对此进行了深入研究，先后提出了资源分享模型[①]、任务转换假设[②]和资源激活模型[③]等理论。北京大学心理学系认知实验室进行的注意与工作记忆的研究结果则显示，相关容量约为4个组块。

相关论述对认知情报学而言具有两大意义。一是提出短时记忆容量有限，仅为7±2个组块，这将认知资源有限性在记忆环节进行了量化呈现，同时也要求面向智能指挥决策的情报工作合理控制在同一时间内的情报推送数量。二是提出了"组块"这一重要单位概念。组块，是指将较小的信息单元经过意义连接，组合而成的较大信息单元；组块化，则是指将低水平、多种代码方式的信息归并组合成为高水平、单一代码方式的存储过程。组块化实质上就是主体基于自身已有的知识经验，增加每个组块内部信息之间的意义联系，进而扩大短时记忆容量的认知操作。这提示，面向智能指挥决策的认知情报学要想在日常训练中提升指挥人员对情报的记忆能力，就要增强其组块化能力：一是在可能的范围内尽可能地增加组块数量；二是扩充单个组块内部所包含的情报内容。

3.4.2.3 短时记忆的信息检索

斯腾伯格通过实验证明，短时记忆中对刺激信息的加工处理是以完全系列扫描的方式进行的，即人脑在提取检索短时记忆中的信息时，对全部项目进行逐个检索直至发现目标信息的过程。短时记忆信息检索的失败，主要是由于缺乏主动复述而导致的信息衰退和注意分散。

3.4.3 长时记忆的信息加工

长时记忆是指在人脑中存储超过一分钟的信息，主要用于存储主体的知识与经验。由于长时记忆为认知情报学提供了必要的主体信息基础，因此是记忆

---

① HITCH G J, TOWSE J N, HUTTON U.What limits children's working memory span?Theoretical accounts and applications for scholastic development [J].Journal of Experimental Psychology: General, 2001, 130（2）：184-198.

② TOWSE J N, HITCH G J. Is there a relationship between task demand and storage space in tests of working memory capacity? [J]. Quarterly Journal of Experimental Psychology, 1995, 48A（1）: 108-124.

③ DAILY L Z, LOVETT M C, REDER L M. Modeling individual differences in working memory performance: a source activation account [J]. Cognitive Science, 2001, 25: 315-353.

瓶颈内容中的重要研究部分。

3.4.3.1 长时记忆的信息编码

外界情报由短时记忆进入长时记忆必须经过精细加工，当前的相关主流理论为双重信息编码理论，即长时记忆中拥有两套独立编码系统，分别是语义编码系统和表象编码系统。

具体而言，语义编码系统主要以输入信息的语义特征为线索进行编码，即相关信息按照语义联系的紧密程度进行组织。这一编码方式实质上是对外界输入的情报进行深层水平的加工，以探索其内部关系，因此记忆痕迹更为持久，是长时记忆的主要编码形式。认知学家海德（Hyde T.）和詹金斯（Jenkins J.）[1]也通过实验进行了证明，提出依据情报的内在关系进行有效编制，对主体情报记忆吸收的贡献率甚至超出了提升情报主体的动机水平。

表象编码系统主要负责处理并存储非语言的知觉刺激。表象是外界刺激信息通过知觉在人脑中留下的直观形象，但缺乏细节信息。这套系统对情报工作尤其是情报产品服务有着重要影响，如业界提倡的情报产品可视化，其机理就在于：一是相较于传统的文字情报产品只能由语义编码系统进行加工存储，可视化的情报产品不仅可以被语义编码系统进行一定程度的加工，又可以被表象编码系统处理，因此情报用户对产品的记忆更加深刻；二是表象编码系统的速度要快于语义编码系统，因此对图像类情报产品的判读要快于文字类情报产品，这一特性值得情报工作人员加以重视。

3.4.3.2 长时记忆的信息存储

人们普遍认为，长时记忆的信息存储如果合理遵循记忆规律，保持时间也可长至终生，其容量是近乎无限的；也有研究认为人类记忆容量的上限是 108 432 位[2]。在认知科学领域，长时记忆被划分为陈述性记忆与非陈述性记忆两大类，如图 3-1 所示。

---

[1] HYDE T, JENKINS J. Differential effects of incidental tasks on the organization of recall of a list of highly associated words [J]. Journal of Experimental Psychology, 1969, 82（3）: 472 – 481.

[2] WANGY X, LIU D. Discovering the capacity of human memory, brain and mind: a transdisciplinary [J]. Journal of Neuroscience and Neurophilosophy, 2003, 4（2）: 189 –198.

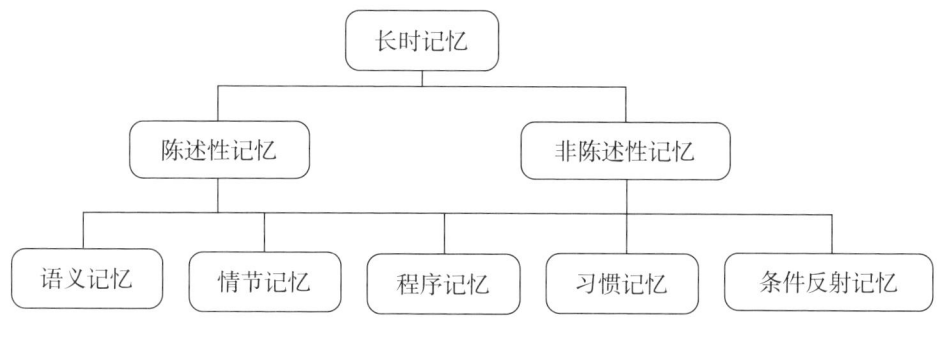

图 3-1 长时记忆信息存储分类

陈述性记忆是指主体能够外显回忆的事实性记忆[①]。该部分主要存储经过主体精细加工后具有意义联系的知识，且这些知识能够灵活运用于各种场景。陈述性记忆又可进一步细分为语义记忆与情节记忆，其中，语义记忆主要存储事实知识，情节记忆主要存储事件知识。对于认知情报学而言，陈述性记忆主要涉及客体情报利用的各环节。

相对于陈述性记忆而言，非陈述性记忆多是内隐的知识结构，且这些知识的运用场景一般较为固定且依赖于习得过程。非陈述性记忆中最为典型的就是程序记忆，是指一个人通过练习逐渐获得的技能与经验，包括心智技能的形成、认知策略的学习和动作技能的学习。此外，还有习惯记忆和条件反射记忆等。对于认知情报学而言，程序记忆主要涉及主体如何有效参与情报活动等方面。

3.4.3.3 长时记忆的信息检索

长时记忆信息检索的两大方法分别是回忆与再认。

回忆，是指过去事物的形象与经验在人脑中重现的过程，具体又分为两类：一是自由回忆，即主体在无外界信息刺激的情况下自主提取长时记忆的过程；二是线索回忆，即主体以外界刺激为回忆线索与提示，对长时记忆进行提取的过程。研究表明，线索回忆的成绩要优于自由回忆的成绩，这提示我们，认知情报学应为指挥人员关于相关知识与经验的检索回忆提供有效的外部情报线索。

---

① 安德森. 认知心理学及其启示 [M]. 7版. 秦裕林, 程瑶, 周海燕, 等译. 北京：人民邮电出版社，2012：208.

再认，是指过去感知的事物再度呈现时，主体依然能够认识。这种检索方式比回忆更为简单，但受时间因素的影响较大，间隔时间越长，再认效果越差。再认又可分为两类：一是感知水平的再认，主要采用压缩的表现形式，依赖再认事物的外在属性，具有直接且迅速的特点；二是思维水平的再认，主要采用展开的表现形式，依赖再认事物的某些内在线索，往往含有推理等复杂思维活动。

此外，指挥人员尤其是中、高层级指挥人员多处于中年期，考虑到记忆的年龄发展规律，人们在中年期难免会遇到记忆老化的问题。因此，本书对长时记忆信息检索的探索，还需考虑记忆老化问题。目前，记忆老化的主要理论可以概括为两大类：一是功能衰退理论，认为感觉器官、中枢神经系统的衰退，会引起主体信息编码及检索等能力的下降，导致记忆老化；二是工作记忆理论，认为记忆老化出现的主要问题在于工作记忆环节出错，一方面是工作记忆的广度缩减，另一方面是工作记忆的抑制机制效率下降。从功能衰退理论来看，指挥人员的记忆老化问题需要寄希望于脑与神经科学；而从工作记忆理论来看，情报工作要帮助指挥人员防止无关情报进入工作记忆，并及时清除工作记忆中的无效情报。

3.5 情报知识表征

知识（knowledge）是客体情报在主体记忆中的存储、整合和组织的主要形式，也是认知的重要环节，其一方面与认知的记忆环节密切关联，另一方面又为认知的思维环节奠定了基础[1]。此外，知识也是指挥决策及情报活动的本质特性之一，指挥命令和情报在一定意义上也可理解为是知识的特殊传递形式。本节首先对知识的建构和组织是如何形成的（即知识的表征）进行探索；其次，对知识表征的重要方式——图式以及顺衡相关理论进行总结；最后，从认知角度对近年来情报学广泛探讨的内隐记忆与外显记忆进行探讨。

---

[1] 萨伽德. 认知科学导论[M]. 朱菁, 译. 合肥：中国科学技术大学出版社, 1999: 8.

3.5.1 知识的表征

表征，是指客观事物在主体头脑中的呈现方式[①]。知识表征（knowledge representation）就是关于知识的具体的建构方式和存储样式，是认知结构极为重要的组成部分。知识表征对于认知情报学的探索价值在于，其不仅是人脑对客观事物的反映，也是人脑的加工处理对象。当情报主体的知识表征不同时，即使是同一情报，其加工处理方式和理解利用也会不同。根据认知科学的研究视角，知识表征可分为符号主义与联结主义两大类。其中，符号主义的知识表征是指主体对信息符号等单元进行加工处理，并以某种抽象的概括形式进行存储；联结主义的知识表征则不强调各个单元的构成，而认为单元之间的联结强度决定了知识的构成。由于联结主义知识表征的研究理论更偏向于大脑机制和认知机能等神经科学领域，因此本书的知识表征方式更多的是基于符号主义视角。

知识表征具有原型、词汇、特征等多种形式，其中三种基本方式为命题表征、逻辑表征和框架表征。这三大方式分别是指知识的基本单位应为命题、逻辑和框架。其中，命题表征强调知识以自然语言形式构成且语言产生于社会文化，因此其本质上是一种语境化的知识表征，具有抽象性、语义性与概念性等特征。逻辑表征本质上是一种结构化的知识表征，在一定程度上克服了命题表征带来的自然语言模糊性和多文化误解性等缺陷，具有形式化和强推理性等特征。框架表征则是指知识在大脑中围绕某一主题形成了一种完善的、相互联系的知识结构。框架表征具有模块化和层次化等特征，这就使该方式的知识表征能力更为强大。研究知识表征的根本目的，是使知识变得符号化、结构化，以便于帮助人脑和智能系统对情报进行有效推理和判读。

3.5.2 知识表征的重要方式：图式

图式（schema）是知识表征若干方式中重要的方式之一。一方面，图式能够组合命题、概念、表象等基本表征方式，同时又为脚本、框架的形成奠定基

[①] 许利秀.知识表征问题的研究［D］.太原：山西大学，2014.

础，具有高概括性；另一方面，图式是陈述性知识和程序性知识都会采用的表征方式[1]，具有高解释性。对图式及相关的同化、顺应、平衡等概念展开研究，有利于深化对知识表征乃至整体认知框架的研究。

3.5.2.1 图式的概念

图式一词最早于 1781 年由古典哲学家康德（Immanuel Kant）在其著作《纯推理批评》（*Critique of Pure Reason*）中提出。1932 年，剑桥大学教授巴特莱特（Frederick Bartlett）在《记忆》（*Remembering*）一书中对"图式"赋予了认知科学的意义，认为可以用其来解释人的经验与知识实质[2]。20 世纪 50 年代，教育学家皮亚杰（Piaget）提出，图式是人类知识的基本表征单位，并引入了"同化 – 顺应"理论，掀起了认知图式的研究热潮。第三次人工智能浪潮兴起后，学界再次将图式作为认知算法的模型基础进行研究，取得了可观进展。

图式，目前主要指人脑中有组织的知识结构[3]，它既包含对事物的感知表象，也包含与该事物相关的抽象逻辑与概念。此外，图式不仅用来组织存储外界事物，也用来存储主体自身经历的事件与经验。其中，学界往往又将关于物质客体的图式（关于"是什么"的知识）称为框架（frame），将关于顺序性事件的图式（关于"怎么做"的知识）称为脚本（script）。图式的基本特征可归纳为三大方面：一是图式含有变量，如关于汽车的知识形成了基本图式，但这一图式的不同变量使人们能区别轿车和货车；二是图式具有层次，这使图式可按层级进行组织，并能嵌入更高级别的大图式中；三是图式相对抽象，往往存储了某类事物共有的抽象特征。

3.5.2.2 图式的形成

图式真正引起人们的广泛关注，在很大程度上是由于皮亚杰提出了"同化"（assimilation）与"顺应"（accommodation）两大概念，完美解释了图式的递

---

[1] 陈述性知识大多采用概念、命题、表象、图式、脚本等方式，而程序性知识则主要采用产生式和图式等方式进行呈现。
[2] BARTLETT F. Remembering: a study in experimental and social psychology [M]. Cambridge: Cambridge University Press, 1932.
[3] 陈琦，刘儒德. 当代教育心理学 [M]. 北京：北京师范大学出版社，2007：256.

进与发展进程,这不仅是知识表征研究中具有里程碑式意义的突破,也对情报学研究产生了重要影响[①]。皮亚杰认为,认知过程与知识表征都是主体图式与客观事物相互适应的过程,并追求二者在这个过程中实现动态平衡。这一逻辑也与知识非常态假说有着异曲同工之妙。

为了实现主体图式与客观事物的动态平衡,人们主要采用同化与顺应两大路径。同化,是指主体将外界输入的新情报整合至已有的图式之中,其结果是原图式发生了量变;顺应,是指主体原有图式无法顺利同化新情报,而通过重构图式以适应新情报,其结果是原图式发生了质变。通过同化与顺应,主体的图式及知识表征得以不断丰富,进而推动认知活动发展。

3.5.2.3 图式的作用

图式对于情报活动具有重大作用,主要表现在如下四个方面。

首先,有利于节约情报主体的认知资源。一方面,图式作为知识表征的重要方式,存储了同类事物及情报共有的抽象特征,从而能够帮助人们在遇到相似但不尽相同的情报时简化认知判断的过程,减轻认知资源的消耗及负担;另一方面,已有研究表明,存储记忆/短时记忆的存储容量并不多,仅有大约 7 ± 2 个组块,这也是主体认知资源受到限制的重要原因。图式的存在有利于破解这一难题,当某一图式达到自动化加工的程度时,其所包含的大量知识就将以单个单元的形式被工作记忆加工,这就极大减轻了工作记忆的负担和认知资源的消耗。

其次,有利于情报的选择与搜集。科学哲学家库恩曾说:"人们能看到什么,不仅取决于其眼前有什么,还依赖于其理解了什么。"当指挥人员面对情报时,他们的图式将起到过滤筛选的作用:合乎主体已有图式的情报更容易被接受,而不合乎的情报则更容易被错过。例如,同样是情报分析人员,一个长期关注中东方向,另一个长期关注美国方向,当面对同一国际事件的情报,他们看待的角度与采用的情报必然不同。

再次,有利于情报的整合与加工。情报的整合与加工过程必然受到主体图

---

① 蒋永福,刘敬茹. 认知图式与信息接受[J]. 图书馆建设,1999(3):2-3.

式的影响——通过同化与顺应过程，指挥人员将存储在大脑图式中的内部知识与外界情报进行整合。同时，指挥人员只有通过图式与情报的相互比较、综合，才能获得对情报本质的认知。

最后，有利于情报的认知与利用[①]。图式作为指挥人员认知结构的重要组成部分，面对同样的情报，从不同的图式会得出不同的结论。图式一是影响情报认知与利用的广度与范围，二是影响情报认知与利用的深度与层次，三是影响情报认知与利用的角度，四是影响对情报缺失部分的补充与完善，可以窥一斑而知全豹。

3.5.3 知识表征的存储样式：内隐与外显

按不同角度，知识表征可分为多种存储样式，相关理论与长时记忆的信息加工的有关理论有较大重叠，其中的内隐知识与外显知识这一类别近年来受到情报学界的广泛关注。有学者甚至认为，我国情报学近年来呈现出过度技术导向的根本原因，就是过于注重外显知识而忽略了对内隐知识的研究[②]。

内隐知识（implicit knowledge）是个体具有的知识与经验对当前的情报认知产生的无意识影响，而其自己也没有意识到这些自动加工及影响；外显知识（explicit knowledge）则是个体能够有意识地在情报认知中运用记忆中所存储的知识，且通常是可以用言语外显表达的知识。两者具有相同点，即对情报认知和加工的各环节都有参与和贡献。但两者也有区别：一是情报加工深度对外显知识的影响更为显著；二是随时间延长而产生的情报消退对外显知识的影响更为显著；三是认知资源有限性对外显的数量和有效性的影响更为显著；四是无关情报对外显知识的影响更为显著；五是智力、年龄等个体差异对外显知识的影响更为显著；六是情报呈现方式的变动对内隐记忆的影响更为显著。

从上述比较可以看出，内隐知识与外显知识相比有着更高的稳定性。因此，近年来内隐记忆相关研究在情报学和认知科学领域都获得了较大进展，主要研究方法是任务分离实验，将内隐知识与外显知识进行分离。其中主要包含两个

---

① 蒋永福，刘敬茹. 认知图式与信息接受[J]. 图书馆建设，1999（3）：2-3.
② 宋恩梅. 情报空间建构：情报学的新透视[J]. 图书情报工作，2008（7）：63-66.

分实验:在实验一的任务中,内隐知识与外显知识的作用方向是一致的;在实验二的任务中,内隐知识与外显知识的作用方向是相反的。两者进行结合,就可以分离出内隐知识与外显知识各自的作用。

从内隐知识与外显知识的角度来看,智能指挥决策及情报认知活动可分为四大路径:一是内隐知识之间相互整合,产生新的知识结构,往往称之为"直觉";二是内隐知识转化为外显知识,产生知识迁移;三是外显知识内化为内隐知识,这一步往往是新手向专家转变的必经之路;四是外显知识相互作用,产生新的知识启发。

3.6 情报思维过程

思维(thinking)作为情报认知的突出表现和高级形式,能够对客观事物与情报的本质进行概括和间接认识,对指挥决策及其情报认知都有重要作用。情报思维过程包含多个基础环节,如分析、比较、整合、分类、抽象、概括、系统化与具体化等。在这些基础环节之上,可将情报思维分为基本维度、高阶维度和载体维度等。

3.6.1 情报思维的基本维度:问题解决

作为情报思维的普遍表现形式和基本维度,问题解决是指针对目标问题产生的一系列有目的、有指向的认知操作[①]。换言之,问题根据完成情况可被分为初始、中间、目标三种状态,这三大状态又统称为问题空间,问题解决就是探索问题从初始到目标状态的系列过程。目前关于问题解决的经典理论有格式塔学派的顿悟说、桑代克(Edward Lee Thorndike)的试误说以及加涅(Robert Mills Gagne)的发现说等。当前相关研究中,问题解决一般可概括为四大阶段:一是搜集情报,明确问题表征;二是选择问题解决的方法与策略;三是运用方法与策略,对问题进行解决;四是评估是否达到预期目标状态。需要注意的是,上述四大阶段在实际过程中并不完全遵循顺序性,而是相互作用、相互影响的。

---

① 车文博.当代西方心理学新词典[M].长春:吉林人民出版社,2001:467.

就认知情报学而言，问题解决中所运用的策略可分为两大类型。

一是以算法策略为代表的纯理性类型。算法策略是指在问题初始状态和目的状态之间的空间内，针对所有可能的算子和策略进行逐个搜索，直至选择出一个有效的问题解决策略。这一类型的本质是假设指挥人员等情报主体有着绝对理性，问题也存在最优解的方案。算法策略往往能够通过严谨的逻辑推论，确保问题得到准确解决，因此是决策周期理论（OODA）等传统指挥模型的基础，也是未来一段时间内智能情报辅助系统的重要机理。但该策略也存在诸多缺陷，一方面，面对过于复杂的任务问题时，情报认知思维需要进行大量尝试，导致效率过低，不符合高频快速指挥节奏的要求；另一方面，某些指挥决策问题实质上是"鱼和熊掌不可兼得"的两难问题，不存在最优解，因此往往找不到合适的算法。

二是以启发式策略为代表的非理性类型。启发式策略是指挥人员等情报主体根据自身已有的认知结构与知识经验，对问题空间进行高度个体化的指向性搜索，从而选择较优的问题解决策略。这一类型的本质是假设指挥人员在诸多任务压力因素下，无法始终保持绝对理性，往往依赖于已有的个人认知结构与经验，对任务问题的解决也只是寻求较优解而非最优解。常用的启发式策略包括"手段—目标搜索"（means-end search）和"反向搜索"（backward search）两种类型[1]。启发式策略以情报主体具有指挥决策任务相关领域的知识与经验为前提，能够省时省力地高效解决问题，因此也是识别启动决策模型（RPD）、评价调整认知模型（CECA）等最新指挥模型的基础。但该策略的成功运用依赖于情报主体的已有认知，因此存在因指挥人员个体认知不足导致问题无法得到解决的隐患。

3.6.2 情报思维的高阶维度：专家思维

随着指挥决策、情报工作日益成为专业化极强的领域，学界日益呼唤专家型指挥人才，其背后也是对专家思维与经验的重视。对专家思维的深入研究，

---

[1] "手段—目标搜索"是指从问题的初始状态开始向目标状态进行搜索的情报认知过程；"反向搜索"则是指从问题目标状态开始向初始状态进行反推的情报认知过程。

一方面有利于提升面向智能指挥决策的情报认知效能，另一方面也将对专家型智能情报辅助系统的研发具有重要借鉴意义。

3.6.2.1 专家思维的优势

专家思维之所以重要，是因为其在基于自身知识表征的基础上，比新手具有更强的灵活性与适应性等优势。具体优势表现为：

一是情报思维的知识基础更为丰富。专家思维的优势最直接地体现为专家具有丰富的知识基础。首先，相比于新手，专家在自身所在领域积累了更为丰富的知识和记忆能力；其次，近年相关研究发现，专家往往还具有相关学科领域的经验与知识；最后，情报学家认为，专家思维的知识基础不仅体现在其已有的记忆中，还包括专家经常使用的但不为大众所普遍了解的外部资源，如书籍、报告、数据库等[1]。

二是情报思维的知识表征更为合理。专家的知识基础并不是孤立混乱地存储在他们的记忆中，而是基于专家自身的实践经验和理论探索，采用了更为合理的知识组织与表征方式。如专家相关图式的逻辑结构更为清晰合理，其长时记忆中的单个"组块"也含有更多的知识，知识结构合理使专家能更容易地激活、提取自身的知识储备。

三是情报思维的认知资源消耗更少。相比新手而言，专家对情报进行认知加工时的自动化程度更高，即认知资源的消耗更少。专家的知识图式和认知加工方式对于特定领域的问题的解决往往具有更好的针对性和适应性，可以不受意识控制进行自动化加工处理。

四是情报思维的问题解决能力更强。首先，面对指挥决策问题，新手往往采用基于感知的表层结构进行解决，专家则根据机理和规则进行解决；其次，专家更能基于当前的已知情报推导出未来的趋势，减少任务迷雾；最后，专家在问题解决中也更容易使用启发式策略，其本质是专家的外显知识与内隐知识之间更为融合，使问题的解决效率更高。这一点既是专家思维优势的关键所在，

---

[1] COFFEY J W, HOFFMAN R R, CANAS A J, et al. A concept-map based knowledge modeling approach to expert knowledge sharing [J].Proceedings of IKS，2002：212-217.

也是相关研究的难点所在,同时还是专家型智能情报辅助系统无法真正代替情报专家的原因。

3.6.2.2 专家思维的提取

由于专家思维具有多种优势,因此情报学等信息科学一直探索如何对其进行有效提取。但专家思维的提取充满挑战,甚至在一定程度上导致20世纪八九十年代第二次人工智能浪潮陷入低谷。随着以"机器学习"等为代表的第三次人工智能浪潮的兴起[①],专家思维提取迎来了新路径。一般来说,分为如下三步。

第一步,获取专家思维。该步骤是专家思维提取的基本环节,也是当前最困难的环节,因为专家思维中很大比例的内容是以内隐知识的形式存在的,难以进行精准外显。目前,获取方法主要有三种:一是专家自身通过个体内省法,将内隐知识进行外化并书写;二是通过对专家日常的情报问题解决策略与行为进行大数据分析,获得其思维模式;三是创设与目标问题相似的情境,采用概念图等工具以触发并展现专家思维的体系与结构[②]。

第二步,标引专家思维。目前情报学主要是将本体理论与技术应用到该环节,一般有两种方式:一种是将特定领域作为本体,然后对该领域的专家进行标引,主要表现为领域专家数据库;另一种是将专家个体作为本体,对专家个人信息、擅长领域及思维特点进行标引,主要表现为专家基本数据库或专家特长数据库。对于建构面向指挥决策的智能情报辅助系统而言,专家思维的标引需要指挥及情报等领域的专家与计算机工作人员共同合作。具体而言,相关专家需要讲解所在领域的基本概念、理论体系乃至其解决任务的通常做法等,使计算机工作人员能够更全面深入地理解该领域,以便更好地进行标引与建构。

第三步,关联专家思维。由于情报工作涉及多个领域方向,因此专家思维的提取还需解决"选择哪些专家""哪些专家更适合组合在一个专家组"等问

[①] 从零开始的"白板式"机器学习,存在学习速度缓慢等问题。因此,有学者认为在智能情报辅助系统开始自学习前,赋予其专家思维的基础,有利于提升机器学习的效率与准确性。

[②] 赵国庆,张璐. 应用概念图诱出专家知识:概念图应用的新领域[J]. 开放教育研究,2009,15(2):56-60.

题，专家思维的关联也由此产生①。按由表及里的程度，可分为专家人员之间的外部关联和专家思维特征的内部关联两种类型。此外，对于智能情报辅助系统而言，专家思维需要以语言、工具或算法等标准化形式进行构造和表达，方能适应面向智能指挥决策的情报工作特点。

3.6.3 情报思维的载体维度：语言理解

赫约兰德在 2002 年美国情报科技学会的年会报告中明确提出：用户在习得语言符号后，其个体认知的形成与发展主要依赖于其接触的符号系统②。语言作为思维的物质载体和外在符号体现，对情报和认知均具有重要价值，因此理应成为认知情报学研究的重要课题。但另一方面，语言作为人类进化的重要产物和一种复杂社会现象，其所涵盖的内容已经远远超出了认知情报学乃至情报学学科的研究范畴，更多地需要从语言学进行专门研究③。因此，本节主要从语言作为思维载体的维度，就语言对认知情报学的相关影响进行概述性探讨。

第一，语言作为一种情报呈现方式，对情报认知资源的占用产生重要影响。当指挥人员面对情报产品，尤其是文字型的情报产品时，对语言字词的识别需消耗一定的认知资源。当情报产品的语言过于复杂时，就会占用大量认知资源，导致无法顺利进行更高水平的信息加工。因此，情报工作各环节中的语言运用要注意减少对指挥人员认知资源的占用，可以遵循最小依附原则，用最简单的语法结构呈现情报内容。最小依附原则，是指情报主体在面对情报语言时，其认知会偏好采用最简单的语法结构来理解情报。

第二，语言作为一种认知思维载体，对情报认知表征模式产生重要影响。语言决定论（linguistic determinism）认为，思维存在于语言之中，语言规律在很大程度上支配着认知与思维④。同样的客观情报，采用不同的语言进行表达，

---

① 刘勘, 周丽红. 面向专家的知识地图研究 [J]. 情报资料工作, 2012（2）: 18-22.
② HJØRLAND B. Epistemology and the socio-cognitive perspective in information science [J]. Journal of the American Society for Information Science and Technology, 2002, 53（4）: 257-270.
③ 袁毓林. 关于认知语言学的理论思考 [J]. 中国社会科学, 1994（1）: 183-198.
④ BLOUNT K V, BURGER A, CHONG I, et al. Linguistic determinism [M] // Encyclopedia of Child Behavior and Development. New York: Brev Publishing, 2011: 56.

会对指挥人员的情报认知表征产生差异化影响。因此，情报语言要尽可能做到客观、中立，尽量少用带有主观意识色彩的词汇。

第三，语言作为一种跨文化桥梁，可提升情报的搜集与理解水平。一方面，随着我国对外开放水平不断提升，政府、军队、高校及企业进一步由"本土型"向"国际化"转变，相应情报工作需要"语言助力"。无论是情报侦察、情报搜集、情报加工和情报对抗，都需要语言的支持。此外，语言有助于域外文化情报建模，为相关行动提供有力的指挥决策支持。如美军早在2006年就推出"国家安全语言计划"（the national security language），将"语言技能"纳入"作战能力"中，该计划将汉语、朝鲜语、阿拉伯语等美军未来可能使用的7种语言列为关键性语言。另一方面，我国幅员辽阔、方言众多，除规范的普通话外，还存在闽南话、客家话、粤语等地方性语言。此外，在少数民族地区遂行多样化任务时，也需要克服语言障碍。如在2010年玉树地震救援过程中，由于当地居民中藏族人口占比超过90%，部分群众听不懂普通话，给前期的救援工作带来了一定困难。后来通过当地受过汉、藏双语教育的入学儿童的帮助，这一困难才得以有效缓解。

第四，语言作为一种社会交流符号，有利于促进己方内部的认知沟通。指挥决策是一项复杂的系统活动，认知情报学的一大目标就是提升指挥人员内部的认知沟通，实现认知层面的联合。制作并普及标准化情报术语表，有助于在指挥人员内部形成一种具有共识性质的情报认知框架，进而降低认知成本。

第五，语言作为一种智能情报系统的检索工具，有利于提升人机交互协同性。随着情报学的智能化发展，智能情报系统将在未来的指挥决策中为指挥人员提供更大的辅助功能，甚至成为一定层面的情报主体。而情报工作中的人机交互，其基本功能之一在于情报系统需要正确理解主体语言并正确反馈表达。长期以来，图书情报学科一直关注自然语言在情报检索中的运用[1][2]，其本质

---

① 耿骞，赖茂生.自然语言检索的实现及其关键问题[J].情报科学，2007（5）：733-741.
② 王丹，杨晓蓉，马健.基于自动标引的自然语言检索方法研究[J].图书馆杂志，2016，35（6）：66-72.

就是希望情报系统与主体能够更好地进行"语言交流"。因此,认知情报学对语言进行研究的目的,一方面是减少情报标引等工作的成本与难度,提升人机交互效能;另一方面是提升情报工作的语言处理能力,以更快、更有效地从繁杂的信息中挖掘出有价值的情报。

3.7 情报认知风格

认知风格是指个体在长期认知过程中形成的稳定心理倾向,表现为对某些信息加工方式的习惯性偏好,且具有个性化和一贯性的特点。这种对信息加工方式的偏好往往是主体无意识地产生的。认知风格是主体运用情报认知能力的方式,而非认知能力本身,一般无高低优劣之分,但是不同的情报认知风格与不同的指挥任务、作战环境之间的适应性有所不同。

研究情报认知风格可以提高智能指挥决策的效能:一是有利于指挥人员更好地了解自身的情报认知风格,明确自身偏好及强弱项,以便扬长避短;二是通过加强对对方指挥人员的情报认知风格的研究,有利于己方指挥人员知己知彼,因敌施策;三是有助于组织和高级指挥人员根据任务及情报特点,选派并任命认知风格与之相适应的指挥人员,以最大限度发挥人力资源效益及顺利实现任务意图;四是有利于情报辅助系统充分理解指挥人员的认知风格差异,以适合其认知风格的形式对情报进行呈现,以提升个性化情报服务,最大限度地实现人机匹配从而提升情报认知效率。

认知风格对于指挥决策的重要性,早在《孙子兵法》中就有所描述:"故将有五危,必死可杀,必生可虏,忿速可侮,廉洁可辱,爱民可烦。凡此五者,将之过也,用兵之灾也。覆军杀将,必以五危,不可不察也。"[1]《三国志》中也记载过一次著名的"量敌论将"论述:"田丰刚而犯上,许攸贪而不治。

---

[1] 中国人民解放军军事科学院战争理论研究部《孙子》注释小组.孙子兵法新注[M].北京:中华书局,2005:58.

审配专而无谋，逢纪果而自用。"[①] 对敌方重要指挥人员认知风格的精确把握，是曹操势力在官渡之战中能够以弱胜强的重要原因。对认知风格的现代分类，目前主要有以下三种类型：以个性为中心的认知风格分类，以情境为中心的认知风格分类，以机能为基准的认知风格分类。但上述三种分类均有重大缺陷，学界尚有较大分歧。考虑到军事指挥对情报认知风格的需求更为迫切，且相关研究较为成熟，因此下文主要对美国及北约军队的代表性情报认知风格分类进行介绍。

3.7.1 美军情报认知风格划分类型

美军从信息认知加工角度，对指挥人员的情报认知风格进行了区分，得到了五种风格类型，分别为：理性型、直觉型、依赖型、回避型和反应型。每种类型的情报认知风格的特征如下：

（1）理性型。该类指挥人员的特征是先对情报进行全面研究，然后才会列出指挥计划，并详细评估各种备选方案的优劣。该类指挥人员能够对任务态势有较为全面、清晰的理解，其指挥决策往往也较为客观、理性；但此类风格对情报的需求较大，有时会超出实际需要，造成认知资源与作战时机的浪费。

（2）直觉型。该类指挥人员的特征是对情报的细节与趋势格外关注，但并不对整体情报进行系统研究，有依赖于已有经验和直觉进行指挥决策的倾向。天才式指挥人员往往具有此类情报认知风格，他们能够快速整合关键情报资料，立刻作出判断并迅速展开战斗行动；但这种决策在充满创造性的同时，往往也伴随着高风险。

（3）依赖型。该类指挥人员往往需要大量的细节情报、以往经验以及他人的建议与指导。此类指挥人员更希望在集体中对情报进行认知，然后再与团队成员充分沟通从而进行指挥决策。此类风格在情报共享的团队指挥中，往往能实现较高质量的决策水平；但在某些紧张、快速、分散的指挥情境下，会影

[①] 陈寿. 三国志［M］. 北京：中华书局，1969：314.

响其情报认知与能力指挥。

（4）回避型。该类指挥人员往往会尽可能回避进行情报认知与决策。他们的情报认知能力通常较低，习惯于在所有环境中用相同的一个或几个维度进行情报考量，对态势感知往往"非黑即白"。此类风格适用于该类指挥人员熟悉的战术级任务行动。

（5）反应型。该类指挥人员面对新情报与指挥任务时，往往快速反应以求尽快完成情报认知与决策。此类风格的情报认知是线性、链条式的加工过程。此类指挥人员更愿意听取一个确切的情报并执行确定任务，而不愿过多地进行计划考量。

这一分类理论在美军实战检验中体现出了较好的信度与效度，能够帮助指挥人员更好地了解自己的情报认知偏好，提高指挥决策质量。因此，不仅美军在运用该理论，加拿大等西方国家的军队也早在21世纪初开始建设的"21世纪联合指挥决策支持技术支撑计划"中就将该理论作为重要组成部分。

3.7.2 北约情报认知风格划分类型

北约军队将情报认知风格与指挥胜任力及作战经验相联系，由低到高分为四类，分别为：

（1）保守型。此类风格的指挥人员能够较好地按照条令条例的要求对情报进行认知，但因过于教条而缺乏灵活性。此类风格的指挥人员往往是缺乏实战经验的新手。

（2）分析型。此类风格的指挥人员能够对战场情报作整体分析，并注重与友军的情报分享和作战协同。但面对经验丰富的敌方指挥员与成熟的情报系统时，其情报认知与作战计划往往会出现纰漏，容易上当受骗。此类风格的指挥人员往往只参加过模拟训练或小型战斗。

（3）综合型。此类风格的指挥人员能够将战场情报与相关体验感知进行综合看待与利用，并寻找出其中的关键所在。此类风格的指挥人员往往有着丰富的实战经验，能够较好地指挥常规化联合作战，但面对较大变革时，容易出现指挥失误。

（4）变革型。此类风格的指挥人员对情报有着超凡的洞察力，能够熟练运用批判性思维、创新性思维等对纷繁复杂的战场情报进行认知和判断。此类风格的指挥人员能够快速适应信息化战场的动态变化,是北约军队基于当前作战任务的特点规律对指挥人员提出的最高要求。

3.8 情报认知偏差

认知偏差是指人们在认知过程中,因自身或情境因素出现认知结果失真。学界对认知偏差的关注由来已久,最早于19世纪时就已有相关著作出版。这一领域也是认知情报学领域中为我国学者研究最多的部分,王知津[①]、严贝妮[②]、周西平[③]等都曾对该领域展开研究。

3.8.1 认知偏差的环节表现

由于认知偏差的表现形式较多,学者往往只针对一个层面进行探讨,因此相关研究成果较为零散。下文以认知环节为主线,对主要成果进行梳理分析。

一是感知环节。认知偏差在感知阶段的主要表现为视觉感知偏差和模式识别错误。格式塔学派认为出现感知偏差的原因是,主体天生就有将事物感知为整体和完整形态的倾向,这就容易导致事物一些不规则的特性被忽视。此外,这种倾向还会随时间的推移造成记忆扭曲。

二是注意环节。被誉为美国心理学之父的詹姆斯(William James)在1890年完成的《心理学原理》一书中,在有关习惯、记忆和意愿等的章节中都有关于人类认知偏差的论述,他认为认知偏差出现的主要原因是习惯减少了主体对行为表现的有意识注意。此后,威斯康星大学的心理学教授加斯特罗(Jastrow I.),在分析了由习惯导致的认知偏差后,也强调了要注意在预防认知偏差中的重要性。

三是记忆与知识环节。1881年,伦敦大学教授萨利(James Sally)出版了《错误观念》一书,是认知偏差早期研究的代表性著作之一。该书中,萨利总

---

① 王知津,王树义.情报分析中的误判心理及其对情报失察的影响[J].图书情报工作,2011,55(16):12-15,24.
② 严贝妮,汪传雷,周贺来,等.情报分析中的认知偏差表征及其克服[J].图书情报工作,2011,55(16):8-11,54.
③ 周西平.公安情报失误的认知心理分析[J].图书馆学研究,2012(21):4-7.

结了三种主要的记忆偏差，分别是：错误地回忆起没有发生过的事件；歪曲了已发生的事件；错误地回忆起事件发生的时间。哈佛大学教授闵斯特伯格（Hugo Munsterberg）在此基础上进一步深入研究，在《站在证人席上——有关犯罪心理的论述》一书中提出了对证人证言可信度的质疑，至今仍对法庭审判的证言采纳有重要影响。

四是思维决策环节。该环节是认知偏差表现最突出、最复杂且对情报工作影响最大的环节，因此也是传统情报认知研究的重点领域。下文将对"认知偏差的内在原则"与"认知偏差的外在表现"两部分内容进行详细论述。此外，以弗洛伊德为代表的精神分析学派也对以"笔误""口误""误读"等常见的认知与行为偏差进行了分析。该学派认为人们出现的种种不合逻辑的差错，其根本原因是人们对自己某种冲动的无意识压制，因此对认知偏差的研究还应考虑无意识的影响。虽然无意识领域目前并不属于当代认知科学范式的研究范畴，但长期临床实践发现，无意识理论有其合理性。因此，在未来的认知情报学研究中应该合理考虑这一因素。

3.8.2 认知偏差的内在原则

美国著名心理学家卡尼曼（Daniel Kahneman）与特沃斯基（Amos Tversky）认为，产生认知偏差是因为人们采用了一些启发式原则，将认知任务简化以便进行判断。这些启发式原则在大多数情况下起到了节约认知资源的积极作用，但有时会引发认知偏差。启发式原则在情报工作中有着广泛运用，一方面，以专家思维与经验为代表的启发式原则的正确运用，有利于提高情报资料的分析与利用；但另一方面，启发式原则的运用也存在风险，对方在设计虚假情报时，有可能故意使其符合己方的启发式原则，导致己方指挥人员被误导。对启发式原则及所带来的偏见进行解析，能够提高指挥与情报认知的质量。具体来说，认知偏差的内在原则经过整合后可分为以下四项内容。

一是代表性原则，指通过比较两种事物之间代表性特征的相似度，推论两者之间存在关系的可能性。如一个人的评语中有"少言寡语、身体强健"的描述，我们就更容易认为这是一名男性而非女性，因为这两个词更接近男性的代表性形象。

二是易得性原则，指人们对事物发生概率的判断受其从记忆中提取该事物的难易程度的影响,越容易提取则判断其发生的概率越大。例如,虽然飞机的安全性是所有交通工具中最高的,但人们常认为飞机失事的可能性高于车祸,就是因为人们记忆中存储了并更易于提取飞机失事的报道。

三是锚定性原则,人们最终的决策判断往往会受到起始值的影响。起始值像船锚一样起到固定作用,人们的思考往往只能基于此进行调整。例如,参谋人员或指挥辅助工具基于情报,初步得出完成某一任务大概需要 100 万元的结论,这一结论可能会起到锚定性作用,即使指挥决策人员认为这个结论不合适,其最终划拨的经费额度也很大可能基于 100 万元进行调整。

四是框架性原则。当卡尼曼将风险这一维度加入人们的认知过程进行研究时,发现人们的选择及价值判断有了显著变化。卡尼曼将这一发现称为前景理论,并因此获得了诺贝尔经济学奖。该理论在认知偏差方面的体现被称为框架性原则:一是人们面临可能的收益时,往往会比较稳妥,不愿冒险;二是人们面临可能的损失时,容易选择更具风险的方案;三是同等价值的损失所带来的痛苦要高于收益所带来的快乐,即相比赚到 500 元所带来的快乐,失去 500 元所带来的痛苦更强烈。

3.8.3 认知偏差的外在表现

认知偏差的外在表现也被学界称为认知陷阱,本质上是情报主体对事件发生概率作出了错误估计。美军中的学者曾通过分析美军历史上大量的作战案例,发现 9 种指挥人员普遍存在的认知陷阱[①]。本书通过梳理归纳,认为与智能指挥决策及情报认知密切相关的主要有以下 6 种。

①代表性陷阱。指挥人员错误地将本身并无相关性的两类情报进行了联系,或低估了小概率的意外事件对任务态势的影响。②易得性陷阱。指挥人员因事件的典型性或鲜活性,而高估了事件的发生概率。③锚定性陷阱。指挥人员受初始情报的过度影响,导致后续指挥决策的调整范围被限定在较小范围中。如空军工程大学鲁芳教员通过实验发现,当指挥人员下定决心后,新增的

---

① JANSER M J. Cognitive biases in military decision making [R]. United States Defense Technical Information Center, 2007.

情报很难改变其判断，但当新细节符合自身判断时会增强其自信心[1]。④框架性陷阱。指挥人员对任务结果的利弊得失判断，影响其对任务方案风险性的偏好选择。⑤沉没成本陷阱。指挥人员面临前期指挥决策失误的情况时，本应更改指挥方案以亡羊补牢，但因考虑前期投入的人力、物力、财力、时间乃至威望等成本，会选择继续执行错误指挥而身陷泥淖。⑥过度自信陷阱。指挥人员高估了自身所作任务态势判断的正确性，只专注于证实自身判断的情报，而忽视了与自身判断不符的情报。

认知陷阱往往并非单一呈现，而是多种陷阱综合影响。如金门战役作为解放军在解放战争中罕见的一次较大失利，毛主席就曾指出此次失败的要害不在于装备不足，而在于指挥人员出现心理偏差[2]。从认知陷阱角度对金门战役中的指挥问题进行复盘，能更加生动形象地理解认知偏差的外在表现，并为未来的指挥决策提供前车之鉴，具体分析如下。

第一，陷入了代表性陷阱。解放军指战员错误地认为，金门战役这一由海向陆的登陆作战与以往单纯的陆地作战相同，因此对两栖登陆作战准备不足、研究不够。第二，陷入了易得性陷阱。在金门战役发起不久之前，解放军刚刚成功解放平潭岛和大嶝岛。在彼时的登陆作战中，解放军刚登陆，岛上的守军就不战而溃。这就使解放军指挥人员形成了"登岛就是胜利"的错误认知，导致金门战役中第一梯队上岛后认为胜券在握，没有做好第二梯队的相关工作。第三，陷入了锚定性陷阱。战前情报显示，金门守军仅有国民党第二十二军团李良荣部。虽然在后续俘虏审讯中获知战斗力更强的胡琏部也有可能前来参加防御，但受初始情报的锚定性效应影响，解放军指挥人员反而怀疑俘虏讯词有误。第四，陷入了框架性陷阱。解放军指挥人员对金门战役的认知呈现出"损失"视角，更多地考虑如果推迟登陆，可能会延误解放台湾的进程，使敌人有机会逃跑等。因此，更容易选择冒险性更高的作战方案。第五，陷入了沉没成本陷阱。在作战失败已成定局，无力组织大规模第二梯队登岛的情况下，指挥

---

[1] 鲁芳,戴雅玲.信息量和信息类型对情报分析的影响及启示[J].新西部（下半月），2010（3）：144-145.
[2] 肖锋,李曼村,朱云,等.回顾金门登陆战[M].北京：人民出版社，1994：42.

部仍组织一百余名官兵再次渡海登岛支援。这虽然体现了革命战友永不抛弃的可贵精神,但对扭转战局并无帮助,反而增添了伤亡,在一定程度上也存在沉没成本的影响。第六,陷入了过度自信陷阱。在解放战争的长期过程中,解放军官兵已经对国民党军形成了不堪一击的刻板印象,直接导致了其在金门战役中的过度自信。这也是为什么解放军当时的参战兵团在向上级汇报时说:"我们检讨造成此次金门作战之惨痛损失的原因,主要是我们被急躁胜利冲昏头脑,盲目乐观轻敌。"

3.9 情报认知监控

情报认知是人类与外界环境进行的一种复杂交互活动,必须具有较强的自我监督与调控功能,才能有效避免认知风格、认知偏差等环节可能带来的情报失误。因此,个体的认知建构中除上述提到的认知风格、认知偏差等部分外,还存在元认知这一高级认知监控部分。对元认知展开研究,有利于更好地理解情报主体如何对自身情报认知进行实时、积极与主动的监督与控制[①],同时也对基于认知结构角度的情报对抗领域的研究(详见"4.3 基于认知结构角度的情报对抗领域"部分)具有重要价值与意义。

3.9.1 元认知的基础概念

元认知概念的提出,最早可追溯至19世纪末哲学界关于自我意识的辩论。法国实证哲学家孔德(Comte A.)提出了著名的"孔德悖论",即思考者一边进行思考,一边观察这种推理思考。出于对这一悖论的哲学推演,"元"这一概念被提了出来,"元"被认为是"关于……的过程"。20世纪70年代,美国著名学者弗拉维尔(Flavell J.H.)正式提出"元认知"这一概念,即关于认知的再认知[②]。基于此,情报认知监控即情报元认知,是指关于指挥人员情报认知的再认知。

---

① 黄昊.公安情报分析元认知研究[D].北京:中国人民公安大学,2019.
② FLAVELL J H. Cognitive development[M].3rd ed.Engle Wood Cliff,NJ: Prentice-Hall,1985.

元认知基础概念的研究价值主要在于两方面：一是将主体认知进一步细分为两大层面，即对外界客体进行认知的水平和对自身认知进行再认知的元水平，这一划分使人类对自身认知研究达到一个新高度；二是将对主体认知的自身监控进一步细分为两大功能，即对自身认知能力水平的监督功能和对自身认知过程的调控功能，了解与训练元认知两种功能，有助于提升主体对情报认知的效率与水平。

3.9.2 元认知的监督功能

元认知的监督功能主要是情报主体对自身情报认知能力与相关影响因素的再认知。如指挥人员在完成多次情报认知任务后，会对自身情报认知的优点、弱点、适合类型与策略等产生自我判断，这种判断就是元认知在发挥监督功能。具体来说，元认知的监督功能可分为三大领域。

一是对情报任务的监督，是指主体对情报任务的特点、性质、类型与难度等维度的再认知，以及自身能否完成该任务的内心体验。主体对情报任务的监督结果，对其情报认知效果有着重要影响。实验证明，当主体认为情报任务具有一定难度但能够完成时，其情报认知效果最好。

二是对情报主体的监督，是指主体与他人水平、组织要求或实际效果相比较后，明确自身情报认知能力的长处与不足。此外，主体对自身认知风格、认知偏差等方面的了解，也属于这一范畴。

三是对认知策略的监督，是指主体对自身为完成情报认知活动所使用的认知策略、方法等进行的再认知。这一监督功能有利于主体针对不同的情报任务，更具针对性地灵活运用认知策略。这一功能的增强，可避免指挥人员等情报主体出现认知惯性与认知惰性。

3.9.3 元认知的调控功能

元认知的调控功能，主要是指情报主体对认知过程、自身正在进行的认知活动等进行的积极干预与控制。调控功能作为元认知的核心部分，其正常实施是基于监督功能的顺利实现，与此对应也具有三大阶段。

一是基于任务监督的预测规划。当指挥人员等主体对情报任务有了初步掌握后，根据任务需求、外界环境与已有情报等条件，对情报认知活动进行预测与规划，以便自己掌握更多、更匹配的任务情报。

二是基于主体监督的调整改进。这一阶段主要是指在情报活动的过程之中，情报主体将认知结果与任务要求相对比，得出效果评估，并基于此所展开的自我反思与检查改进。

三是基于策略监督的反思总结。这一阶段是指由于策略的选择对于情报认知结果的科学性和准确性有着重要意义，因此情报主体往往会对策略的效果进行反思，并适当作出修正。

总的来说，元认知的调控功能是基于指挥人员的主体需求与情报认知的实际结果相对比进行的。如果两者符合度较高，则调控功能发挥较少；如果符合度较低，则与之相反。对认知结构等进行针对性训练，可以显著强化元认知的调控功能[①]。

---

① 韩志英，孙忠斌. 情报分析人员的元认知分析[J]. 现代情报，2008（5）：55-57，60.

认知情报学理论模型建构

常见的情报理论模型尤其是认知情报学理论模型，出于密切为实践服务的理念，往往以情报机构的部门职能或情报产品的生产流程为逻辑线索进行建构。然而，面对当今百年未有之大变局，我国情报工作要想借助"认知路径"实现变革，模型建构工作就需要从理论深度的角度进行彻底探讨。如此方能实现实践工作从跟跑到领跑的转变，这也是建设世界一流情报学科的应有之义。

认知情报学理论模型的建构具有多重意义：第一，对认知情报学基础理论探索而言，可以进行归纳提炼与升华建构；第二，应用模型建构、量化实证等后续研究的理论先导与必经之路；第三，可为情报工作认知路径的相关实践提供结构性和功能性的逻辑探索与思路洞察。

基于上述分析，本章分为两大部分展开论述：第一，对认知情报学理论模型（简称"理论模型"）进行概述，阐明理论模型的深层逻辑推演；第二，对理论模型的两大领域"基于认知资源角度的情报支援领域"与"基于认知结构角度的情报对抗领域"分别进行分析探讨。

4.1 理论模型的逻辑概述

本节是理论模型的逻辑概述部分，首先，探讨面向智能指挥决策的情报工作所需的基本资源及限制，解决"是什么"的问题；其次，通过细化主观认知资源限制，分析得出认知情报学理论模型的核心机理，解决"为什么"的问题；最后，提出认知情报学理论模型的基本领域，从情报支援与情报对抗两大领域回答"怎么做"的问题。理论模型逻辑路线如图4-1所示。

图 4-1 理论模型逻辑路线示意图

4.1.1 基础资源：情报工作存在两种资源限制

巧妇难为无米之炊，情报工作同样需要基础资源。如果以主客观为标准进行分类，我们不难发现情报工作需要两类基础资源：一类是对任务环境与目标进程等外界事物进行反映的客观情报，即客观情报资源；另一类是人类对客观情报进行加工的主观心理认知，即主观认知资源。

基于此，阻碍指挥决策及情报有效利用的资源限制也对应分为两类：一是客观情报资源限制，二是主观认知资源限制。换句话说，外界事物的相关信息要想被情报主体有效感知与利用，需要依次经过"客观情报资源限制"和"主观认知资源限制"两道关卡，如图 4-2 所示。客观情报资源限制，是指由于客观情报难度过大、质量过差或过于简单等，导致其超出或没有触发主体认知资源，使主体无法对情报资料进行认知加工。需要注意的是，本书所提的客观情报资源限制除情报产品外，还包括情报技术等除主体认知以外的全部限制因素。主观认知资源限制，是指主体对情报的判读与利用等活动需要消耗自身一定数量的认知资源，但一定时间内主体的认知资源是有限的。当主体认知资源不足时，即使有再多的客观情报，也无法顺利对其进行认知与利用。

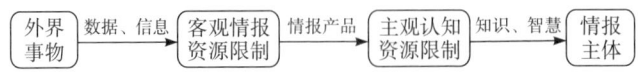

图 4-2 情报工作资源限制示意图

为更好地理解两种资源限制，我们以客观情报资源为 x 轴，主观认知资源为 y 轴，将情报利用分为四种情况，如图 4-3 所示。

4 认知情报学理论模型建构

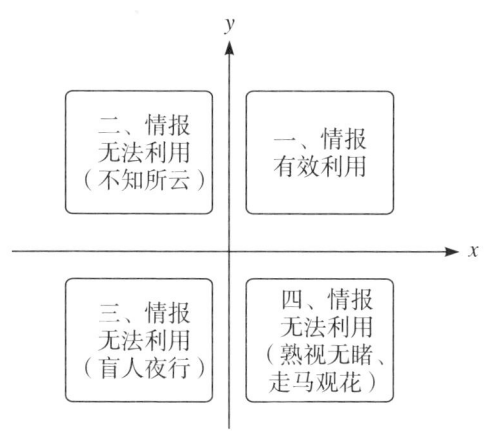

图 4-3 两种资源限制对情报利用的影响象限图

第一象限的情况是认知资源、情报资源均足够，情报得到有效利用，情报活动顺利开展。该象限内有两大特性值得关注：一是情报认知水平随认知资源的增加而上升；二是情报认知效率随认知资源的增加呈先快后慢的曲线发展态势，即情报认知的效率起初随认知资源投入量的增加而快速增加，但在到达某一节点后，即便再增加同等认知资源，认知效率的增长也会相对减慢。这就提示情报工作需要注意两点：一是面对单一情报任务时，要积极唤醒主体的认知资源，并使之聚焦于情报任务以提升认知水平，唤醒的认知资源越多，则情报的认知水平越强；二是面对多个情报任务时，要合理分配主体的认知资源，并且要考虑认知资源在不同情报任务之间的配置，力求认知资源利用的效能最大化。

第二象限的情况是认知资源足够，但情报资源不足。这是指客观情报对主体而言过于陌生和复杂，或是主体无法辨别其呈现方式。在这种情况下，主体即使投入大量认知资源也无法进行判读和利用，也就是日常所说的"不知所云"。

第三象限的情况是认知资源不足且情报资源也不足。一方面主体没有足够的认知资源，另一方面客体情报也无法被有效判读和利用，仿佛"盲人夜行"一般。此类情况就是所谓的战争不确定性和克劳塞维茨所说的"战争迷雾"，即因客观环境限制和主观认知限制，永远无法实现完全的"知己知彼"。虽然两种资源均不足的客观情境始终存在，导致无法彻底消除该象限代表的情况，但可以通过情报资源与认知资源两大维度综合发力，尽量缩小其发生范围。

第四象限的情况是情报资源足够，但认知资源不足。在这一象限中，客观情报实际存在，但没有得到主体的有效认知与利用。具体分为两种情况：一是由于情报对主体来说过于常见、熟悉和简单，因此并未引起主体对其的关注和有效利用，即所谓的"熟视无睹"和"习以为常"等；二是由于同时涌入诸多情报，因此主体无法完全有效判读，只能"走马观花"式浏览，导致错过了高价值情报。该象限的存在，给对方采用伪装欺骗、用惯常活动掩盖突袭企图等提供了机会。这一象限的情况是被传统情报学所忽视而认知情报学大有可为的蓝海所在。

综合而言，客观情报资源限制与主观认知资源限制相互影响、关系密切，如客观情报材料的组织和呈现方式不仅是一种情报资源限制，也对主观认知资源有着重要影响。因此，认知情报学理论在长远发展上应致力于综合解决上述两种资源限制，最终达成以下目标：一是对认知资源进行积极唤醒与合理分配，推动自下而上的情报认知效能，提升第一象限范围的效能；二是对主体认知结构进行合理建构，提升自上而下的情报认知效能，延长认知资源的纵坐标；三是推动情报产品更为符合主体认知结构和能力水平，推动情报资源横坐标向左减少，最终实现扩大第一象限，减少第二、第三、第四象限范围的目的。

受篇幅所限，本书难以同时对上述目标展开论述。随着大数据、人工智能等新一代信息化技术的落地应用，客观情报资源限制将得到有效缓解，认知资源限制正逐渐成为情报工作的主要资源限制与短板。受制于用户认知能力不足，情报工作即使能够搜集、组织海量情报，往往也得不到有效利用[1][2][3]，突出表现为在瞬息万变的竞争中，情报处理速度常常跟不上事件的进展[4]。此外，传统情报学理论研究与情报工作实践在如何减少客观情报资源限制这一方面，已积累了相对丰富的成果和经验。因此，认知情报学理论模型建构将重点探讨如

---

[1] 卡门斯.美军网络中心战案例研究3：网络中心站透视[M].沐俭，译.北京：航空工业出版社，2012：92.
[2] 庞宏亮.21世纪战争演变与构想：智能化战争[M].上海：上海社会科学院出版社，2018：91.
[3] STEW M. DoD making big push to catch up on artificial intelligence[J].Arlington：NDIA，2017（101）：22.
[4] 如目前美军一架"捕食者"无人机一天搜集的情报就需要19名情报人员进行分析处理；美国国家地理空间情报局局长在2017年就认为，如果想要处理今后20年接收到的所有情报数据，需要雇用800万名情报分析员才能完成任务。

何突破主观认知资源限制,以弥补认知这一情报工作基础资源的短板领域。

4.1.2 核心机理:认知资源有限与结构个性化

在确定本模型的重点在于解决主观认知资源限制的难点后,我们首先需要探究产生认知资源限制的深层原因,这也是本模型的核心机理。当前,国内情报学界的专家学者在探讨情报认知尤其是失误失察的核心机理时,往往将其归因于认知偏见与偏差[1][2]。这也是认知偏见被视为目前国内情报认知研究的热门领域的重要原因。但本书通过对认知科学最新研究成果进行梳理分析认为,认知偏差只是其中很小的一部分,并不足以完全解释情报认知活动尤其是相关失误情况,情报的认知资源限制在核心机理上另有他因。

从情报的认知加工视角来看,情报的认知加工模式可分为两种:自下而上的加工(bottom-up processing)与自上而下的加工(top-down processing)[3]。自下而上的加工又称资源驱动加工,是指主体对情报的认知加工主要依赖于客体情报资源的特性与其对主体认知资源的占用情况,即主要受认知资源有限性的影响;自上而下的加工又称结构驱动加工,是指主体对情报的认知加工主要依赖于主体自身已有的知识和经验,即主要受认知结构个性化的影响。因此,本书认为认知情报学理论模型存在两大核心机理:一是认知资源有限性,这是情报工作存在主观认知资源限制的根本因素,广泛表现在感知、注意、记忆等初级认知环节;二是认知结构个性化,这是情报工作存在主观认知资源限制的直接因素,主要体现在知识、思维、认知风格、认知偏差与认知监控等高级认知环节。

4.1.2.1 认知资源有限性

认知资源有限性最早由著名心理学家卡尼曼(Daniel Kahneman)在 *Attention and Effort*(《注意和努力》)一书中提出,其被作者视为限制人们信息加工的关键因素。著名计算机与信息学家、人工智能创始人之一,同为诺贝

---

[1] 钱军.情报分析的认知理论与方法[M].深圳:深圳报业集团出版社,2009:84.
[2] 严贝妮.情报分析中的个体认知偏差及其干预策略研究[M].北京:中国社会科学出版社,2016:57.
[3] 彭聃龄,张必隐.认知心理学[M].杭州:浙江教育出版社,2004:6.

尔奖得主的西蒙（Herbert Alexander Simon）也曾对此有过一段著名论述："信息并不匮乏，匮乏的是我们处理信息的能力。我们有限的认知力是组织活动的主要瓶颈。"[①] 认知资源有限性可以从以下几个层面进行理解：

一是某一时段内，主体认知资源是相对维持在某一区间水平且有限的，而人们对情报进行加工处理时，需要占用和消耗一定的认知资源。

二是单个与多个情报处理，对认知资源的消耗情况不同。①就单个情报处理而言，情报越复杂、越陌生，占用和消耗的认知资源就越多。②就多个情报处理而言，同时处理它们时的认知资源消耗，超过分别依次处理这些情报时的认知资源消耗。因此，在面向智能指挥决策常见的多任务情报工作时，要注意认知资源的合理分配。

三是当认知资源耗尽后，就无法对新呈现的情报进行有效处理和加工，这是情报认知偏差出现的根本原因。因此，情报加工处理任务所需资源量不能超过认知资源总量。只有当情报输入量低于主体认知资源总量时，情报加工处理活动才可以继续，情报加工处理任务才能完成。

四是认知资源有限这一特性，广泛存在于感知、注意、记忆等初级认知环节之中，如知觉模式识别、注意过滤衰减和记忆组块等。也就是说，客观情报在进入主体认知后，容易在这些环节被"卡"住。这也是本书在基础理论阶段，将相关阶段形容为"登记""隧道""瓶颈"等的原因。

五是为避免认知资源耗尽，人们在情报认知中容易无意识地使用省力原则。所谓省力原则，反映在传统情报学研究中就是著名的齐普夫定律，是指人类总想以最小的代价获得最大的收益。因此，人类为了节约有限的认知资源，对情报并不总是进行理性的全面分析，反而常常采用简单有效的认知策略进行加工、判断与决策，这就导致了认知风格、认知偏差乃至认知结构的产生。

具体到情报利用中的常见问题，理解认知资源有限性有着重要作用。譬如战略、战役层面指挥常用的态势感知图，如果在短时间内涌入过多情报，容易

---

① SIMON H A. Papers and proceedings of the ninetieth annual meeting of the American economic association rationality as process and as product of thought [J]. American Economic Review, 1978, 68（2）: 1-16.

导致指挥人员的认知资源被完全消耗，使其遗漏后续获得的高价值情报。再比如战术层面的头盔嵌入式显示器，作为发展前景广阔的数字化单人装备却存在着一大应用瓶颈：一线人员因认知资源被显示器情报所吸引和消耗，可能会忽视周围现实环境的危险进而身陷险境。

4.1.2.2 认知结构个性化

为适应认知资源有限性这一先天限制，人类大脑在长期进化中形成了认知结构。认知结构（cognitive structure）又称认知表征[1][2]，是指客观事物在人脑中存在的映射方式或结构，是个体内化的知识与经验[3][4]。在接触到与此前知识经验相似但不尽相同的新情报时，认知结构能够帮助人们简化对全新情报的分析与判断，节约认知资源的消耗并最终决定主体的情报需求和行为习惯[5]。具体而言，认知结构通过扮演"地基""支架"和"指示牌"等个性化角色，在情报认知中发挥着以下作用：

第一，认知结构在全新的情报利用中发挥着"地基"式的基础作用，有利于节约情报主体的认知资源。当情报主体已有认知结构与新情报高度相似时，可以直接在此基础上搭建对新情报的认知，免于主体临时建构新的认知结构和消耗认知资源。

第二，认知结构在全新情报利用中发挥着"支架"式的引导作用，有利于情报的选择与搜集。即使情报主体的认知结构与新情报的相似度不高时，其也可以发挥出着力点与生长点的功能，引导全新情报被更快、更省力地认知与利用。与主体已有认知结构相似度更高的情报更容易被接受，而不合乎的情报则更难被理解。这也是面对同样的情报资料不同的情报主体感受到的难度与复杂程度不同的原因所在。

---

[1] 刘爱伦，厉康. 行动的认知表征水平［J］. 应用心理学，2004（1）：58-63.
[2] 叶浩生，麻彦坤，杨文登. 身体与认知表征：见解与分歧［J］. 心理学报，2018，50（4）：462-472.
[3] 焦秋生. 认知结构的表征与建构［J］. 山东师范大学学报（人文社会科学版），2004（6）：108-112.
[4] 鞠鑫. 认知结构理论研究述评［J］. 四川教育学院学报，2008（6）：12-14.
[5] 王忠义，谭旭，黄京. 基于激活扩散理论的数字图书馆用户认知结构挖掘［J］. 图书情报工作，2017，61（13）：117-124.

第三，认知结构在全新情报利用中发挥着"指示牌"式的归类作用，有利于情报的整合与加工。主体认知结构出于省力原则，能够通过同化和顺应等方式对新情报进行快速而精准的分类与整合，而且并不需要消耗认知资源，极大地减轻了认知负担。不同情报主体的认知结构体现出高度个性化，因此对同一情报的归类与理解自然也不相同，这就是出现情报认知偏差的直接原因。

由于认知结构个性化的重要性，认知情报学一直对其进行跟踪研究，且过往三大阶段各有侧重：

第一，个体认知研究阶段首次旗帜鲜明地提出：认知结构的改善应成为情报工作的根本目标及判断情报是否有效的唯一标准。如在布鲁克斯提出的情报学基本方程式 $K(S)+\Delta I \rightarrow K(S+\Delta S)$ 中，明确以 $K(S)$ 代表原认知结构，$K(S+\Delta S)$ 为主体吸收情报后产生的新认知结构。

第二，社会认知研究阶段在认知结构中加入了社会属性，这一转变对认知情报学理论模型的建构具有重要意义。一方面，指挥决策本质上是一种社会领域活动，其情报主体并不是诸多个体的松散集合，应被视为一个高度融合的社会群体，这与情报其他领域的"用户"有着重要区别。因此，本书将研究对象"情报主体"确定为"指挥人员"这一整体，而非单个"指挥员"。另一方面，认知结构的社会属性还要求认知情报学理论模型注重建立基于认知结构的共同体，推动"指挥人员"等情报主体内部实现认知结构的共享。

第三，计算认知阶段侧重于从技术层面对知识表征等认知结构进行外显实现。研究人类大脑的认知结构并进行类比，成功建构自学习的算法模型，以提升情报辅助系统的智能水平。此外，其他相邻学科也提出了许多代表性理论，如格式塔学派的顿悟说、皮亚杰的图式理论、托尔曼的认知地图、布鲁纳的认知结构观、奥苏泊尔的同化论等。下文也将对相关理论进行吸收整合。

4.1.2.3　小结

综上所述，认知情报学理论模型的核心机理可被归纳为：情报工作存在客观情报资源限制与主观认知资源限制，其中，主观认知资源限制主要表现为认知资源有限性与认知结构个性化两方面。节约有限的认知和资源与适应认知结构个性化，不仅体现在信息加工、资源组织、情报系统开发等情报学传统领域[1][2][3]，也体现在知识图谱、关联数据、数字人文和可视化等情报学新兴浪潮之中。因此，认知情报学理论模型的建构，一方面需要从认知资源角度入手，从开源与节流两方面努力做大与合理分配认知蛋糕；另一方面需要从认知结构角度入手，从个体与组织两层次不断完善与共享认知蛋糕。

4.1.3 基本领域：情报支援与情报对抗

在明确认知情报学理论模型建构的两大核心机理后，可基于此将其划分为两大基本领域。

第一，从认知资源有限性的角度出发，情报工作的本质是追求数据优势、信息优势的过程：最大化挖掘并接近指挥人员的认知资源上限，尽可能为指挥人员提供更多的客观情报资源，以实现信息超越。在这一领域，认知情报学主要致力于提升己方认知资源的数量与利用效能，同时消耗对方认知资源的数量并降低其利用效能。由于该领域相关流程、内容等与目前狭义层面的情报支援活动基本相同，为便于理解，故将认知情报学理论模型的第一大基本领域同样命名为"情报支援领域"。

第二，从认知结构个性化的角度出发，情报工作的本质是追求认知优势、决策优势的过程[4][5]：基于对双方认知结构的认识，维护并推动己方指挥决策与情报加工流程的顺利运行，干扰对方相关流程，以实现相对对方的认知不对称。在这一领域中，认知情报学主要致力于促进己方个体认知结构不断改善，推动己方组织内认知结构持续共享、提供智能认知辅助工具等，同时对对方认知结构进行干扰与逆向利用。由于该领域体现出双方指挥人员在认知结构层面

---

[1] CHANG Y W. Influence of human behavior and the principle of least effort on library and information science research [J]. Information processing & Management, 2016, 52 (4): 658-669.
[2] CHANG Y W. Influence of the principle of least effort across disciplines [J]. Science to Metrics, 2016, 106 (3): 1117-1133.
[3] 邱健行, 邓胜利. 最小努力原则在中国图书情报领域的影响力研究[J]. 图书馆杂志, 2017, 36(7): 17-24.
[4] 赵冰峰. 论情报的过程[J]. 情报杂志, 2010, 29 (2): 6-9.
[5] 赵冰峰, 钟苇思. 以运动的哲学观点建立情报学元理论[J]. 情报杂志, 2010, 29 (1): 17-21.

的高度对抗性，因此将认知情报学理论模型的第二大基本领域命名为"情报对抗领域"。情报对抗领域意味着情报工作将不再局限于支援指挥决策的传统角色定位，而是重点寻求对敌我双方指挥人员的认知结构起直接作用。该领域通过对对方指挥人员等情报主体认知结构的系列作用，在实质上起到"攻心夺志"的效果，与所谓"军事信息支援行动""心理战""战略传播"等"软"信息对抗领域有异曲同工之妙[1]，有利于拓展情报工作的活动范畴并赋予其直接执行任务的新功能。

上述情报活动的两大领域互为前提、互相转化，在实际中难以完全分割[2]，但为了更好地理解与探讨，本书从理论层面对两大领域进行了区分，如表4-1所示。

表4-1 认知情报学两大领域基本逻辑对比表

对比维度	情报支援领域	情报对抗领域
目标对象	数据与信息优势	认知与决策优势
核心机理	认知资源有限性	认知结构个性化
功能定位	辅助指挥决策	融入指挥决策
路径方向	情报的"收"	情报的"放"
涉及基础理论	①情报感知登记；②情报注意隧道；③情报记忆瓶颈	①情报知识表征；②情报思维过程；③情报认知风格；④情报认知偏差；⑤情报认知监控

与情报支援领域相比，情报对抗领域更少被学界提及与研究[3]。两大领域有较大区别[4]。一是在目标对象方面，情报支援强调对情报资源的控制与占有；情报对抗则强调对认知领域尤其是双方认知结构的进攻与防御。二是在路径方

---

[1] 由此也解释了本书第2章在分析国内目前文献关键词时的发现：心理学学科中不仅包含直觉认为的"认知心理学"领域，还出现了"心理战"这一关键词。
[2] 首先，若没有情报支援作为基础，则很难进行情报对抗；其次，情报对抗的开展又给情报支援提供了需求，并拓宽了范围。
[3] 赵冰峰，赵永廷. 论情报的认知对抗本质[J]. 情报杂志，2010，29（4）：19-21，71.
[4] 情报支援领域与情报对抗领域在路径方向、涉及基础理论两维度的区别可详见第3章和第4章4.1的相关内容。

向方面，情报支援更注重情报的"收"，研究如何获取、搜集外界情报资源以进行利用；情报对抗则更强调情报的"发"，通过主动、有目的的情报传播来实现目的。这一路径变化与竞争情报创始人赫灵（Jan P. Herring）提出的情报循环模型有异曲同工之意，该模型不仅包含"搜集"，也包括"扩散"，是美国中央情报局日常使用的基本模型之一[①]。三是在功能定位上，即情报与指挥的关系方面，情报支援领域中的指挥决策更多是作为情报活动的目标归宿，两者是上下游的关系；但情报对抗领域则将指挥决策纳入情报活动的内容与领域之中，从逻辑层面推动了情报与指挥决策领域的融合。

4.1.4 小结

首先，情报工作的开展往往受到两种资源的限制，分别是客观情报资源限制与主观认知资源限制。两种资源限制相互关联、相互影响，但考虑到传统情报学研究主要探究客观情报资源限制的解决方法，且目前的情报研究工作已借助新一轮技术革新初步解决了情报资源不足的问题。因此，认知情报学理论模型将着力探讨如何实现对主观认知资源限制的突破。

其次，情报工作的主观认知资源限制之所以存在，其根本是因为存在认知资源有限性。为适应认知资源有限这一特性，人类大脑在漫长的进化中演变出了认知结构。换言之，认知资源有限性与认知结构个性化的存在既是情报认知活动的根本及情报认知偏差的根因，也是突破情报工作中主观认知资源限制的关键所在，是本理论模型乃至全书的核心机理。

最后，基于情报认知的核心机理，认知情报学理论模型的基本领域可对应划分为两类（图4-4）：一是情报支援领域，二是情报对抗领域。其中，前者主要解决认知资源有限性的问题，后者则主要从认知结构个性化的角度进行探索。毛泽东同志曾在《论持久战》中形象论述过上述两大领域："把敌人的眼睛和耳朵尽可能地封住，使他们变成瞎子和聋子，要把他们指挥员的心尽可

---

① HERRING J P. Key intelligence topics: a process to identify and define intelligence needs [J]. Competitive intelligence review, 1999, 10（2）: 4-14.

能地弄得混乱一些，使他们变成疯子。"[①]其中，情报支援领域主要瞄准对敌人"致盲致聋"的初级阶段，情报对抗领域则注重对敌人的认知结构等高级心理活动进行"扰心乱志"。

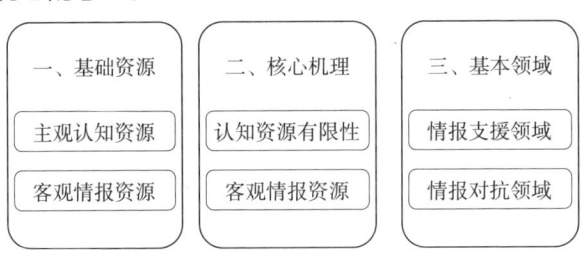

图 4-4　认知情报学理论模型逻辑主要构成

4.2　基于认知资源角度的情报支援领域

从认知角度而言，情报支援领域成功的关键在于克服认知资源有限性所带来的局限，实现主观认知资源与客观情报资源的平衡。具体来说，对己方而言，一是增加己方情报认知资源的可用量，二是在情报任务中合理分配认知资源以提升认知资源的利用效能；就对方而言，一是尽量消耗其认知资源的可用量，二是降低其认知资源效能以迟滞其情报工作的有效开展。

4.2.1　己方情报认知资源角度

目前，常用的情报支援方式之一是正面看台式的任务情报中心，主要表现为几个巨大的屏幕位于房间的前侧，不断展示各种动态信息；阶梯状的指挥中心依次分布数排情报工作站，来自不同部门的指挥人员在此工作；指挥中心的核心位置上是当前行动的最高指挥者，其认知关注往往集中于前面屏幕的变化上。

这种情报支援方式有利于指挥人员及时了解当前的任务行动和相关态势，并及时处理行动细节。但其也存在潜在的致命缺陷。首先，这种情报呈现方式很容易分散及割裂中、高级指挥人员的认知与注意，使他们更加倾向于关注当

---

① 毛泽东.毛泽东选集：第二卷［M］.北京：人民出版社，1991：492.

前行动，而忽视了长期趋势分析、任务方案调整、整体效果评估和未来行动设计等，这些恰好又是中、高级指挥人员为顺利完成任务行动所应起到的关键职能。其次，这种情报支援方式将使中、高级指挥人员更倾向于在非必要情况下，直接干预局部的行动实施。这将使整体指挥方式更加集中，而非分布式、放权型的指挥模式，无疑降低了任务指挥的弹性和灵活性，也容易出现中、高级指挥人员因小失大，而低级指挥人员却无事可做的低效指挥困境。

这种情况出现的根本原因是，现代战争环境产生的海量、多元情报已经远超指挥人员有限的认知处理能力，如果不对其进行管理和筛选，容易导致指挥人员因认知资源耗竭而出现认知失焦，并产生错误认知结构及失误。因此，情报支援领域需要从认知资源可用量与效能两方面入手，提升其对指挥决策及任务行动的贡献率。

4.2.1.1 综合开源节流举措，增加己方情报认知资源可用量

主观认知资源与客观情报资源两者虽然紧密相关，但客观情报资源本身并不会消耗和使用认知资源，消耗和使用认知资源的是指挥人员等主体对情报资源的加工处理过程。而人们对情报资源的加工处理受多种因素影响，因此，加工处理过程与认知资源消耗量是恒定但不固定的。换言之，己方情报认知资源的可用总量是一个相对的区间，而不是一个固定的数量值。这就为认知情报学理论采取开源、节流双重措施（图4-5），以增加己方情报认知资源的相对可用量提供了机会。

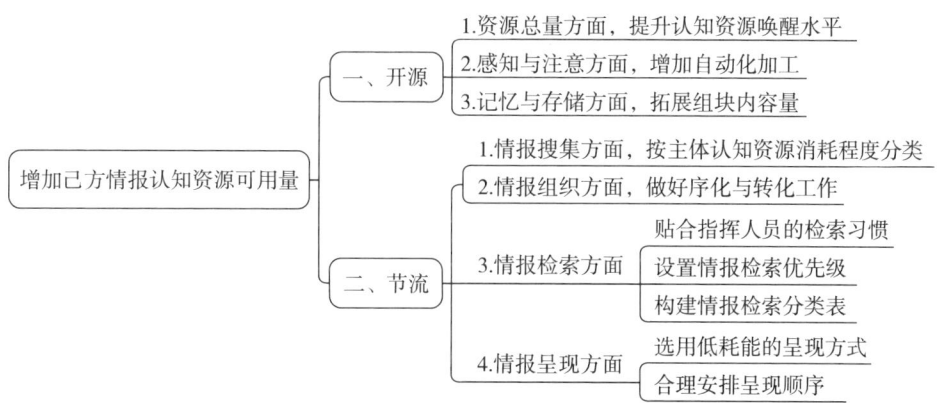

图 4-5 增加己方情报认知资源可用量方法示意图

首先,就基于主观认知资源的开源角度而言,可从以下三方面入手并采取相应措施。

一是在资源总量方面,应提升认知资源唤醒水平。卡尼曼认为,主体的认知唤醒水平是决定其一段时间内认知资源总量的关键因素,唤醒水平越高则可利用的认知资源越多。因此,要注重利用情报资源刺激方式、药物、情绪等提升情报主体的唤醒水平。

二是在感知与注意方面,应增加自动化加工。在情报感知与注意阶段,主体认知的加工方式按消耗资源程度可划分为两类:一类是控制性加工(controlled processing),需要消耗较多认知资源;另一类是自动化加工(automatic processing),消耗较少甚至无须消耗认知资源,也就是人们日常所说的"熟能生巧"。因此,要注重帮助指挥人员等情报主体对情报认知活动进行科学有效的练习,使其在日常工作中形成自动化加工模式,以便在任务过程中更加快速、灵活、低耗地进行情报认知。

三是在记忆与存储方面,应拓展组块内容量。感知注意环节的自动化加工方式虽然发挥着重要作用,但也存在一定的弊端。由于指挥决策往往具有高压力、快节奏等特点,指挥人员的情报认知能力如果过度依赖于注意等短期认知环节,则容易在战略层面的指挥决策中出现浅表化、碎片化等缺陷,因此还需补充情报记忆等认知长期环节中的相关做法。组块作为一种具有意义连接功能的信息单元,在情报主体的记忆尤其是短时记忆与工作记忆环节中发挥着重要作用。虽然组块数量相对固定,但每个组块的容量可以扩大。对情报主体的认知资源利用而言,一方面组块化能够对与新情报相关的知识经验进行更好的回忆,节省主体提取所需时消耗的相应认知资源;另一方面组块化能够使主体对客观情报资源的分析更具条理性与框架性,避免认知资源的无序消耗。组块化本质上在工作记忆环节为情报认知提供了一种预加工,为认知资源提供了一种蓄水池式的缓冲作用。

其次,就基于客观情报资源的节流角度而言,也可以从以下四方面入手并采取相应措施。

一是在情报搜集方面,可按照主体认知资源消耗程度对客观情报进行有序分类。如对指挥人员而言:①常用情报因日常加以训练而较为熟悉且相对固定，因此对认知资源的消耗程度较低；②对对方的人文社会情报相对熟悉但其会随时间发展出现新变化，因此对认知资源的消耗程度中等；③指挥人员在任务过程中提出的新异需求或突发事件的相关情报，对指挥人员的认知资源的消耗程度较高。

二是在情报组织方面，一方面可通过本体技术建构元认知数据，提升情报资源组织的序化工作水平；另一方面针对中、高级指挥人员的已有知识经验，应加强知识管理，推动情报资源转化为更易被吸收利用的知识，提升情报资源组织的转化工作水平。

三是在情报检索方面：①通过增强语义技术应用，使情报更为贴合指挥人员自然语言的检索习惯；②设置情报检索优先级，保证指挥人员的关键情报需求得以优先认知；③建构情报检索分类表，通过合理利用分类、主题等分类组织方法以及主题词表、使用手册等方式，减轻指挥人员在情报检索环节的认知资源消耗。

四是在情报呈现方面：①应运用主体认知资源消耗较低的情报呈现方式，如通过可视化、关联化、任务相似性、控制情报产品数量等呈现方式，可有效减轻指挥人员等情报主体面对相同情报内容时的认知资源消耗程度。值得注意的是，随着5G时代的到来，得益于传输、处理能力的提升，以可视化为代表的声像式情报呈现方式将有更大作为。②合理安排多个情报的呈现顺序，避免同时涌入多个情报而导致指挥人员认知资源瞬时耗竭。对同一时间段内出现的多个情报资源，应在时间与空间维度上合理安排，根据指挥人员任务的需要优先提供价值更高的情报。

4.2.1.2 瞄准指挥决策点线，提升己方情报认知资源效能

情报工作的效率，主要取决于对指挥决策的贡献率。因此，提升己方情报认知资源效能的关键在于为指挥决策提供更好的支援。具体而言，一是在"点"的层面，更好地支援指挥决策的关键点；二是在"线"的层面，加快指挥决策流的循环速度。为便于理解，以下选择相对成熟、明晰的军事指挥流程作为案例，解释认知资源对于关键点和循环流的起效办法，如图4-6所示。相关机理同样适用于其他各行业的情报工作对于任务指挥的提升。

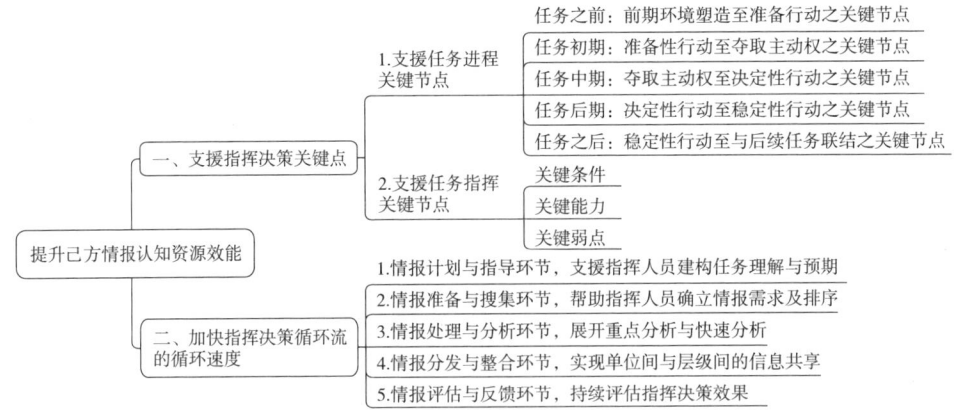

图 4-6 提升己方情报认知资源效能的示意图

以下从支援指挥决策关键点和加快指挥决策循环流两个方面展开深入论述。

（1）支援指挥决策关键点

支援指挥决策关键点可细分为两类：一是支援任务进程关键节点，二是支援任务指挥关键节点。处于这两大节点之时，指挥人员有着与平时完全不同的情报需求，需要对情报工作进行重点保障以提升其情报认知资源的效能。所谓指挥决策关键点，在美军联合条令中往往以"重心"这一概念进行表述。所谓"重心"，是指己方和敌方的作战行动、作战能力和作战意志等元素的关键所在。该理念最早可追溯至克劳塞维茨在《战争论》中关于"所有力量与行动的枢纽（hub），是所有力量聚焦的一点"①的表达，同时该理念也是美军"五环打击理论""空海一体战""精确斩首"等联合作战理论的基石。

第一，根据相关理论，"任务进程关键节点"可细分为五大转折节点：①任务之前：前期环境塑造至准备行动之关键节点；②任务初期：准备性行动至夺取主动权之关键节点；③任务中期：夺取主动权至决定性行动之关键节点；④任务后期：决定性行动至稳定性行动之关键节点；⑤任务之后：稳定性行动至与后续任务联结之关键节点。

第二，"任务指挥关键节点"也可细分为三部分：①关键条件，是指支

---

① 克劳塞维茨.战争论：第一卷［M］.中国人民解放军军事科学院，译.北京：商务印书馆，1982：86.

撑己方任务指挥得以顺利发挥与实施的各种环境、资源等外在条件；②关键能力，是指支撑己方任务指挥得以顺利发挥与实施己方行动的相关能力；③关键弱点，是指对己方任务指挥顺利实施具有较大潜在阻碍的己方弱点。其中，对关键弱点这一节点的理解，有利于己方情报工作针对性地预测对方可能的任务行动，并据此展开情报支援活动。

为保障上述两大关键节点任务的执行，己方情报支援领域应做好以下两方面的工作，以实现标准化和个性化的有机融合。

一是制定组织内通用的规范标准，自上而下搭建体系架构，实现情报标准化。这样做，一方面能为基于认知资源消耗的情报分类工作奠定标准化和规范化的体制基础，以更好地应对大数据的异构性难题；另一方面从根本上解决了为中、高级指挥人员提供关键情报需求服务的体制困境，可实现各单位、各指挥层级以及指挥人员之间的情报需求和数据资料的互联互通，及时为指挥人员提供其关键节点所需的关键情报。

二是在实现标准化的基础上，大力追求个性化。但需要注意的是，基于标准化所建立的个性化，并非"个体化"，而是基于指挥人员所属单位、所在岗位、所承担任务、所处工作周期阶段等的差异性，所建构的"单位个性化""岗位个性化"和"任务及周期个性化"等。从具体执行角度而言，包括以下四方面内容：①收集指挥人员个体所提出的显性关键信息需求；②基于前期工作任务的数据积累，挖掘不同单位、岗位层级、任务类型等所需的基础性关键情报需求，整合发现指挥人员"需而不自知"的隐性需求，避免情报服务因个体指挥人员的自身局限而遗漏了重要情报信息的呈现；③将上述两种需求相结合形成总需求，并将总需求进行分类与聚合，基于此将指挥人员划分为不同的"需求社区"；④情报中心为各个"需求社区"提供个性化服务，这样既提升了情报服务的精准性，也避免了因按"个体"提供服务而导致需求缺失和资源浪费。

（2）加快指挥决策循环流的循环速度

加快指挥决策的循环流程，同样有利于提升己方情报认知资源的利用效能，最终提高任务节奏，实现行动上的以快打慢。美军针对军事情报工作认为，在双方火力基本相当的情况下，唯有指挥更灵敏、战争节奏更快，才能让对手"疲于奔命"，真正掌握战争主动权和主导权。甚至在针对解放军专门制定的

"空海一体战"中，美军都格外强调要缩短各环节尤其是情报和指挥环节的准备时间。这启示我们要进一步优化情报支援理念，改进情报实践各环节，推动己方指挥决策在循环流程上先敌一步，通过"以快打慢"来主导任务节奏，以真正实现"你打你的，我打我的"的非对称行动。具体而言，应从以下五个环节采取相应措施。

①在情报计划与指导环节，支援指挥人员建构任务理解与预期。通过前期积累等方式，为指挥人员快速提供己方、对方和任务环境等方面的基本情报资料与建议，帮助指挥人员更快地建构起关于任务行动的理解与预期。②在情报准备与搜集环节，帮助指挥人员确立情报需求及排序，帮助指挥人员明确自身情报需求及优先级，针对指挥决策进行最优的情报搜集活动。③在情报处理与分析环节，展开重点分析与快速分析：一方面是聚焦当前活动中对指挥人员决策最为重要的影响因素，并进行重点分析；另一方面是对任务过程中实时获取的重要情报进行快速分析。④在情报分发与整合环节，实现单位间与层级间的信息共享。情报支援活动，一方面要推动与友邻单位间的实时情报互换，另一方面在本单位内部层级间实现任务式情报分发，即无须等待情报产品最终完善才予以分发，可边建设边整理边分发。⑤在情报评估与反馈环节，持续评估指挥决策效果，以便及时调整、补充和更改情报支援。

瞄准指挥决策循环流程，可提升己方的情报认知资源效能，对于任务完成和行动胜利具有重要意义。如美军在伊拉克战争中对巴格达的顺利攻占，就是这一领域的经典体现。当时美军第3机械化步兵师于2003年4月抵近巴格达郊区，然而该师师长巴朗特(Blount B.)和其上级第5军指挥官华莱士(Wallace W. S.)均缺乏防守巴格达的伊拉克军队的相关情报。面对这一情报困境，华莱士决定让包含30辆M1A1坦克、14辆布拉德利步兵战车和其他车辆在内的装甲车队沿8号高速公路横穿巴格达，以尽可能制造混乱。华莱士认为，"我发现，我的士兵和部队可以比敌人更好地应对混乱"。所谓"更好地应对混乱"，就是在相同战场环境下，美军的指挥决策可以比伊拉克军队更快，从而实现认知资源维度的垂直打击。由于伊拉克共和国卫队士兵和其他雇佣军均以为美军会采用传统方式一个街区一个街区地占领巴格达，缺乏对美军这种贯穿首都战法的情报支援，因此惊慌不已。这种惊慌在本质上就是由于美军的指挥决策循环快于伊军的，导致伊军指挥人员情报认知资源瞬时耗竭，最终使其指挥心理与情报认知受到严重打击。

4.2.2 对方情报认知资源角度

从对方情报认知资源角度展开的情报支援活动，与下文中的情报对抗活动相比防护属性更强，具体可分为两大路径：一是释放虚假无关情报以"示假"，该路径以消耗对方认知资源的可用量为直接目的，通过引导对方远离己方的关键情报以进行防护，更为积极主动；二是做好关键情报保密以"隐真"，该路径以降低对方认知资源的效能为直接目的，通过阻隔对方接触己方的关键情报以进行防护，较为消极被动。

示假与隐真相互依赖，互为前提。一方面，示假的根本目的是隐真。释放假信号、制造假象等归根结底是为了消耗对方指挥人员的认知资源，干扰其思维和判断，从而隐蔽真实情报，即所谓的堵不如疏。另一方面，隐真离不开示假。在隐蔽真相的同时，还必须通过示假的方式，展示虚假、误导的甚至是真实但经过剪裁的"真相"，来吸引、转移对方的注意力，影响其分析判断。两者本质上都是对己方真实情报尤其是关键、核心情报的保护，只是实现路径有所差别。

4.2.2.1 释放虚假无关情报，消耗对方情报认知资源的可用量

释放虚假无关情报，似乎与传统军事欺骗领域相似，但两者并不相同，具体如表4-2所示。从实施方法来看，两者具有较高相似性，如都采用示形、用佯、诡诈、欺骗等方法。从核心机理来看，两者却迥然不同。传统军事欺骗领域的重心在于诱导对方产生错误的指挥决策认知结构，但释放虚假无关情报的本质则着眼于消耗对方有限的认知资源，分散对方情报工作的关注方向，使其陷入"大海捞针"式的工作困境，最终稀释对方掌握己方真实情报的概率。

表4-2 传统情报欺骗与释放虚假无关情报的关系

类别	传统军事欺骗	释放虚假无关情报
相同点：实施方法	均采用示形、用佯、诡诈、欺骗等方法，对己方关键、核心情报进行保护	
不同点：核心机理	诱导对方作出错误决策	消耗对方有限的认知资源

释放虚假无关情报能够作为信息化、智能化时代的情报工作新样式，原因

有二：一是信息化技术、大数据技术、智能化技术的发展，使虚假无关情报的释放、传递与被搜集具有更好的技术支撑。在过往，受情报传播与搜集技术的限制，哪怕己方有意散播虚假情报，也缺乏有效途径，且对方情报搜集系统往往也难以察觉；二是现代生活节奏的加快，使对方指挥人员的认知资源更加稀缺，对认知资源的打击也更具意义。占用与消耗对方情报主体的认知资源，其后达成的相关工作效益更高。

此外，释放虚假无关情报从表面上来看是情报的"外放"，但本质上还是为了"内保"己方的关键情报，只是更强调主动性。具体方法可按情报属性的真假分为两类。第一类是无关但真实的情报。此类情报与己方行动目的、关键领域并不相关，不会对己方行动产生不利影响。但由于其具有真实性，更易被对方的情报机构所信任与重视，能够较好地引导与消耗对方的认知资源。第二类是虚假情报。此类情报释放的价值主要在于大幅增加情报总量，将己方真实、关键的情报信息隐藏于其中。根据虚假程度，此类情报又可进一步细分为创设性虚假情报与模仿性虚假情报。其中，前者传递呈现的信息为己方完全不存在的任务行动；后者则是对己方实际存在的任务行动进行模仿，选择性复制某些真实特点并混杂虚假特点来共同构成虚假情报。因此，就消耗对方认知资源可用量的相关情报而言，可依真实性维度将它们由低至高排列为：创设性虚假情报、模仿性虚假情报、无关性真实情报，如图 4-7 所示。

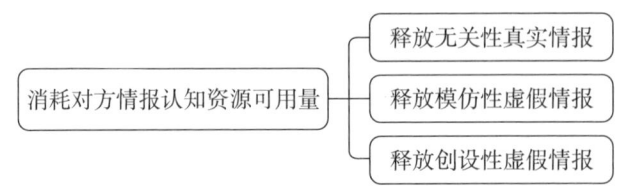

图 4-7 消耗对方情报认知资源可用量示意图

4.2.2.2 做好关键情报保密，降低对方情报认知资源效能

过往的情报保密更像是一种单纯的"拒止"行为。但在今天这个高度信息化的泛媒体时代，"纸里包不住火""没有不透风的墙"等谚语体现的情报失泄情况愈发普遍。单纯依靠传统保密方法，难以适应信息时代发展给情报工作带来的新变化：①从情报的价值维度来看，哪怕是谍报等高价值情报也只是整

4 认知情报学理论模型建构

个情报范围中的一小部分。对世界战争史进行回顾后不难发现,由于战争的高度复杂性和动态变化性,即使是在极为严格的传统保密情况下,仍会有相关征兆的情报外泄[①],处处设防意味着重点漏防。极端重视安全保密工作的军事情报尚且如此,民用情报的绝对防护属性可想而知。因此,不能奢求全部情报都能被高度保密,应着眼于为对己方任务胜利具有高价值属性的关键情报资料进行重点保密,这也符合马克思主义哲学中抓主要矛盾与矛盾主要方面的观点。②从情报的时间维度来看,现代社会任务行动的快节奏化,使情报价值的时效性尤为凸显,因此情报保密更要注重相关情报在特定时间内的绝对保密。为降低对方认知资源的效能,具体应做好如下五方面的具体措施,如图4-8所示。

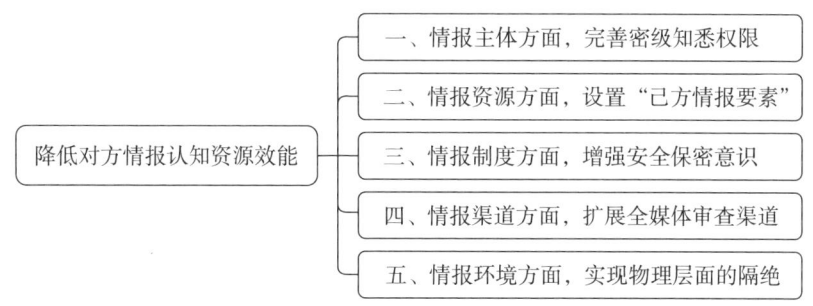

图4-8 降低对方情报认知资源要素示意图

一是在情报主体方面,应完善密级知悉权限。关键情报保密工作的基本规律之一,就是知道情报的人员越少、人员知道的时间越晚,越有利于保密。解放军早在革命战争年代,就建立起了各级指挥员对不同密级情报的知悉权机制,并发挥了重要作用。然而,解放军目前的密级知悉权往往按情报主体的军衔划分,如"传达至团级以上领导干部"等,这与现代组织中按岗位职责、人员心理状态等标准进行情报密级知悉的新要求还有一定距离,需要进一步完善。

二是在情报资源方面,可设置"己方情报要素"。传统情报保密工作对情报密级的判定往往是基于己方观念展开的。己方情报要素(essential elements

---

① 高金虎,张佳瑜.战略欺骗[M].北京:金城出版社,2015:58.

for intelligences，EEFIs）是美军在联合作战实战经验总结的基础上提出的新理念，该理念将关键情报保密定义为：敌方指挥官和情报体系感兴趣的，有关己方特定意图、能力和行动的关键性情报，敌方对此类信息的获取有利于提高其行动效能。其中，对何为"敌方指挥官和情报体系感兴趣"的评估主要有两大途径：一是敌方重要指挥人员的决策偏好；二是敌方情报工作的搜集和处理分析能力。这一理念有助于从敌方角度情报保密工作进行反思，以提升己方关键情报的安全防护能力。

三是在情报制度方面，应增强安全保密意识。由于关键情报保密工作具有"千里堤防溃于蚁穴"的典型特征，任何一个小的纰漏与疏忽都可能导致整体工作前功尽弃。因此，关键情报保密工作必须扎紧制度的笼子，增强组织内全体人员的保密意识。如二战中，英国在全国推行了一系列强化保密措施，将保密制度转化为详细要求进行告知。尤其是"乱说就会丧失生命"的专项宣传运动，有效提升了英国全民的保密观，保密成为当时英国国民日常生活中的一部分。这为包括诺曼底登陆在内的盟军后续军事行动，提供了安全的情报环境。

四是在情报渠道方面，可扩展全媒体审查渠道。媒体与情报工作紧密相关，是情报能力与效应的倍增器。但媒体也给关键情报保密工作带来了巨大挑战，情报工作中有专门针对"公开媒体信息"进行搜集、整理与分析的开源情报处理环节。随着自媒体时代的到来，"人人都有麦克风"的现象日益增强。任务胜利的关键性秘密行动，就可能因一张出于好奇、炫耀心理的社交媒体照片而失败。因此，关键情报保密工作的审查渠道，必须由电视、广播、报纸、网站等传统媒体扩展至包括自媒体、社交媒体在内的全媒体。

五是在情报环境方面，应实现物理层面的隔绝。现代情报侦察技术的飞速发展，已经达到了近乎无孔不入的程度。因此，为有效实现关键情报保密，还需从情报的物理载体入手，其中一大有效办法就是实现关键情报环境与其他信息环境在物理层面的隔绝。物理层面的隔绝又分为两大类型：一是对关键情报的物理属性进行隐形、变形和迷惑[①]，防止对方发现、跟踪、搜集与分析；二是通过物理措施对其进行隔离管控，防止对方情报人员接触和掌握己方的关

---

① 高金虎，张佳瑜.战略欺骗[M].北京：金城出版社，2015：124.

键情报。

4.3 基于认知结构角度的情报对抗领域

认知结构作为客观事物在人脑中存在的映射方式或结构,是个体内化的知识与经验[1][2]。对指挥人员等情报主体而言,认知结构如同相机镜头一般为其理解与利用情报提供了特定的视野与视角:当认知结构过于宽泛时,指挥人员将面临情报超载这一困境;当认知结构过于狭窄时,指挥人员将面临遗漏细节和关键情报的风险。由于这一特性,情报工作一方面要不断改善己方的情报认知结构,另一方面要对对方的情报认知结构施加不利影响,由此催生了情报对抗这一领域。

情报对抗领域,主要是研究客观情报对认知尤其是认知重塑的反作用。这一方向在以往的情报学研究中较少涉及,但对于军事领域的情报对抗与商业领域的竞争情报有重要意义。研究客观情报对认知心理的影响与塑造,不仅有利于为情报工作提供相较于传统信息视角更广阔的活动空间,增添"对抗"环节,还有利于系统解释过往认知情报学研究中为何出现"心理战"等关键词的深层转变趋势。

本节分为三部分:一是对情报认知结构所含要素进行概要梳理,此部分作为基础领域,对双方同时适用;二是探索如何完善己方个体和组织层面的认知结构,并探讨人机层面的认知结构辅助领域;三是对对方情报认知结构的影响进行研究,按难易程度由低至高分为解释预判、欺骗诱导、愿景构设、威慑摧毁四大层面。

4.3.1 主体情报认知结构构成

认知结构作为指挥人员建立和维护情报感知的重要机制,实质上是作为一个关键的解释机制,引导指挥人员如何对情报进行获取、整合、理解与利用。

---

[1] 焦秋生.认知结构的表征与建构[J].山东师范大学学报(人文社会科学版),2004(6):108-112.
[2] 鞠鑫.认知结构理论研究述评[J].四川教育学院学报,2008(6):12-14.

笔者对美军与解放军的相关资料进行梳理分析，将情报认知结构分为两大情境与六种要素，其中两大情境分别含有六种要素。

4.3.1.1 情报认知结构的两大情境

情报认知结构的两大情境分别为当前任务情境与预期任务情境，是指挥人员分别根据当前任务态势与预期任务结果所建构的认知结构。只有对两者进行差异比较，指挥人员才能在内心模拟行动计划、验证计划可行性，以及评估潜在后果等。没有关于两大情境的正确认知结构，就没有科学的指挥决策，这种对比类似于贝尔金的知识非常态假说。对于两大情境认知结构，有两点需要重点关注。

一是两大情境认知结构只是一种简化模式。两大情境模式是外部环境经过指挥人员主观筛选之后形成的简化模式，更突出指挥人员认为对其有用的关键要素及其之间的联系。因此，指挥人员有关两大情境的认知结构可能会受自身感知、注意、记忆偏差乃至思维能力、知识结构、认知风格等因素的影响，并由此出现一定程度的偏离。这一简化，一方面提示己方指挥人员的情报认知结构往往并不完美，需要不断进行改进；另一方面也启示我们针对对方指挥人员的情报认知结构展开研究，将对情报对抗乃至任务行动的胜利具有重要意义。

二是两大情境认知结构是根据情报而动态变化的心理结构。在行动过程中一旦出现新的情报，指挥人员就需要判断是否将这一情报纳入认知结构。如果纳入，则认知结构必然发生"同化"或"顺应"等改变。这体现了客观情报资源对认知结构的反作用与影响路径。

4.3.1.2 情报认知结构的六大要素

指挥人员的情报认知结构包含六大要素，分别为：双方部署、己方目的、对方企图、自然环境、社会环境和行动进程。其中，双方部署是现实要素，己方目的和对方企图是未来要素，剩下的三者是影响要素。有关六大基本要素的详细构成，情报学界已有丰富论述。由于本书重点研究指挥人员等主体的情报认知结构，且受篇幅所限，因此本部分主要作简要、概述性的探讨，具体如图4-9所示。

4 认知情报学理论模型建构

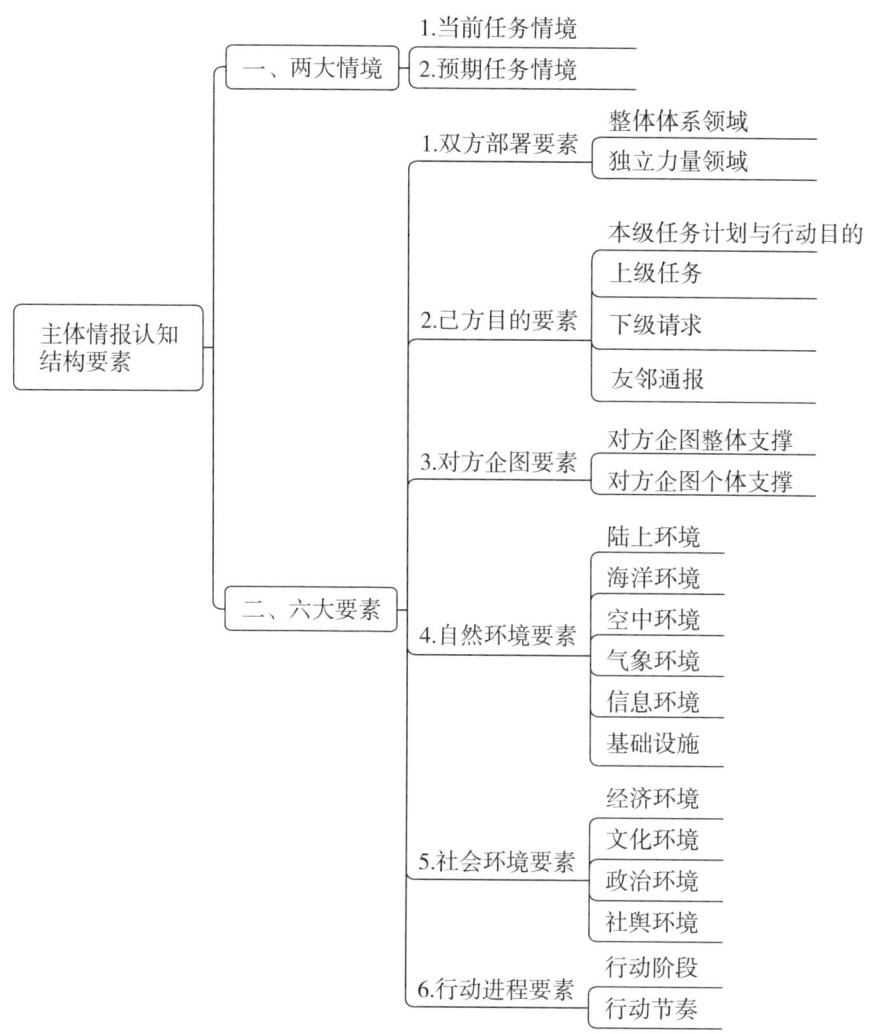

图 4-9 主体情报认知结构要素示意图

第一，双方部署要素。该要素主要描述双方力量的部署情况，以联合作战为例可分为两大层次：①联合作战整体体系领域，如体系构成、系统组成、关键能力、强项弱点和要害部位等领域；②联合作战独立力量领域，如地位作用、配置分布、威胁程度、抗毁能力等领域。具体而言，包含双方指挥节点、侦察系统、通信网络、保障枢纽乃至主要突击群、大型作战舰艇、新式战斗机、导弹发射架等位置部署。

第二，己方目的要素。该部分不仅包括本级任务计划与行动目的，还包括上级任务、下级请求、友邻通报等信息。此外，指挥人员认知结构还应包括己方与友方配属力量的状况，以及支援能力的相关情报。

第三，对方企图要素。该要素有利于指挥人员关注对方任务的行动征候，及时预判对方的行动态势并开展针对性行动。该要素具体包括：①对方指挥人员企图的整体支撑，如目的与动机、行动思想与样式、行动方向与规模、行动能力与局限等；②对方指挥人员企图的个体支撑，如基本认知能力、主要认知风格、常用认知方法等。

第四，自然环境要素。常用的自然环境要素包括：①陆上环境；②海洋环境；③空中环境；④气象环境；⑤信息环境；等。其中，信息环境又包括网络环境与电磁环境。此外，随着现代化、城镇化水平的提升，基础设施[①]成为诸多国家尤其是发达国家的类环境基础。美军情报工作更是将其单独设为一个维度，也值得我们借鉴与考量。

第五，社会环境要素。相比自然环境要素，社会环境要素对指挥人员认知结构的影响更为明显，主要包括：①经济环境，如经济结构、产业布局、交通干线、城乡分布等；②文化环境，如种族、民族、宗教、文化、民俗等；③政治环境，如社会制度、政府权威、政策法规、政党社团、行政机构、领导人物等；④社舆环境，如社情民意、人心士气、舆论氛围、媒体态度等。

第六，行动进程要素。相比以往传统行动样式，当前行动受时间维度的影响更为明显，因此指挥人员的认知结构中还需包含行动进程要素，包括：①行动阶段，如准备阶段、先期阶段、相持阶段、收尾阶段与恢复阶段等；②行动节奏的快慢等。

4.3.2 己方情报认知结构角度

2002 年 8 月，美军组织了一场代号为"千年挑战 2002"的演习，旨在测试信息化建设的成果。该演习将对手设定为伊朗，己方则是高度信息化、联合层次较高的美军现役部队，演习胜败似乎不言而喻。然而在演习中，尽管美军

---

① 基础设施环境主要包括交通线、电力网、饮用水、能源点、公共运输体系、学校医院等。

情报已经显示"伊朗军队"拥有武装小船、反舰导弹等装备，但由于指挥官并未想到对手会将反舰导弹创造性地安装在武装小船上并在夜间进行偷袭，因此并未对该情报过度关注。这导致演习结果为，传统装备的"伊朗"摧毁了美军参演舰队中的一艘航空母舰、一艘巡洋舰和五艘两栖舰艇，伤亡官兵近两万名，以致导演部不得不下令"重启"演习。在此后的演习复盘中，美军认为该演习结果震撼式地提醒指挥人员，过度依赖以通用作战图为代表的情报系统，却忽视了指挥人员的自主认知和判断是极其危险的。确切地说，此次演习中"美军"的失败是由指挥人员的情报认知结构不完善所致的。

许多军事情报学的过往研究，往往致力于帮助指挥人员避免出现错误的情报认知结构。然而，认知情报学研究发现，受认知资源有限性与省力原则等因素影响，情报认知结构存在偏差与缺陷是在所难免的。如果绝对完美的情报认知结构并不存在，那么情报工作应注重探讨从个体、组织、人机等层面对情报认知结构进行持续检验与改善，尽可能减少己方情报认知结构缺陷造成的指挥失误。

4.3.2.1 促进个体层面情报认知结构改善

借鉴美国中央情报局常用的竞争性假设分析法（analysis of competintive hypothesis, ACH），指挥人员可通过八个步骤对自身情报认知结构进行证伪式检验，以促进个体层面的情报认知结构改善，如图4-10所示。

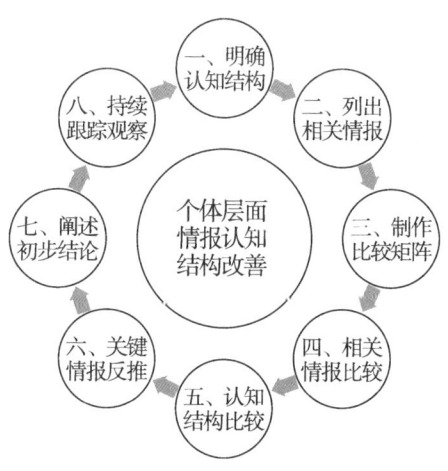

图4-10 个体层面情报认知结构改善示意图

第一，明确认知结构。将针对某一任务环境或行动所形成的全部情报认知结构进行明确与罗列。如果相应情报认知结构过多，则以7个为一组进行划分。

之所以以 7 为单位，是因为认知资源有限性在注意、记忆环节的记忆容量通常为"7±2"个单元。

第二，列出相关情报。针对第一步明确的所有情报认知结构，列出支持或反对的相关重要情报。首先，列出适用于全部情报认知结构的通用型情报；其次，针对每一个认知结构，列出正面支持性或反面否决性的情报；最后，在已有情报的基础上，思考还缺失哪些配套情报。

第三，制作比较矩阵。以各个情报认知结构为横坐标，相关情报为纵坐标，制作用于比较各个情报认知结构的矩阵，如表 4-3 所示。先列通用型情报，后列针对不同认知结构的特殊型情报。其中"+"代表正面支持性情报，"-"代表反面否决性情报，"0"代表配套情报缺失。值得注意的是，该矩阵在本质规律层面与美军情报系统所谓的"力场分析法"相似。

表 4-3 情报认知子结构及证据比较矩阵

	情报认知子结构一	情报认知子结构二	情报认知子结构三
情报一	+	+	-
情报二	-	-	0
情报三	+	-	+

第四，相关情报比较。首先，通过横向比较，将对于各个情报认知结构均无判断价值的情报剔除，单独列入一张清单作为曾经考虑过的信息记录入档；其次，通过纵向比较，将与认知结构高度相关的情报进行标记，列为关键情报。

第五，认知结构比较。在整体矩阵视角下，通过证伪而非证实的方法，将各个情报认知结构进行相互比较。在都具有可能性的情况下，以"-"为代表的反面情报越少，则该情报认知结构的正确性就越高；反之越低。这一步骤有利于相对客观中立地对全部认知结构进行比较反思[1]，避免指挥人员等情报主体过于依赖未经检验的情报认知结构。

---

[1] 根据支撑性情报的多少，情报认知结构可以分成三类：一是有较多关键支撑性的情报；二是具有部分关键支撑性的情报；三是缺乏关键支撑性的情报。

第六，关键情报反推。在第五步相关情报认知结构分析结论的基础上，从多个角度反推那些对第五步影响最大的关键支撑性情报是否真实可信。比如，要思考以下问题：①关键支撑性情报有哪些；②关键支撑性情报中是否有相互矛盾的；③哪些是未经证伪的，可信度如何；④如果某一关键支撑性情报是错误的，对认知结构乃至最终结论的影响有多大。对关键支撑性情报进行反推，有利于避免对方通过情报对抗活动对己方情报主体的认知结构进行欺骗与诱导。

第七，阐述初步结论。首先，将不同认知结构进行反复比较，最终选出一个与目前己方搜集到的全部情报资料最为匹配的认知结构。其次，将其他未被证伪、淘汰的情报认知结构进行说明，并标注可能性。最后，按匹配度对所有认知结构进行排序并同时呈现，具体包括以下内容：①按匹配程度由高至低，对认知结构分别进行排序；②相关认知结构是什么，正确性有多少；③相关认知结构所依据的关键支撑性情报资料是什么，正确性有多少。

第八，持续跟踪观察。由于任务态势瞬息万变，指挥人员的情报认知结构也须不断调整变化，不断将新情报与当前所选认知结构及其关键支撑性情报进行对比，尤其注意是否出现与之相反或矛盾的新情报。

基于上述八大步骤的循环，对于促进个体层面情报认知结构的改善具有重要意义：第一，能够对个体情报认知结构的产生与选择进行显化与量化管理，避免指挥人员的情报认知停留在粗放的灵光一闪式的"玄学"状态；第二，对指挥人员尤其是高级指挥员情报认知结构的明确阐述，有利于其他组织成员明确理解领导意图，进而提升分布式、任务式指挥效能；第三，根据正确性对认知结构进行排序与呈现，有利于指挥人员基于自身判断进行更好的选择；第四，对情报认知结构可能性及相关情报的明确，能够说明情报认知结论中不确定性程度及因素的来源；第五，对关键支撑性情报的明确，可提升情报认知结构对任务环境变化感知的灵敏度，避免因任务态势出现新变化而致使关键支撑性情报发生改变，导致指挥人员旧有的情报认知结构失效而不自知；第六，有效防护对方对己方指挥人员开展的情报对抗活动，减少情报欺骗对己方带来的不良影响。

4.3.2.2 推动组织层面情报认知结构完善

情报学的最终目的应该是促进各方人员之间的有效沟通，其关键在于双方理解彼此的认知与知识结构。认知情报学早在研究初期就曾强调,个体为了克服自身知识的非常态,需要使用由社会或组织共同维护的意义结构来完善自身的认知结构,提出通过特定领域内组织层面的认知共享推动情报认知结构完善的思想。因此,指挥人员的情报认知结构不仅体现在个体层面,还体现在组织层面,需要从多角度对组织层面的情报认知结构加以完善。组织层面情报认知结构完善的路径如图4-11所示。

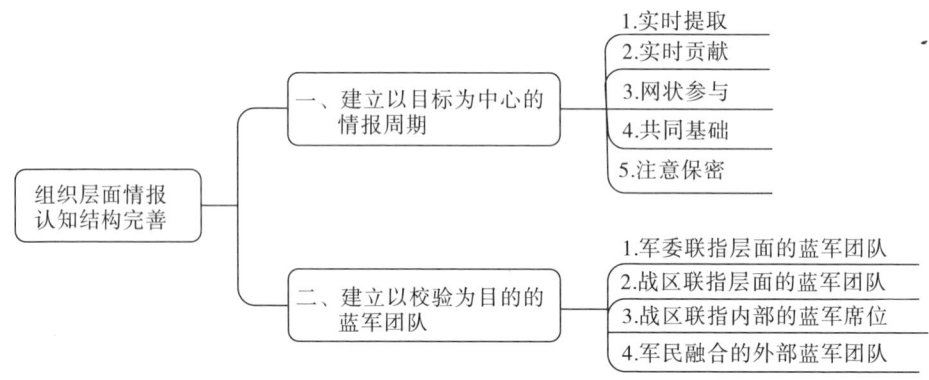

图4-11 组织层面情报认知结构完善示意图

(1)建立以目标为中心的情报周期,推动组织层面的情报认知结构共享

实证研究表明,情报认知结构失误与组织层面指挥人员的沟通程度呈显著负相关,即组织成员之间交互沟通较少时,组织与个体的情报认知结构就容易出现问题。因此,实现情报认知结构在组织层面的共享是使其完善的有效措施[①]。国外研究者也发现,指挥人员的情报认知结构一旦在组织成员间互相理解并形成共享模型,相互之间的冗余沟通会显著减少,这极大地促进了任务行动中的联合与协同。

但是,指挥人员要在组织层面实现情报认知结构共享,存在着种种客观限

---

① 严贝妮.情报分析中的个体认知偏差及其干预策略研究[M].北京:中国社会科学出版社,2016:115.

制。以联合作战领域为例，由于参战力量具有多元化、抽组临时性[①]等特点，且随着联合作战的发展，战场兵力部署越来越分散，联合作战指挥人员往往被迫进行分布式决策指挥。以航母编队这一未来联合作战的重要力量为例，若参照外军舰船兵力构成情况，则仅编队临时党委构成中就包括了编队指挥机构军政首长、各部门领导以及属舰军政首长，成员多达30余人，且其中半数以上成员分布于各个属舰上，难以集中在特定空间进行指挥决策。这就在客观条件上给联合作战指挥人员的情报认知结构共享造成了困难。在这种情况下，军政首长带领的临时党委等指挥人员就面临一个重大挑战：如何就作战环境、面临的挑战、作战意图及最终指挥方案达成共识。临时党委作为一个群体系统，其结构内部的情报流、认知流的顺畅程度，不仅决定了个体指挥效能的发挥，更关乎群体指挥功能的水平。此外，过去参谋人员、情报人员往往长时间跟随指挥员工作，并逐渐摸清指挥员对情报资料的关注与认知方式，由此才能实现所谓的"工作做到点上"。但这种模式对参谋人员自身能力素质的要求较高，且需要较长时间的磨合，难以适应多单位、新组合、快节奏的信息化联合作战方式。因此，指挥人员情报认知结构在组织层面的共享，面临着严峻的客观挑战。

对此，认知情报学研究提供了一个重要的解决方法：建立以目标为中心的情报周期。以行动目标为中心与导向，建立统一的情报态势感知图与认知结构共享图景，将包括指挥员、参谋、情报人员等在内的指挥人员全部纳入其中，如图4-12所示。在这一周期中：①所有指挥人员都可实时提取其所需要的情报资料；②指挥人员为整个情报工作贡献自己所在分队的实时情报资料；③情报工作从单一的信息传递线性过程，转变为指挥人员网状参与的社交平台，打破了情报工作与指挥工作原有的烟囱式层级结构，建立起网状化的体系与关联。指挥人员群体在实质上建构了以目标为中心的跨职能联合团队，所有人将共同为情报产品的形成与质量作出贡献；④指挥人员基于共同的情报基础，可以更好地了解情报产出的环节及情报结论的生成过程。由此指挥人员能

[①] 未来联合作战中，参战单位可能要在抵达作战地域后动态编组，并马上投入战斗；战斗结束后随即解散，进入下一次编组；如此，指挥人员之间缺乏传统作战方式过程中的磨合与了解。

够更好地对情报加以利用，其认知结构也更为客观准确；⑤以目标为中心的情报周期在一定程度上意味着情报资料的共享与开放，势必会对情报保密工作产生冲击，需要做好关键情报的保密工作。

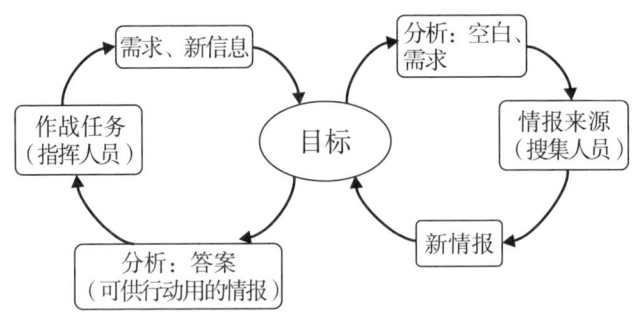

图4-12　以目标为中心的情报周期示意图

建立以目标为中心的情报周期，有利于推动组织层面情报认知结构的共享，用客观情报资源的"信联"促进情报认知结构的"心连"，有效提升指挥人员的情报认知能力与战斗力。

（2）建立以校验为目的的蓝军团队，推动组织层面情报认知结构优化

虽然组织层面指挥的正确率与效能往往优于个体层面，但其认知结构依然存在偏差失误的可能。需要通过在多个层面建立对已有情报认知结构的共享模型进行批判性校验的蓝军团队，在指挥命令形成的各阶段寻找其中可能存在的情报认知结构错误与漏洞。蓝军团队的建立，有利于推动指挥人员在组织层面情报认知结构的共享与改善。但不同层面的蓝军团队所担负的职责又略有不同，以对战区联合作战指挥机构组织层面的情报认知结构进行校验为例，则不同层面的蓝军团队分别为：

①军委联指层面的蓝军团队。其主要职责是基于中央军委的全盘视角，对战区联指的情报认知结构进行垂直监督。

②战区联指层面的蓝军团队。其主要进行独立的同步推导工作，制定二号方案与一号方案再进行比较。之所以如此，是因为战区联指的蓝军成员往往在日常工作及作战情况下，与战区联指成员处于相同或相近的文化氛围与情报环境之中，两者情报认知结构难免相似，无法较好地实现监督反推的功能。因此，其可发挥同步推导职能，以便对指挥方案进行比较。

③战区联指内部的蓝军席位。该席位往往由一名战区正式指挥团队内部成员担任,即战区联合作战临时党委成员。该席位的建立借鉴了情报界常用的"魔鬼代言人"方法,通过在正式指挥决策团队内部设置一名思维活跃、熟悉敌情的指挥人员,负责从对方视角实时对指挥方案提出质疑。该席位与战区联指层面的蓝军团队同处战区这一层级,但有三点显著不同:第一,该席位位于战区联合作战指挥机构内,蓝军团队则处于其外;第二,该席位主要负责全程、实时对战区指挥方案提出质疑,蓝军团队则主要负责在指挥方案初步确定后提供比较方案;第三,该席位往往由1~2人担任,蓝军团队则可针对性成立跨职能小组。

④军民融合层面的外部蓝军团队。随着军民融合国家战略的深入发展,解放军可借助军外智库机构等设置蓝军,在联合作战的某些阶段、某些领域获得军方以外的开放式批评与反思。

4.3.2.3 提升人机层面情报认知结构辅助

从人机层面探讨情报认知结构的辅助,本质是探讨智能情报系统与人类的共生共存关系,希望在人类主体以外再造一个情报认知体外流程。运用智能情报系统对情报主体认知结构加以辅助,这是几代情报学家孜孜追求的目标。1945年,被誉为"信息时代教父"的布什(Bush V.)在《诚如所思》中构想了一种叫作"Mex"(麦克斯)的存储设备,这种设备可以有效增强人类对情报的记忆能力。虽然受限于当时的科技水平,布什没有进行更深一步的探究,但他的构想为人机结合层面的情报认知结构的智能辅助机器研究开辟了新思路。1960年,著名心理学家与计算机学家里克莱德(Licklider J.C.R.)在论文《人机共生》中进一步提出,与人类单独进行智能操作相比,人机共同操作的效果更显著[1]。人工智能创始人之一西蒙也提出,人类理性有限这一前提将严重影响指挥决策的效果,其重要解决途径就是利用计算机等智能系统辅助指挥决策以提升效果质量。

---

[1] LICKLIDER J C R. Man-computer symbiosis [J]. IRE Transactions on Human Factors in Electronics, 1960 (1): 4–11.

与人类情报认知结构相比，智能系统的情报认知加工将不受下列因素干扰：①情报的物理特性，如情报呈现方式的突出性和生动性；②情报主体本身已有的心理因素，如需要、兴趣、情感和意志等；③情报主体已有的认知结构，如知识与经验等。虽然就当前第三次人工智能浪潮发展来看，智能情报系统辅助指挥决策仍处于起步阶段，但其独特的优势与广阔的前景值得我们关注并加以讨论。

具体而言，智能情报系统从人机层面为情报主体认知结构进行的辅助可分为两大领域，如图4-13所示。

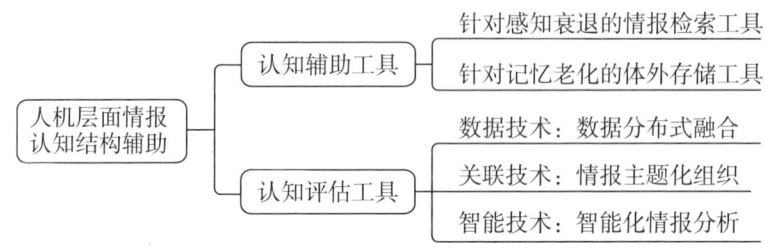

图4-13　人机层面情报认知结构辅助示意图

第一，基于认知结构，提供认知辅助工具。指挥人员尤其是战略、战役级别的指挥人员多处于中年期，考虑到人类认知系统生理发展的客观规律，指挥人员的情报认知活动难免会遇到感知衰退、记忆老化等问题。首先，认知辅助工具可拓展指挥人员的感知能力，增强指挥人员的情报编码与检索能力；其次，针对记忆老化问题，可以体外实时存储器的形式减轻指挥人员的工作记忆压力①；最后，认知辅助工具还可在情报认知的其他领域提供帮助，重点提升情报主体的认知结构能力。

第二，瞄准认知结构，提供认知评估工具。通过引入与指挥人员认知结构高度相关的大数据和人工智能技术，提升情报工作手段的智能化水平，为各类指挥人员提供"短平快"的高效能情报。具体而言，首先，利用大数据技术实现数据的分布式集成融合。认知评估工具基于大数据平台，利用数据仓库技术，对数

---

① 目前，认知科学的主流理论认为，记忆老化出现的主要问题在于工作记忆环节出错，一方面是工作记忆的广度缩减；另一方面是工作记忆的抑制机制效率下降，导致无关信息进入工作记忆并扰乱正常情报认知活动。

据的质量和安全等方面进行有效管控规范,实现多源情报数据的物理融合和异构数据的集成融合。把电磁信号、卫星图片、传感视频、通信信息和文本资料等数据融合为可用的情报素材,真正实现数据采集、整合、存储的资产化智能管理。其次,应用关联技术实现主题化组织。以指挥员的需求和任务目标等为依据,通过设计构造主题模型等对情报资产库进行关联描述和深度揭示,生成面向决策需求的高价值、可供深度挖掘分析的数据立方体——情报数据集市。最后,运用人工智能技术进行智能化情报分析。基于模型训练、机器学习和深度学习等人工智能技术,动态建构与优化用户画像和目标需求模型,以实现任务态势的研判和行动趋势的预测,最终为指挥决策提供智能化情报支援。总体而言,该领域的重点是监控情报主体的认知情况,使之避免落入认知偏差与陷阱。

4.3.3 对方情报认知结构角度

情报工作不仅仅是一种被动传递,更是一种基于信息对认知的主动建构。传统的军事情报欺骗工作,往往是通过行动部署、网络电磁等途径对客观情报进行增加、删除或修改,以此改变对方指挥人员在情报与决策过程中所能运用到的数据、信息和情报。基于对方情报认知结构的对抗领域研究则与此不同,其重心在于理解并影响对方指挥人员对数据、信息和情报的接收、处理、分析与利用的方式,即主观认知结构。因此,本节研究的主要目的是从对方情报认知结构的角度出发,探讨情报对抗对双方情报工作的不同影响,最终通过情报对抗帮助己方夺取情报优势。该目的又可分为增强理解与提升影响两大部分,具体如图4-14所示。

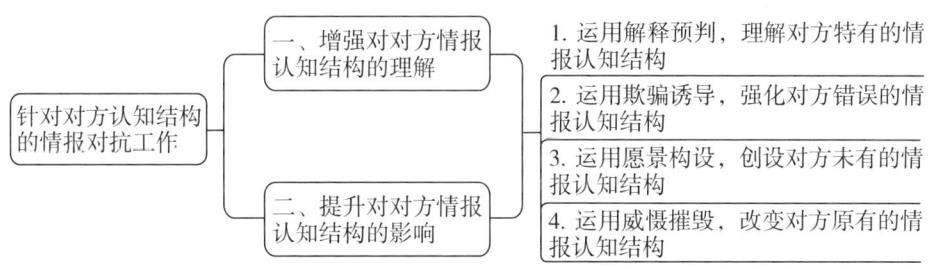

图4-14 针对对方认知结构的情报对抗活动示意图

第一,增强对对方情报认知结构的理解,更好地对对方的行动企图与实际行动进行解释与预判,提升己方情报工作的准确性。由于对方情报认知结构背后往往含有其所处社会深层的文化、宗教与伦理等特殊背景因素，因此增强对对方情报认知结构的理解对己方尤其是对关于跨文化对手的情报感知有着重要意义。

第二，在理解的基础上，提升对方情报认知结构的影响与对抗程度，扰乱其情报活动的正常运行。该部分的具体方法又可以划分为强化、创设和改变。之所以如此划分，是因为认知科学相关理论[①]均有以下两方面的发现。一方面，主体认知结构具有一致性、稳定性等特征，主体对于自身认知结构的失调、失衡会感到强烈的不适感，因此往往会无意识地维护自身已有的认知结构与观点，并尽量减少改变。另一方面，当主体认知结构因外界情报刺激出现失衡时，通常会采用三种方法恢复平衡，由易至难分别为：①排除并抗拒与已有认知结构不相符的新情报；②增添新的认知结构，以促进新情报与已有的认知结构之间的协调融合；③改变已有认知结构以适应新情报。因此，通过情报等外界刺激对人们的情报认知结构施加影响，最为简单的是迎合并强化人们已有的认知结构，其次为创设人们之前未有的新认知结构，最难的是改变人们原有的认知结构。

上述区分，实质上是根据对方指挥人员已有的情报认知结构，对其进行了目标受众的精准分类，避免将对方指挥人员视为一个整体而导致情报对抗活动粗放式开展。据此，情报对抗活动可分为四类：第一类是更好地理解对方特有的情报认知结构，更好地解释与预判其行动，避免从己方认知结构的角度认为对方的行动"匪夷所思"；第二类是通过欺骗诱导，强化对方指挥人员已有的错误情报认知结构；第三类是通过愿景构设，创设对方指挥人员之前未有的情报认知结构，使其对己方的态度有所转变；第四类是通过威慑摧毁，改变对方原有的情报认知结构。上述分类，有利于情报人员针对不同类别所需提供不同的情报强度，从而达到情报对抗领域更具针对性与有效性的目的，避免主客观资源浪费。

4.3.3.1 理解对方特有情报认知结构：解释预判

人类的实践活动大多是具有高度逻辑性的，当己方对对方相关情报进行

---

① 相关代表性理论主要有认知相符理论（Cognitive Consistency Theory）、认知失调理论（Theory of Cognitive Dissonance）、认知平衡理论（Theory of Cognitive Equilibrium）等。

分析判读，认为对方行动"匪夷所思""不合逻辑"时，问题往往不是对方的行动不合逻辑，而可能是己方没有理解对方指挥人员的情报认知结构，导致无法对对方情报进行解释与预判。美军基于自身战争实践，对理解对方情报认知结构高度重视。2007年版美军《联合情报条令》规定的十大情报原则中，"Think like the adversary."（像对手一样思考）被列为首要原则。美军在联合作战情报工作中之所以对"像对手一样思考"如此重视，是因为其在阿富汗、伊拉克战争中发现，虽然强大的C4ISR（自动化指挥系统）能够为指挥人员提供大量诸如"敌军部署位置"的战场态势情报，但并不能自动转化为"敌军为何部署在那里"的知识判断，以致指挥人员对对方作战意图解释、预判的准确性不足，为作战失利埋下隐患。因此，情报工作需重视对对方指挥人员特有情报认知结构进行理解，具体而言要做好以下两方面。

一要理解掌握对方指挥人员整体的情报认知结构，如对方的民族心理、文化传统、任务理论和组织原则等。该方面可以在平时阶段的情报工作中重点积累与梳理，美军近些年提出的"文化中心战"理念尤其值得借鉴。"文化中心战"理念是美军学者罗伯特·斯科尔斯（Scales R.H.）基于"网络中心战"所提出的，简而言之，就是借鉴C4ISR理念中的C4，即"指挥、控制、通信与计算"（command，control，communication，computer），提出"文化、合作、协同与交流"（culture，cooperation，coordination，communication）的"新C4"概念。其目的也是通过增强己方关于对方的文化感知力，增强关于对方企图、愿望、能力、战法和行动意志等方面情报的理解能力，以更好地克服因文化差异而形成的任务情报困境问题。

二要研究判断对方指挥人员个体的情报认知结构，如对方高级指挥员的决策特点、态度倾向、价值观念等。对个体情报认知结构的研究判断往往依托于任务时期的临时情报工作，其中内容分析法是常用方法之一。内容分析法，首先，重点搜集对方指挥人员等情报主体的发言、新闻、文章、社交媒体等的动态，乃至其家人、亲密朋友等重要人际关系的全部公开信息；其次，对上述信息内容进行分析，如分析关键词汇的使用频率、看待事物的深层逻辑、情绪色彩浓厚的表述等；最终，达成对对方指挥人员的情报认知结构的理解。如1967年，美国学者霍尔斯蒂用内容分析法，对美国前国务卿杜勒斯关于苏联相关情报的认知结构与态度进行了研究。霍尔斯蒂对杜勒斯的434份公开讲话进行了研究（尤其是其中3584个关于苏联的词汇），发现杜勒斯在对苏联相关的情报认知中充满了"先天般的不信任"，这就导致哪怕苏联采取了示好政策以寻求美苏关系的缓和，杜勒斯也只会认为这是苏联力量不足的表现或者是外交诡计。这种情报认知结构显然不利于美国外交利益的实现。这个实验也证明了合理运用内容分析法等科学手段，可有效理解目标人物的情报认知结构。此外，尽力弄清对方指挥人员在实施决策时所依据的情报信息，也有利于对其情报认知结构是如何形成的、稳定性如何等问题进行反向理解。

4.3.3.2　强化对方错误情报认知结构：欺骗诱导

情报认知结构的稳定性往往使主体在进行情报活动前处于一种预先准备的定势状态，对后续认知产生重要影响。基于这一原理，己方通过欺骗诱导等方式，强化对方错误的情报认知结构，以诱导对方基于该错误结构对任务情报进行选择性吸收、固化式分析、自欺式决策，最终陷入自我构造的虚假情报感知之中。《孙子兵法》将该领域概括为："为兵之事，在于顺详敌之意。"[①]

在理解对方特有情报认知结构的基础上，己方情报工作的欺骗诱导活动可在对方指挥人员情报认知的不同阶段对其错误认知结构进行强化：

一是在情报采集吸收阶段，造成选择性吸收。①提供代表性欺骗诱导情报。针对对方指挥人员情报认知结构中与己方情报对抗目的相似的已有经验，提供与其代表性特征具有较高相似度的虚假情报进行诱导。②提供易得性欺骗诱导情报。针对对方指挥人员情报认知中惯常依赖的认知结构与经验，提供与此相似的欺骗诱导情报。

二是在情报分析整合阶段，造成固化式分析。①运用欺骗诱导情报的虚假偏差，迎合对方情报指挥人员的过度自信与刻板印象。②发挥欺骗诱导情报的锚定效应，为对方指挥人员的情报认知结构设置调整范围。③善用欺骗诱导情报的呈现顺序，通过首因效应、近因效应等增强针对对方指挥人员情报认知

---

① 中国人民解放军军事科学院战争理论研究部《孙子》注释小组.孙子兵法新注[M].北京：中华书局，2005：76.

结构的欺骗效能。

三是在情报认知运用阶段，造成自欺式决策。情报主体为维持自身认知结构与心理状态的平衡性与稳定性，常常在该阶段无意识地建立"保护墙"，避免新的战场情报对初步决策造成干扰。建立"保护墙"的好处在于可避免指挥人员陷入犹豫不决的境地，但其不足之处是容易导致指挥人员对新情报、新情况出现掩耳盗铃般的自欺式决策。对此，己方情报对抗活动中应善用该现象，强化对方指挥人员在该阶段的错误情报认知结构。

4.3.3.3 创设对方未有情报认知结构：愿景构设

通过愿景构设等方式创设对方之前未有的情报认知结构，其本质原理是运用条件反射理论，将"情报"作为刺激（S），将"对方情报认知结构"作为中介（O），将"情报认知结果与后续行动"作为反应（R），最终形成"$S—O—R$"的情报认知链路[①]。基于该原理的作用表现如图4-15所示，由于难以改变对方指挥人员原有的情报认知结构（O_1），因此构设与原有的新情报认知结构（O_2）平行并以此吸引对方指挥人员有限的认知资源，最终产生与原有情报认知结构和后续行动（R_1）无关的新结构（R_2）。

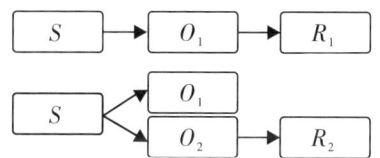

图4-15 创设对方未有情报认知结构机理示意图[②]

此类方法作为情报对抗领域中关于对方情报认知结构施加影响的第二种办法，与"强化对方错误情报认知结构"相比，难度较高，且往往需要较长一段时间的建设才能起效；但与"改变对方原有情报认知结构"相比，又相对简单。此类方法在军事领域中应用较少，在商业领域与政治领域中却获得了广泛

---

① 联合作战情报（S）经过指挥人员情报认知结构（O）的有效认知后，方能辅助指导后续作战行动（R）的展开。

② 图中的连接箭头代表认知资源的流动。

应用并取得了显著效果。如商业领域中的品牌形象建构，其本质就是针对消费者创设其之前未有的认知结构。

美军在阿富汗战争中的一次胜利，可以作为更好地理解创设未有情报认知结构的经典战例。由于塔林科特镇是阿富汗重镇之一，因此赢得当地人民的支持对于美军稳定附近的安全形势具有重要意义。为此，美军特战分队进驻该镇以争取民心。然而，美军的进驻却吸引了塔利班武装分子对该镇进行猛烈攻击，虽然最终美军将塔利班武装分子击退，但这也让当地部分阿富汗人形成了"美军士兵的到来，招致我们遭到塔利班攻击"的负面认知印象。针对这一负面认知印象，美军情报工作人员并没有费时费力地直接对原有认知结构进行改变，而是创设了"如果美国士兵没有在这里，该镇人民将会被杀害"的新认知结构，以扭转当地人民对美军的印象。

4.3.3.4　改变对方原有情报认知结构：威慑摧毁

改变对方原有情报认知结构是对对方情报认知结构施加影响的方法困难程度最大的。由于人们对自身原有认知结构的稳定具有先天维护性，因此无论是理性说服还是欺骗诱导等传统影响方法，都较难改变对方指挥人员原有的情报认知结构。因此，认知情报学认为，改变对方指挥人员原有情报认知结构的相关方法主要为威慑与摧毁。值得指出的是，这一方法的使用局限于军事、公安等极特殊情报领域。

一是威慑。威慑主要是通过武力行动及情报对抗活动，使对方指挥人员因害怕和恐惧而放弃其原有情报认知结构及基于此的相关作战行动。在科索沃战争中，北约就极为注重利用其空中力量打击对方的重要战略、经济乃至心理资源，以严重瓦解对方的情报认知结构与作战意志。在伊拉克战争中，拉姆斯菲尔德提出的"精确闪击战"理论，其核心机理也是威慑瓦解对方的情报认知结构与战斗意志。甚至上文中提到的美军塔林科特镇战例，也是因为塔利班主要领导人的家庭均在该镇及其周边，美军在附近部署兵力，实质上是向塔利班传递威慑性情报信号"你的家人就在我手上"，以此打击对方指挥人员的情报认知结构。

二是摧毁。摧毁就是在对方特定指挥人员原有认知结构对己方任务行动威胁较大，且短时间内无法改变时，直接运用火力进行物理层面的杀伤摧毁。通过迫使对方更换指挥人员的方式，己方也可以达到改变对方原有情报认知结构的目的。

运用威慑与摧毁方法，改变对方原有情报认知结构的路径方法对解放军未来联合作战具有重要意义。以台海方向为例，首先，蔡英文上台后拒绝承认"九二共识"，两岸正常理解、交流的渠道日益减少。民进党当局出台所谓的"国安五法"加剧两岸对立，减少两岸交流。针对台湾当局肆意渲染的"反陆""仇陆"思想，大陆方面于2019年7月31日宣布暂停陆客访台，又于2020年4月9日宣布暂停陆生赴台升学。上述种种，无疑会减少两岸之间的沟通，上述理解、强化、创设等方法渠道的可行性降低，对威慑与摧毁方法的依赖性增强。其次，民进党当局妄图以武拒统，提出"防卫固守，重层吓阻"策略，其本质也是对解放军官兵进行心理与认知威慑。常言道"狭路相逢勇者胜"，"以慑止慑"可以作为解放军对其策略的有效反制措施之一。最后，结合美国兰德公司跨度十年的系列研究可知，对台军战机、导弹快艇、反舰导弹发射架、中短程地面防空武器等小型高机动性武器系统的指挥官、操作人员等主体的情报认知结构进行针对性地威慑与摧毁，将有利于推动解放军相关作战的顺利施行与取得最终胜利。

4.4 模型小结

本模型基于认知资源有限性与认知结构个性化两大核心机理，主要分为情报支援与情报对抗两大基本领域。基本领域中又从"知己知彼"的双方角度分别进行探讨分析。其中，情报支援领域主要是增加提升己方相对的情报认知资源可用量与效能，以获得信息优势；情报对抗领域则在梳理分析主体情报认知结构的基础上，重点改善己方个体、组织与人机层面的情报认知结构，同时理解与影响对方的情报认知结构，可采用强化错误认知结构、创设未有认知结构、改变原有认知结构等方法路径施加影响。

为更加直观地对理论模型进行表述，小结中将理论模型的主要内容绘制为详细的图例，如图4-16所示。但受图幅影响，理论模型的具体内容无法通过示意图进行表达，主要体现在本章具体的研究表述之中。

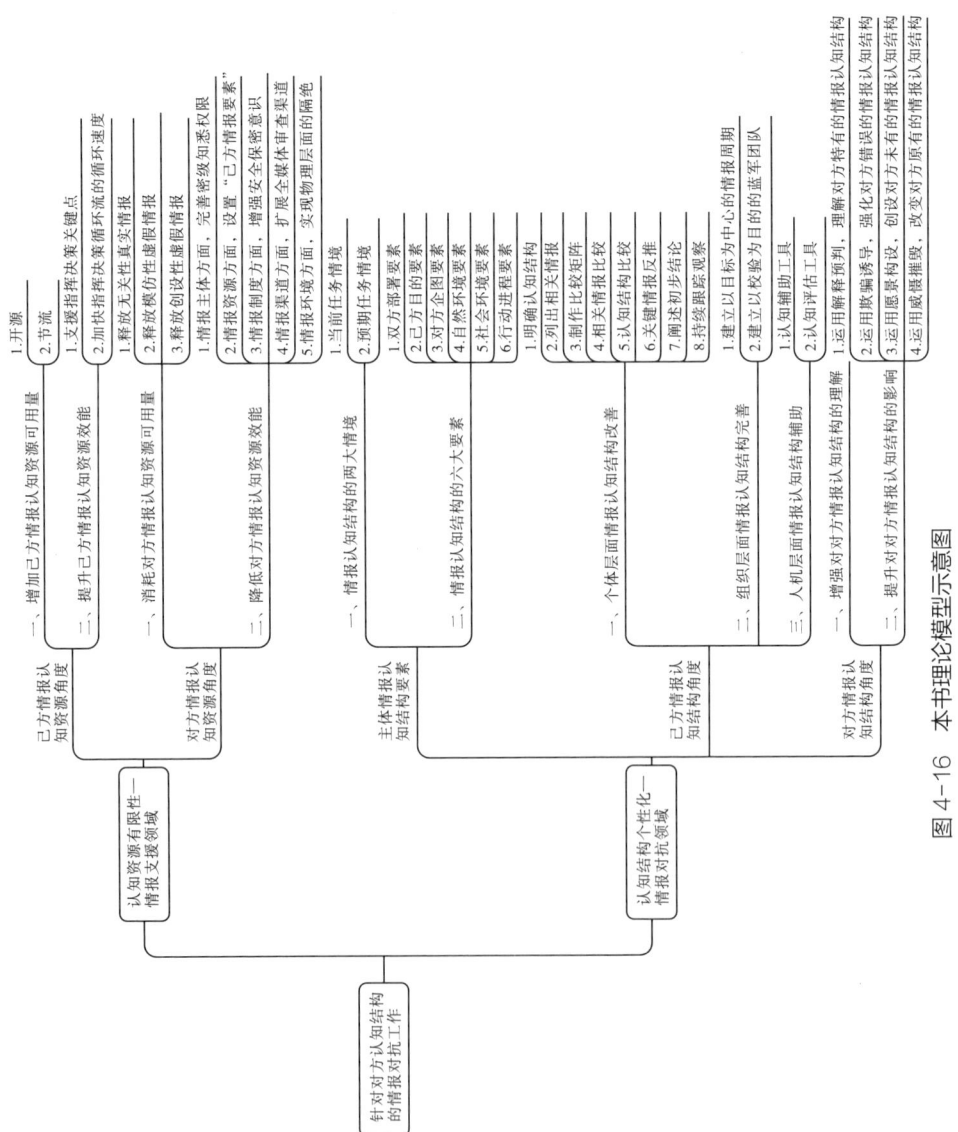

图 4-16 本书理论模型示意图

认知情报学理论模型检验

案例研究是情报学理论模型检验的常用方法。本章以美军在伊拉克战争中的实战为例，对认知情报学理论模型进行检验。联合作战堪称当今世界军事领域最为复杂的任务之一，其情报工作要求也最为严苛与科学。以联合作战这一特殊实践作为认知情报学理论模型检验的案例研究，有利于确保该模型的科学性与有效性。

伊拉克战争对推动情报理论发展的作用，主要表现在两方面。一方面是已有理论的大规模应用与检验。美军作为世界情报学理论研究与应用的前沿重镇，在伊拉克战争中首次应用并检验了情报领域内的诸多理论思想，并在战争这一特殊实践中展现出这些理论思想的光芒。由此，美军以超出双方以及全球预期的速度，快速实现了更迭萨达姆政权的任务目的。另一方面则是新情况催生了新的情报理论的萌芽。美军在快速摧毁伊拉克正规军之后并未获得想象中的胜利，而是陷入战争泥潭，先后经历了从入侵到叛乱、从叛乱到内战、从内战到撤军等阶段。这一新情况反映出美军传统情报理论并不能完全解决战争等实践中出现的问题，其正呼唤新的情报理论的出现。

通过比较，力求验证认知情报学理论模型能否较好地弥补美军在伊拉克战争中面临的情报困境。受篇幅所限，对本理论模型的检验难以具体到细枝末节，而主要是对本理论模型的骨干内容进行验证。其中，由于"主体情报认知结构要素"部分也是传统军事情报领域重点关注的方向，而在本理论模型中主要作为基础性而非特有性部分，因此不做单独检验。此外，"人机层面情报认知结构辅助"部分主要是面向未来战争的设想。考虑到伊拉克战争爆发时，智能技术尚未取得突破性进展，因此也不给予案例检验。但对伊拉克战争多个阶段的重复验证，能够对本理论模型的大部分内容和观点进行覆盖检验。

5.1 战例选择与相关资料说明

通过分析比较，本章采用美军发动的伊拉克战争作为理论模型检验的战例。为更好地掌握伊拉克战争的相关情况，尤其是美军视角下的联合作战指挥与行动，本书采用了美军内部编写的 *The U.S. Army in the Iraq War*（《伊拉克战争中的美军》）这一资料进行复盘。

5.1.1 伊拉克战争案例选择说明

自第二次世界大战以来，联合作战成为世界范围内主要的作战样式。相关经典战例按时间先后有二战盟军发起的约克敦之战、达达尼尔海峡战役、诺曼底登陆战役；国内解放战争中解放军发起的一江山岛登陆作战；美军发起的海湾战争、阿富汗战争、伊拉克战争；俄军参与的俄格冲突、俄乌冲突、叙利亚战争；等等[①]。

本章之所以选用美军发动的伊拉克战争为例对模型进行检验，原因有二。一是着眼于未来战争与其他领域的发展趋势，将战例选定为信息化战争范畴内的战争，因此将二战时期相关战例、解放军一江山岛战例及美军海湾战争[②]排除。二是着眼于解放军未来联合作战可能的烈度与样式，将战例选定为常规作战。美军在阿富汗战争以及俄军在叙利亚战争之中，其对手主要为塔利班与反政府武装分子，并非常规作战。此外，俄军在俄格冲突、俄乌冲突当中，其对手虽为名义上的政府正规军，但双方实力悬殊，与前者无异。因此，相关战例均被排除。综上所述，伊拉克战争既符合信息化战争形态，同时双方军力差距相对较小，适合作为战例对认知情报学理论模型进行检验。

具体而言，本章将从美军视角出发，运用认知情报学理论模型，分别对其在伊拉克战争中各阶段的联合作战指挥与情报工作进行复盘。如果复盘结果发现，基于认知情报学理论模型的情报工作有利于提升联合作战指挥效果与作战效能，则说明认知情报学理论模型具有有效性；反之则证明其无效。

---

① 马平，杨功坤.联合作战研究[M].北京：国防大学出版社，2013：28-71.
② 学界普遍认为，海湾战争体现出信息化战争的雏形与基本理念，但与伊拉克战争相比，还不能称之为严格意义上的信息化战争。

5.1.2 战例相关资料说明

由于伊拉克战争的重要性,国内及军内学者对此多有研究。但为更好地掌握伊拉克战争中的美军视角,本章采用美军内部编写的《伊拉克战争中的美军》这一资料进行复盘,原因如下:

一是视角契合。该资料的编写工作由美国陆军参谋长雷蒙德·奥迪耶诺(Raymond T. Odierno)启动,其目的是总结美军在伊拉克战争中的经验,从而为未来的军事理论、部队架构与作战行动等提供经验。因此,其视角不仅体现出美军特色且批判、相对中立,契合本书研究的需求。

二是内容丰富。该资料按时间顺序,以月份为标度单位,完整详细地记录了美军从2003—2011年的伊拉克战争全程史[①],这在同类资料哪怕是美军自身资料中都属少见。该报告又将战争分为"从入侵到叛乱:2001—2003""从叛乱到内战:2004—2006""从内战到撤军:2007—2011"三大阶段,有利于本书对认知情报学理论模型在联合作战的战前、战中、战后等不同阶段的有效性进行区别分析。

三是材料翔实。由于该资料由美军官方组织撰写,因此写作团队不仅阅读了三万多页的官方档案,还参考了美军参战将领等重要人物的私人回忆录与手稿。此外,写作团队还对联军各级军官乃至伊拉克当地部落首领进行了一百余次的直接采访。这些宝贵而翔实的原始材料,使该报告初稿多达五十余万字,这是其他战例资料难以媲美的。

四是团队精干。该资料的启动者奥迪耶诺毕业于西点军校,曾被三次派往伊拉克战场并几乎经历了所有战争的重要阶段,且因功由师指挥官调任美国陆军参谋长。除此之外,其余六名编者均毕业于西点军校,其中四人拥有博士学位。更为难得的是,六名编者均具有伊拉克战争的实战经验以及指挥、情报工作经历。如主编乔尔·雷伯恩(Joel D. Rayburn)上校拥有长达二十五年的情报工作经验;弗兰克·索布恰克(Frank K. Sobchak)上校1993年时就在科威特

[①] 修光敏. 美军对伊拉克战争的严肃反思:评《伊拉克战争中的美军》[J]. 中国国际战略评论, 2019(1):232–243.

担任军事情报官；马修·莫顿（Matthew D. Morton）上校曾在位于伊拉克和阿富汗的美军参谋部任职；詹姆斯·鲍威尔（James S. Powell）上校则于 2006—2008 年在伊拉克第三特种部队服役；马修·蔡斯（Matthew M. Z.）中校则长期在伊拉克等国执行情报任务，最新的履职信息为美国国家安全委员会的伊拉克问题主任；珍妮·戈弗雷（Jeanne F. G.）中校曾三次前往伊拉克执行任务，并在伊拉克情报与安全总部等关键单位工作。

五是时效性强。该资料的编写项目最早于 2003 年启动，因此主创团队有意识地积累了伊拉克战争全过程的资料。2016 年初稿方完成，且由于内容过于敏感机密，美军内部一直争论是否公开。最终直至 2019 年，该资料才由美国陆军战争学院牵头发布。目前，国内尚无对该资料的翻译及基于该资料的深层次研究发表。可见，该报告的时效价值较高。

综上考量，本章采用《伊拉克战争中的美军》这一报告作为原始资料，对认知情报学理论模型进行检验。

5.1.3 联合作战发展说明

联合作战（joint operations）这一概念最早是由美军基于其作战经验提出的。虽然有国内学者认为，美军首次提出"联合作战"这一概念可追溯至 1920 年发布的《陆军和海军的联合作战》一书[①]，但本书认为美军正式对这一概念进行现代化阐述，是在海湾战争之后。1991 年 11 月，美军在总结海湾战争经验的基础上，撰写并颁布了 1 号联合出版物《美国武装部队的联合行动》，提出"联合作战是两个及以上军种的统一战争活动"[②]。2000 年 5 月，美军在其《2020 联合构想》中提出，联合作战的基础是"把各军种的能力合为一体。落实联合构想的目标是实现所有联合部队和效能的最佳聚合……这个整体的能力要大于其各部分的总和，并通过各部队协同一致的行动取得全谱优势"[③]。2020 年 1 月，美军参联会副主席约翰·海顿（John Hyten）宣布，美军正在制定和研发一种

---

① 刘军. 联合作战的发展与创新 [J]. 西安政治学院学报，2011，24（5）：98–103.
② 美军参联会. 美国武装部队的联合作战 [M]. 北京：解放军出版社，2006.
③ U.S. Joint Chiefs of Staff. Joint vision 2020 [M]. Creatspace Independent Publishing Platform, 2013.

新的联合作战概念,其主要目标是重新定义"联合全域指挥和控制"的概念及相关要求,以追求包括认知域在内的全域作战优势。美国前国防部长马克·埃斯铂(Mark Esper)对此高度重视并要求其于2020年12月前拿出成果。

解放军最早的联合作战可追溯至20世纪50年代初解放一江山岛的作战实践。但直到1997年,"联合作战"才以"联合战役"的形式被收录至《中国人民解放军军语》之中:"在联合战役指挥机构的统一指挥下,由两个以上军种共同实施的战役;或由两个以上军种战役所构成的系列战役,某些小型联合战役也可由两个以上军种的战术兵团共同实施;也指两个以上国家或政治集团的军队共同实施的战役。"[①]2011年版的《中国人民解放军军语》则明确:"联合作战指两个以上军兵种或两支以上军队的作战力量,在联合指挥机构统一指挥下共同实施的作战;一体化联合作战则是指依托网络化信息系统,使用信息化武器及相应作战方式。在陆、海、空和网络电磁等空间及认知领域进行整体联动的作战,是与信息化战争相适应的基本作战形式。"[②]

从中美两军关于联合作战的概念可以看出,联合作战的关键,一是统一有效的指挥,这是由其参战力量多元且目标一致所决定的;二是情报与信息发挥引领与主导作用,这是由联合作战作为与信息化战争相适应的基本形式所决定的;三是战场由物理域、信息域向认知域等拓展。随着联合作战正在由"全谱优势"向"多域战"演变,认知与情报的结合将发挥更为重要的作用。

5.2 "从入侵到叛乱"阶段的理论模型检验

本阶段时间实际跨度为2001—2003年,主要包括美国从2001年底开始制订入侵伊拉克的军事计划、2003年3—4月实施入侵伊拉克的作战行动、2003年5月1日宣布主要的联合作战战斗行动已经结束并将在该年底正式结束、2003年夏季后伊拉克各地陷入叛乱内斗等子阶段。

---

① 全军军事术语管理委员会,军事科学院.中国人民解放军军语[M].北京:军事科学出版社,1997:75.
② 全军军事术语管理委员会,军事科学院.中国人民解放军军语[M].北京:军事科学出版社,2011:68.

5.2.1 基于认知资源角度的情报支援领域

5.2.1.1 己方（美方）情报认知资源支援情况分析

就己方（美方）情报认知资源角度的情报支援情况而言，相关分析如下：

第一，战争初期战区指挥员的认知资源可用量明显不足。2001年11月27日，美国国防部长办公室向美军中央司令部总司令汤米·雷·弗兰克斯（Tommy Ray Franks）传达了布什总统修改伊拉克军事选项的要求，国防部部长拉姆斯菲尔德要求更新海湾战争后针对伊拉克的应急计划（编号 1003－98）。但由于"9·11"事件与阿富汗战争的爆发，弗兰克斯及联合作战指挥团队正全神贯注地负责美军在阿富汗的军事行动，情报认知资源"被塔利班和基地组织的相关情报所完全占据"[1]。这导致在伊拉克行动计划的制订初期，以弗兰克斯为代表的战区级联合作战指挥人员并没有过多的精力与资源可以投入其中，这也为美军后续出现的情报认知结构问题埋下伏笔。

第二，战区指挥人员积极通过节流路径，节约己方情报认知资源的可用量。弗兰克斯面对自身及指挥团队情报认知资源不足的困境，向上级提议成立单独的阿富汗与反恐战争联合特遣部队。这在实质上就是对情报进行了分类管理，使自身及中央战区的情报认知资源可以暂时完全放在伊拉克方向上[2]。

第三，美军并未有效支援决策关键点，以提升己方的情报认知资源效能。战争进程关键节点是决策关键点的重要组成部分，但美军由于情报认知偏差与文化偏见，选定了虚假、错误的战争进程关键节点。在美军的行动计划中，联合作战分为四个阶段进行：①建立国际联盟，争取北约盟友及相关国家的支持；②对伊拉克军民开展情报欺骗与心理战，即"情报对抗活动"；③通过军事行动歼灭伊拉克武装力量，并推翻萨达姆政权；④稳定局势并向新的伊拉克临时政府移交权力。美军受传统军事理论与在阿富汗战争中的经验影响，将战争进

---

[1] RAYBURN J D, SOBCHAK F K, GODFROY J F, et al. The U.S.Army in the Iraq War [M]. New York: United States Army War College Press, 2019: 21.

[2] RAYBURN J D, SOBCHAK F K, GODFROY J F, et al. The U.S.Army in the Iraq War [M]. New York: United States Army War College Press, 2019: 56.

程关键节点设置在第三阶段,并将包括物质、人员和情报认知资源在内的诸多能力重点分配给第三阶段。然而后续战争发展显示,第四阶段才是伊拉克战争的关键阶段,美军情报认知资源并未起到支援决策关键点的作用。

第四,美军通过加快指挥决策循环流,有效提升己方的情报认知资源效能。美伊双方都较为重视实现己方指挥决策循环流的相对快速流转,且付诸实践。伊军方面,萨达姆于 2002 年 12 月 18 日命令共和国卫队以首都巴格达为中心组成系列同心环进行防御,希望在美军入侵后通过内外环进行多角度袭扰,干扰美军指挥决策并令其茫然无措;美军方面,借助于信息化指挥系统与快速机动的作战部署,在战争实践中达到了自身指挥决策循环流快于伊军的目的,从而避免陷入城市巷战等传统困境。

5.2.1.2 对方(伊方)情报认知资源支援情况分析

就对方(伊方)情报认知资源角度的情报支援情况而言,相关分析如下:

第一,美军不断释放虚假无关情报,消耗对方情报认知资源的可用量。美军计划从伊拉克南部展开真正的攻击,但为迷惑伊军并消耗其有限的认知资源,美军在战前有计划地释放了大量虚假无关情报。起初,美军宣称将借道土耳其,从伊拉克北部展开进攻。此后,美军又在伊拉克西部进行大规模车辆物资调动,并有意识地进行公开宣传报道。美英联军还派出特战队员俘获了部分伊拉克军人,在告知其美方将从伊拉克西部展开进攻后巧妙地释放了这些伊方俘虏,以便其逃回并"通风报信"。受上述种种虚假无关情报的干扰,萨达姆及伊军情报工作的注意力与认知资源被吸引至西部方向,却忽视了美军在南部科威特的大规模集结。

第二,美军通过关键情报的绝对保密,降低对方情报认知资源效能。在战争计划阶段,为更好地吸收有益思想,美军将关于"针对伊拉克军事目标的有限作战计划"的相关内容较大范围地下发至联合参谋部、中央战区、主要作战部队乃至军火服务商等多个组织。然而,关于"针对伊拉克政权更迭的作战计划"却被归为"最高机密"并被高度隔离,只有少数人能解除隔离,且仅能在国防部部长拉姆斯菲尔德的办公室中阅读与使用。对己方这一关键情报的绝对保密,让美军有效降低了伊军情报工作的认知资源效能,为联合作战行动减少了阻力。而伊军则一直以为美军只是低烈度干预,直到战争爆发前一周才开始对全面战争进行准备与防御。

5.2.2 基于认知结构角度的情报对抗领域

5.2.2.1 己方（美方）情报认知结构情况分析

就己方（美方）情报认知结构角度而言，相关分析如下：

第一，美军的三大关键情报认知结构均出现了错误，显示其当时并未对己方的情报认知结构及关键支撑性情报进行反思与改善。美军关于伊拉克战争作战计划的制订，是建立在三大关键情报认知结构的基础之上的。

①美军参战人数尤其是地面力量应加以限制，无须太多。该情报认知结构产生的关键情报是：伊拉克人民苦萨达姆政权久矣并渴望成立民主政府，美军一旦进入伊拉克就会受到"挥舞旗帜的欢迎"[1]。然而这一关键情报并非来自对伊拉克人民的直接调查，而是来自旅居美国、欧洲的伊拉克侨民社区的信息。

②由于萨达姆拥有包括化学武器在内的大规模杀伤性武器，因此美军的入侵具有正义性。该情报认知结构产生的关键情报是：伊拉克军队在两伊战争中曾使用过类似化学武器的装置，且萨达姆曾威胁境内的库尔德武装要使用生化武器。然而直至今天，美军也未发现萨达姆政权拥有大规模杀伤性武器，这导致美军乃至美国的国际声誉暴跌。萨达姆之所以宣称自己拥有此类武器，主要目的只在于恐吓说服伊拉克周边的敌对势力与国内的潜在反抗力量。

③伊拉克军队的大部分成员将会投降，并将在战后被伊拉克新政权召回，因此伊拉克新政权将有较好的安全力量，无须美军进行大规模安全维稳。该情报认知结构产生的关键情报是：伊拉克武装成员作为职业军人，除了回到新政权的安全部队外并无其他去处。然而实际情况却是，由于美军并没有专门对战后伊拉克军队的重建与管理进行研究与思考，且对战俘工作相对忽视，导致美军虐俘事件层出不穷，使原伊拉克武装成员对美军及其扶持的伊拉克新安全部队充满敌意。原职业军人中的一部分人按照宗教派别分别加入了逊尼派抵抗组织、什叶派民兵武装，剩余部分则被恐怖分子招募成为重要作战力量。具有丰富战斗经验与技能的原伊拉克武装成员不仅没有成为伊拉克新政权的安全保

---

[1] RAYBURN J D, SOBCHAK F K, GODFROY J F, et al. The U.S.Army in the Iraq War [M]. New York: United States Army War College Press, 2019: 78.

障，反而成为令美军在当地头痛不已的对手。

第二，美军的情报认知结构在组织层面没有实现较好的共享与完善。在作战计划初期，美军战略、战役、战术层级指挥人员之间的情报认知结构及对任务的理解均未实现共享，存在较大偏差①。

在战略层面，拉姆斯菲尔德认为伊拉克联合作战的最终结果应该是：①摧毁伊拉克政权的领导层和权力基础；②消灭伊拉克生产大规模杀伤性武器的能力；③削弱伊拉克的军事力量，使其不再有能力威胁邻国；④建构新的伊拉克临时政府；⑤保持伊拉克的领土完整。

然而在战役层面，美军中央战区指挥人员中很少有人在初期设想通过入侵的方法来颠覆萨达姆政权，因此前期计划仅仅是"组建以海军陆战队为中心的联合特遣部队，占领伊拉克南部油田位置。美军无须向北机动至幼发拉底河区域"②。

在战术层面，"胜利军团"（Victory Corps，美军内部又称为"V军团"）作为伊拉克联合作战的主要地面力量，在此之前主要驻扎于欧洲。其指挥员威廉姆·华莱士（William Wallace）在战后回忆，其当时主要关注该军团在科索沃驻扎的大型维和特派团，即使是"9·11"事件后，也只是设想参与防御性行动，对于入侵伊拉克并未做好情报认知结构上的准备。战略、战役、战术层级指挥人员情报认知结构出现如此大偏差的原因，除个人之间的人格冲突与不信任外，以国防部长办公室为代表的各单位没有形成以目标为中心的情报周期是重要因素③。

5.2.2.2 对方（伊方）情报认知结构情况分析

就对方（伊方）情报认知结构角度而言，相关分析如下：

第一，美军并未对对方情报认知结构进行有效理解。美军情报工作对伊拉克的侦察与理解主要集中在其大规模杀伤性武器计划、主要军事力量的编组与

---

① RAYBURN J D, SOBCHAK F K, GODFROY J F, et al. The U.S.Army in the Iraq War [M]. New York: United States Army War College Press, 2019: 32.
② RAYBURN J D, SOBCHAK F K, GODFROY J F, et al. The U.S.Army in the Iraq War [M]. New York: United States Army War College Press, 2019: 165.
③ RAYBURN J D, SOBCHAK F K, GODFROY J F, et al. The U.S.Army in the Iraq War [M]. New York: United States Army War College Press, 2019: 37.

位置、共和国卫队的情况、高威胁性武器系统等之上，但对伊拉克的政治、社会、文化等缺乏理解与评估，以致其在很长一段时间内认为伊拉克是同苏联一样高度等级化的国家。结果在萨达姆政权瓦解后的几个月，美军才惊呼："伊拉克只是强权政治下各个原始部落的集合体。"[1]

第二，美军成功运用欺骗诱导方式，强化对方的错误情报认知结构。由于土耳其为北约组织成员，因此萨达姆非常担心美军会经土耳其领域从北面入侵。针对萨达姆这一错误情报认知结构，美军从 2002 年春季开始，就专门制订计划来欺骗伊军，使其坚信美国会派出地面部队从土耳其入侵伊拉克[2]。实践证明，这一行动取得了良好效果。

第三，美军成功运用愿景构设，创设对方之前未有的情报认知结构。为减少伊拉克人民的反抗，并缓解国际社会的质疑，美军早在战争开始前，就以"解放"这一新的情报认知结构来代替"入侵"的情报认知结构。为此，美军不仅在伊拉克境内散发大量传单、收音机等情报制品，强调美军的到来是为了推翻萨达姆邪恶政权并解放伊拉克人民；同时，美军还广泛招募旅居国外的伊拉克人组建支援军，以模仿二战时期自由法国人在 1944 年帮助盟军解放法国时的"品牌形象"。

第四，美军注重运用威慑与摧毁，改变对方原有的情报认知结构。美军在伊拉克战争中注重借助自身已有的军事优势、信息优势和情报优势，对伊方的情报认知结构进行威慑与摧毁。早在 2002 年 5—7 月，美军就提出并推行所谓的"震惊与敬畏"行动。在战争正式开始前，美军秘密派遣特种部队消灭伊拉克共和党卫队中忠于萨达姆的指挥人员。布什总统甚至提出，要在 2002 年 4 月 28 日入侵伊拉克，因为当天是萨达姆的生日。布什希望通过在这一具有象征意义的时刻入侵伊拉克，打击伊方军民的抵抗意志。

---

[1] RAYBURN J D, SOBCHAK F K, GODFROY J F, et al. The U.S.Army in the Iraq War [M]. New York：United States Army War College Press，2019: 43.

[2] RAYBURN J D, SOBCHAK F K, GODFROY J F, et al. The U.S.Army in the Iraq War [M]. New York：United States Army War College Press，2019: 61.

5.2.3 小结

通过"从入侵到叛乱：2001—2003"阶段的战例检验，我们可以发现认知情报学理论模型具有较好的系统性与解释力。

一方面，该理论模型虽然不同于传统情报学模型能对美军联合作战情报工作进行全面分析，但能够重点指出美军在伊拉克战争中情报工作的优势，如在军事欺骗、军事保密、技术侦察等方面的。

另一方面，该理论模型从认知路径对美军的情报工作进行复盘后可清晰地发现，尽管美军情报工作的传统优势，尤其是技术优势使其联合作战得以顺利实施，但由于美军指挥人员这一情报主体在认知资源、认知结构等领域均出现较大失误，因此预判出美军在战争开始之前就注定陷入长期战争泥潭。这也是认知情报学理论模型的理论创新与应用价值所在。

5.3 "从叛乱到内战"阶段的理论模型检验

本阶段的时间实际跨度为2004—2006年。随着2004年初以来伊拉克各地武装势力的迅速成长，伊拉克局势日益恶化，简单的反美叛乱活动逐渐演变为伊拉克各民族、教派之间的内部混战。2005年，美军尝试撤离伊拉克，这更使当地出现权力与安全的真空，加剧了内战程度。直至2006年底，时任美国总统布什对原定的过渡战略计划失去信心，开始以增兵作为新战略计划的主要内容，这标志着该阶段的结束。

5.3.1 基于认知资源角度的情报支援领域

虽然该阶段美军的情报支援领域乏善可陈，但其情报认知资源总量保持增加。

一是合理利用开源路径。美军基于2003年入侵作战的经验，不断提升部队的信息化程度，尤其是对旅级单位的信息化建设，从技术层面增加了情报认知资源总量。此外，美军将情报分析人员列为"联合作战关键资源"[1]并予以

---

[1] RAYBURN J D, SOBCHAK F K, GODFROY J F, et al. The U.S.Army in the Iraq War [M]. New York：United States Army War College Press，2019：43.

大幅补充，从人员层面增加了情报认知资源总量。

二是合理利用节流路径。美军将指挥官关键信息需求作为节约指挥人员情报认知资源的重要方式，并将其作为司令部指挥体系变革的推动力和信息管理的压舱石。美军开始频繁根据作战任务和部队规模，组建信息管理委员会并专门任命情报工作参谋，为关键信息需求提供保障。

情报认知资源总量的增加，有效提升了美军情报支援领域的效能，具体体现为美军于2004年在萨马拉（Samarra）、纳杰夫（Najaf）和费卢杰（Fallujah）三地发动的城市作战。得益于情报认知资源较为充足，美军能够更好地在纷繁复杂的城市作战中获得并理解情报，从而在战术层面避免像在越南战争中那般陷入丛林袭扰的困境。如纳杰夫作为什叶派穆斯林心中的圣地，拥有全球最大的墓地群，数百万个坟墓使这个城市宛如一个地下迷宫，很容易让进攻方迷失方向。美军正是凭借相对于当地叛乱分子的情报认知资源优势，才得以以较小的代价取得胜利。

5.3.2 基于认知结构角度的情报对抗领域

在"从叛乱到内战"阶段，美国领导人及美军指挥人员对战场态势的情报认知结构不仅改善迟缓，且在以下三大方面出现了严重错误。

第一，对伊拉克内部冲突的错误认知。美军在2003年的入侵行动中遭到了伊拉克军民的顽强抵抗和持续袭扰，这导致美军指挥人员产生了固化的情报认知定势：伊拉克当地的冲突是对美军的反抗与"叛乱"。然而，随着2004年初萨达姆政权的彻底瓦解，出于生存自保、权力争夺、寻仇报复、外部操纵等诸多因素，伊拉克各地武装势力之间的冲突已经由简单的反美转化为内战。然而面对这一改变，美军指挥人员的情报认知结构却改善迟缓，仍旧以为伊拉克各地的武装势力是一个反对美英联军的整体。直至2006年初，美军指挥人员仍认为这些情况是可以通过战术行动来解决的。

第二，对伊拉克安全部队的错误认知。早在战争计划阶段，以拉姆斯菲尔德为代表的美军高层，就将"减弱伊拉克的军事力量,使其不再有能力威胁邻国"作为美军伊拉克战争的五大基础性情报认知结构之一。然而，限制新的伊拉克军队力量这一早期设计，着眼点在于防止伊拉克新政权产生威胁以色列等邻国的能力，却没有考虑新的伊拉克安全部队由于实力受限，能否维持内部安全。

第三，对伊拉克选举的错误认知。美军指挥人员站在本国国情的角度对叛乱情报进行感知，曾认为通过选举可建立一个具有合法性的伊拉克新政权，而叛乱分子自然会随之化为乌有。为此，2004年6月28日，美军将伊拉克的行政权移交给伊拉克临时政府[①]，并于2005年1月推动当地进行选举。但实践证明，美军的这一情报认知结构是错误的。选举不仅没有充当伊拉克民族、教派和解的中间环节，甚至还因引发权力争夺而加剧了彼此的分化，实际上起到了加剧内战爆发的作用。

5.3.3 小结

由于在"从叛乱到内战"阶段，美军在伊拉克更多的是扮演着过渡政府的角色，其联合作战行动与相关情报工作开展较少，因此对认知情报学理论模型的检验，在程度与范围等方面均较弱。此外，伊拉克在该阶段先后存在多种组织帮派、势力团伙，不仅阵营复杂且大部分只是昙花一现般公开存在。从美军视角来看，在情报认知结构建构中缺乏所谓的对方角度。因此，本阶段对理论模型的验证主要从美军一方展开。

但通过"从叛乱到内战"阶段的检验，我们对认知情报学理论模型中"认知资源"与"认知结构"的关系有了重要的新认识。在逻辑推演中，先有了认知资源有限性，才会产生认知结构个性化。因此，容易让人们误认为在认知情报学理论中，要先考虑认知资源有限性的相关影响，再考虑认知结构个性化带来的改变。上一节"从入侵到叛乱"阶段的战例验证，也符合"先资源，后结构"的逻辑顺序。但是，本阶段的验证提醒我们，认知结构个性化在本阶段的美军联合作战情报工作中发挥着更为基础、重要的作用，即"先结构，后资源"。

上述两种逻辑顺序看似矛盾，但实质上仅是认知情报学价值在战争不同阶段的不同体现。①在常规作战阶段，由于联合作战行动多、节奏快，情报工作与指挥人员的情报认知活动对认知资源的依赖性更高。只有情报认知资源充足，才能

---

① RAYBURN J D, SOBCHAK F K, GODFROY J F, et al. The U.S.Army in the Iraq War [M]. New York: United States Army War College Press, 2019: 317.

形成更为合理的情报认知结构；②在非常规作战阶段，如战前准备、战后维稳等阶段，指挥人员在一定时间内需要处理的情报相对较少，因此情报认知资源较为充足。在这种情况下，情报认知结构是否准确，决定着认知资源消耗是否具有价值。

5.4 "从内战到撤军"阶段的理论模型检验

本阶段时间的实际跨度为2007—2011年。面对2006年底陷入内战的伊拉克，时任美国总统布什等领导人意识到"多国部队—伊拉克"这一过渡计划已经失败。为此，美军从2007年开始向伊拉克增兵，并使局势得到了有效缓和与稳定。2008年底，由于伊拉克尤其是巴格达地区的形势逐渐稳定向好，且受金融危机的负面影响，美军开始从增兵向撤军转变。至2011年12月15日，美军正式从伊拉克撤军，这标志着美军伊拉克战争在流程上正式结束。

5.4.1 基于认知资源角度的情报支援领域

这本阶段，美军并未进行大规模联合作战打击行动，因此从认知资源角度主要体现为美军通过持续推动军事情报工作改革，增强自身情报认知资源的可用量。

第一，美军提出指挥人员的能力是提升情报工作效能的关键。为此美军着重对指挥人员尤其是师旅级一线指挥人员的情报认知能力进行了训练，特别是加强了对信号情报、图像情报等情报产品的认知与理解。此外，也提升了情报工作系统面向指挥人员的情报服务能力，如由以往简单的战场情况介绍向知识库检索升级。

第二，建构本土情报机构以节约美军指挥人员有限的认知资源。美军通过实践发现，关于节约美军指挥人员情报认知资源，一种行之有效的方法是建构本土情报机构和相关资源。为此，美军先后建构了伊拉克国家情报服务中心、伊拉克行动中心、东南地区（近波斯湾）多国部队情报协调机构、库尔德地区情报机构和若干军事情报协助小组。

5.4.2 基于认知结构角度的情报对抗领域

5.4.2.1 己方（美方）情报认知结构情况分析

就己方（美方）情报认知结构角度而言，相关分析如下：

第一，美军开始反思自身的基础性情报认知结构，并取得了显著成效。针对上一阶段的失利，美军开始对其的三大基础性情报认知结构进行反思。一是对伊拉克内部冲突的再认知。不再强调所谓"伊拉克中央政府领导""伊拉克军队领导"等口号,而是将解决内部冲突与暴力作为关注点,鼓励民族、教派、部落之间相互和解。二是对伊拉克安全部队的再认知。美军意识到要想更好地理解并解决伊拉克的安全困境,就需要伊拉克安全部队的协助,因此开始增强其实力,伊拉克安全部队编制人数增加至14万人以上。三是对伊拉克选举的再认知。美军指挥人员对所谓的"民主化"充满宗教信仰般的认知,认为民主是解决一切问题的良方。因此,美军指挥人员一直相信推动伊拉克选举有利于稳定其国内局势。然而,选举带来的民族、教派、部落之间冲突的加剧,使美军指挥人员开始反思与妥协,并调整了相应的处置措施。

第二,美军开始有意识地增强其情报认知结构的改善能力。①从2007年开始,美军有意识地要求其指挥员、情报分析人员等不断积累与改进关于伊拉克局势的相关知识与经验,并定期进行考察。②美军开始从战略到战术各层面招募对伊拉克形势具有良好情报认知结构的专业化平民承包商,这些地方专业人员的加入,推动了美军指挥人员情报认知结构的改善。③美军也开始反思自身文化体制对指挥人员情报认知结构改善的限制。其内部报告认为,虽然战争期间出现了具有创新情报认知结构的指挥人员,但其行为并没有受到制度化的鼓励:一方面没有通过晋升等途径对他们进行奖励;另一方面也没有及时对他们的创新型情报认知结构进行推广应用。

第三,美军在组织层面的情报认知结构完善能力,长于战术层面,短于战略层面。①随着战争的发展,美军开始在其组织内部的战术层面推动情报认知结构的共享。一是增强战场情报系统带宽,使不同层级、不同单位的指挥人员能够更好地进行内部沟通,并共享其情报认知结构;二是提升旅队等低级层面联合作战指挥人员的情报权限,使其能够接触更高级别指挥人员的情报资料,从而实现情报认知结构的共享;三是美军指挥人员为重建对伊拉克当地的情报认知工作,邀请了外部专家团队前往巴格达协助推行情报认知结构的更新与完善。该团队在实质上起到了军民融合层面的外部蓝军角色的作用。②战略层面的情报认知结构没有实现较好的共享沟通。一方面,美军在伊拉克战争中的联合作战不仅是其各军兵种的联合,更是其与英军等多国部队的联合。然而,在联军层面,各方情报认知结构并没有得到充分共享,大大降低了作战效能。另一方面，美军在伊拉克战争中的联合作战还需整合国家力量的不同要素，然而美国机构间缺乏这种整合能力。虽然国家安全委员会可以在政策制定层面有所作为，但由于美军战略指挥人员与其他机构的部分领导人缺乏情报认知结构的互换与共享，因此无法整合力量共同应对伊拉克战场的挑战。

5.4.2.2 对方（伊方）情报认知结构情况分析

就对方（伊方）情报认知结构角度而言，相关分析如下：

第一，美军的重点回归至理解对方情报认知结构的层面。美军发现，本阶段作为非常规战争，其相关军事行动都具有政治意义。美军由于不了解伊拉克当地的政治、文化和社会等因素，因此很难理解对方相关行动的意图动机与情报认知结构。这就常常导致美军的行动无意间加剧了伊拉克内部各方之间的冲突，或者被某一方利用作为"借刀杀人"的工具。美军意识到想要改变这一困境，必须提防自身对技术路径的过度依赖与偏爱，应注重从"人"这一路径开展工作。为此，美军重点运用针对当地人的服务来提升自身对对方情报认知结构的理解。如美军为此针对性开展了"觉醒运动"，争取曾是叛乱分子的人的支持，以获取对相关情报的理解。

第二，美军对对方情报认知结构的影响活动阻力重重、缺乏进展。伊拉克内部势力繁多且复杂，不仅有其国内的诸多民族、教派、部落，同时还有伊朗、叙利亚等邻国的暗中干扰。因此，美军相关影响工作收效甚微，甚至对相对中立的土耳其以及约旦、沙特阿拉伯等海湾国家的说服工作都没有取得预期效果，"强化对方的错误情报认知结构"与"创设对方未有的情报认知结构"均较难实现。美军依靠武力优势惯用的"运用威慑摧毁，改变对方原有情报认知结构"虽然起到一定作用，但也被发现存在隐患与不足。如美军发现"斩首行动"等摧毁方式容易导致中央集权独裁政治体系国家的崩溃，严重影响联合作战政治目标的实现。

5.4.3 小结

通过"从内战到撤军"阶段的检验，我们发现认知情报学理论模型对于非常规式的联合作战及战后稳定行动依然具有较好的解释性与预测性，这与同为非常规作战的"从叛乱到内战"阶段的检验结果相类似，说明本理论模型中"基于认知资源角度的情报支援领域"对常规型联合作战及其他领域任务的较好解释性，而"基于认知结构角度的情报对抗领域"的价值则更多体现在非常规型联合作战及其他领域任务。

此外,通过本阶段的检验,认知情报学理论模型还有以下方面需要补充完善:

第一,"组织层面情报认知结构完善"方面仍需要补充。随着联合作战的"总体战"特性越来越强,该方面不仅要考虑组织内各级之间的交流与完善,还要考虑自身组织与己方其他组织之间在组织层面的交流与完善,即己方与其他相关方之间的交流与完善。

第二,"增强对对方情报认知结构的理解"方面仍需要更为重视。美军本阶段的战例生动地说明了,关于对对方情报认知结构的理解,是从对方认知结构角度出发的情报对抗领域的重中之重。只有在理解对方情报认知结构的基础上,己方才能对其进行有效影响,同时也有利于促进己方情报认知结构的调整与完善。尤其在面对跨文化对手时,该方面需列为己方情报工作的关键任务。

第三,"运用摧毁威慑,改变对方情报认知结构"方面仍需格外谨慎。该方面仅适用于军事、公安等特殊领域的情报活动。通过美军战争实例发现,当对方内部利益较为多元且势力较多时,要谨慎使用"斩首行动"等方式对对方指挥人员进行摧毁,否则很容易导致对方势力发生裂变,使情报工作的不确定性增强,战争迷雾更为浓厚。

5.5 本章小结

本章运用美军在伊拉克战争中的实战案例,对本书建构的认知情报学理论模型进行检验,发现整体结构与各分项目均能通过检验,说明认知情报学理论模型具有较高的科学性与针对性。具体来说:

第一,经过检验,认知情报学理论模型具有较高的科学性,对指挥及情报工作具有普遍指导作用,可以推广运用。本书通过美军实战案例检验发现,认知情报学理论模型不仅能够更好地发挥传统情报工作中侦察、欺骗、保密等领域的效能,还有利于从认知路径上拓宽当前情报工作的范畴。

第二,经过检验,认知情报学理论模型具有较高的针对性,对指挥及情报工作具有重要的参考借鉴意义。美军的战例尤其是"从叛乱到内战""从内战到撤军"阶段的检验,证明了认知情报学理论模型对于非常规型联合作战阶段具有重要意义,适用于解放军军事斗争准备。

总结与展望

通过对当前国内外认知情报学研究现状的梳理和分析，本书对认知情报学的基础理论进行了探索，并建构起理论模型。运用美军在伊拉克战争中的实战案例对理论模型进行检验后发现，该理论模型具有较强的科学性与针对性。本章将进一步研究并阐释认知情报学理论探索与模型建构的意义，指明其面向并服务于智能指挥决策的趋势。此外，也将对本研究的不足之处进行分析总结，进而提出未来研究的展望。

6.1 理论模型建构意义

认知情报学理论模型作为多学科交叉融合的产物，其建构具有多重意义。由于本模型是理论模型而非应用模型，因此本处主要从形而上的角度对其建构意义的六个基本方面进行阐述：①在目标方面，有利于确立具有中国特色的本土化发展目标；②在主体方面，有利于确定"人"这一主体在情报系统中所处的决定性地位；③在技术方面，有利于适应以智能化为代表的技术发展趋势；④在维度方面，有利于推动信息维度与认知维度的纵向融合；⑤在领域方面，有利于实现学科内部各领域的横向一体化发展；⑥在对手方面，有利于更好地应对强敌威胁与"修昔底德陷阱"，对情报理论与实践建设具有现实意义。

此外，本书对认知情报学理论模型建构意义的探讨，不仅在情报学层面，还将在军事学层面展开。这是因为：一方面，认知情报学作为情报学分支理论，是着眼于国家安全与发展的大情报学的有机组成部分；另一方面，本书对认知情报学的理论探索与模型建构，均是面向智能指挥决策的未来趋势，而上述两大趋势将在军事领域得到集中体现。从军事学层面展开探讨，有利于从更为新颖、明显的角度凸显认知情报学与智能、指挥的紧密关联。

6.1.1 目标方面：确立具有中国特色的发展目标

习近平总书记曾强调："把论文写在祖国大地上。"虽然科学理论的发展具有世界范围内的普遍性规律，但理论模型要想更好地对实践工作发挥针对性作用，就必须通过本土化来完成。因此，认知情报学理论模型建构首先有利于我国情报学、军事学更为贴合我国国情、文化、发展模式等因素，确立具有中国特色的发展目标，以更好地引领学科发展。

6.1.1.1 情报学层面：回归"耳目尖兵参谋"的使命定位

作为情报学、认知科学、心理学和军事学的交叉领域，认知情报学理论模型的建构研究显然有利于跨学科的知识协同与创新。跨学科的知识融合通常是有益的，但对本身就具有明显跨学科特质的情报学学科而言，却是一把双刃剑[1]——一旦处理不当，就会造成学科外延虽然扩展但内核定位偏移，导致学科边界与价值模糊。吸纳新思想和新理论是一个学科发展的必经环节，但根基不稳，则枝叶难成。对此，我国著名情报学家包昌火先生就曾痛心疾首地指出，情报学领域在耕别人的地，荒自家的田，在为他人作嫁衣[2]。因此，认知情报学理论模型要想真正对情报学学科建设产生贡献，必须在学科融合以拓宽情报学体系与边界的同时，在发展目标方面推动情报学回归自身的使命定位。

那么，我国情报学的使命定位又是什么呢？从发展历程来看，我国情报学发端于科技情报尤其是国防科技情报领域。1984年，时任中央军委副主席的聂荣臻元帅为国防科技情报工作会议题词："科技情报是科技工作的耳目、尖兵"。中央军委副秘书长张爱萍将军在同年举办的兵工科技情报工作成果展上提出："情报研究工作要参与决策、当好参谋"[3]。至此，"耳目""尖兵""参谋"成为学界公认的我国情报学的历史使命与战略定位，为我国情报学理论与实践指明了前进方向，明确了使命任务，揭示了性质与特点[4]，也成为区别于

---

[1] 黄长著.关于建立情报学一级学科的考虑[J].情报杂志，2017，36（5）：6-8.
[2] 包昌火.让中国情报学回归本来面目[J].情报杂志，2011，30（7）：1.
[3] 本刊评论员.抓紧时机乘胜前进[J].兵工情报工作，1984（1）：1-2.
[4] 王知津.大数据时代情报学和情报工作的"变"与"不变"[J].情报理论与实践，2019，42（7）：1-10.

其他国家情报学的学科本土化特点。但此后一段时间内,情报学"耳目尖兵参谋"的使命定位因种种原因,并未得到有效坚持。我国情报学界在2017年发布的《南京和平共识》中就曾反思:"情报工作重点局限在文献和信息的情报工作,未能充分发挥网络和大数据时代'耳目尖兵参谋'的作用。"①

认知情报学理论模型,将从四个层面帮助我国情报学回归"耳目尖兵参谋"的使命定位。一是通过对以感知、注意、记忆等为代表的情报认知初级阶段进行研究,增强情报工作的"耳目"作用;二是通过对对方重点目标人员等情报主体的认知结构进行研究,使情报工作相较于传统情报学仅能提供描述、解释功能,更可提供对敌情态势的主动预测、引导功能,由此提升情报工作的"尖兵"作用;三是通过对以知识、思维、认知偏好与认知监督为代表的情报认知高级阶段进行研究,更好地发挥情报工作的"参谋"功能;四是以面向智能指挥决策这一趋势为认知情报学研究的目标方向,突出指挥决策才是情报理论与实践所应瞄准的中心。这四个层面不仅顺应了钱学森院士关于"要发挥情报研究在支撑和保障科学决策中的优势"②的重要思想,也符合我国当代情报学家们的新判断③④⑤。认知情报学理论模型强调情报要面向指挥、服务决策,从终极价值上强化了"耳目尖兵参谋"的使命定位,夯实了情报学学科建设的立身之本与立学之基。

6.1.1.2 军事学层面:确立"不战而屈人之兵"的战争目标

战争目标决定军队建设的根本方向。在第5章的战例检验中,我们可以清楚地发现,美军之所以在伊拉克陷入战争泥潭,其根本原因在于其战前制订的战争目标出现了致命错误。因此,解放军联合作战需要寻找更具中国特色、符合我国国情与根本利益的战争目标。提到战争目标,西方军队一直将"大量歼

---

① 中国科学技术情报学会,中国社会科学情报学会.情报学与情报工作发展南京共识[J].情报学报, 2017, 36(11): 1209-1210.
② 李竹,曹文振.钱学森情报学思想研究:定名、脉络与内核——纪念钱学森院士逝世十周年[J]. 情报理论与实践, 2019, 42(10): 14-20.
③ 包昌火,金学慧,张婧,等.论中国情报学学科体系的建构[J].情报杂志, 2018, 37(10): 1-11,41.
④ 苏新宁.大数据时代情报学学科崛起之思考[J].情报学报, 2018, 37(5): 451-459.
⑤ 王知津.大数据时代情报学和情报工作的"变"与"不变"[J].情报理论与实践, 2019, 42(7): 1-10.

6 总结与展望

敌有生力量"奉为圭臬。这一战争目标虽然有力推动了西方军队武器技术的进步和杀伤力的提升,但也越发呈现出固有问题。以当前联合作战水平最高的美军为例,21 世纪以来,其先后在阿富汗、伊拉克开展了两场让世人惊叹的联合作战,通过"斩首行动""精准打击"等方式,较好地实现了歼灭对方有生力量的战争目标。但在一个又一个看似胜利的战争结果背后,美国的政略、战略却均未实现,安全困境依旧存在,甚至还造成了严重的国力透支。美军的战争实践证明,西方信奉的"大量歼敌有生力量"攻城略地式的战争目标,往往会造成"赢得战斗却输掉战争"的尴尬结局。

对此,解放军应吸取相应经验教训,探索具有中国特色的战争目标。克劳塞维茨在《战争论》中强调"战争是政治的延续",基于这一战争性质提出战争的根本目标是"迫使敌人服从我们的意志"[1]。这一逻辑论述简短有力地指出了以"意志"为代表的人心是战争胜利的最终关键,普遍适用于中西方军事领域。但对于如何追求这一"战争根本目标",中西方军事理论界选择了不同的"战争有限目标"(即实现途径,如图 6-1 所示):如上所述,西方军队通过追求消灭抵抗者肉体这一有限目标,达到迫使对方屈服于己方意志的最终目标;中国军事传统理论代表作《孙子兵法》则提出了以"不战而胜""胜敌益强"为代表的"不战而屈人之兵"的战争有限目标[2]。

---

[1] 克劳塞维茨. 战争论:第一卷[M]. 中国人民解放军军事科学院,译. 北京:商务印书馆,1982:23.

[2] 相较于"不战而胜",人们对"胜敌益强"较为陌生,孙子对此的完整论述为"车杂而乘之,卒善而养之,是谓胜敌而益强"。这句话的意思是:"打完仗之后,敌方的战车与我方战车交叉编组,敌方的士卒因我方优待而为我所用,所以我们战胜敌方也更强了(没有杀敌一千,自损八百)。"如果说"不战而胜"还只是实现了自己的低级目标,那么"胜敌益强"追求的则是壮大自己的高级目标。其相比克劳塞维茨提出的"迫使敌人服从我们的意志"的战争目标具有更深一层的意义,即"己方的意志为对方所认同",将对方角色由简单的失败者拓展为合作者。

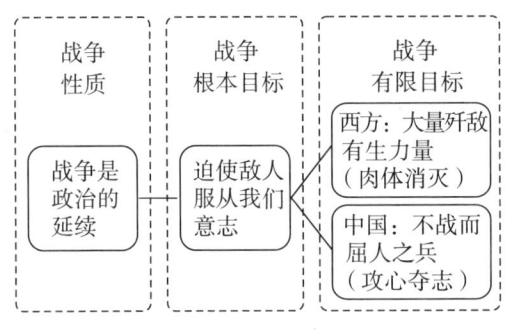

图 6-1　中西方战争目标实现途径示意图

本书认为，"不战而屈人之兵"更适合作为解放军目前联合作战的战争目标，原因有四：

一是有利于巩固解放军"听党指挥""政治建军"的制度优势。"不战而屈人之兵"作为通过瓦解对方意志来削弱对方肉体抵抗的先礼后兵之路，对"战争是政治的延续"更为强调，因此也更注重服务、服从于政治及党中央的战略意图。这也在目标方向上，与西方宣扬的所谓"军队中立""军人只管打仗，不管政治"等错误思想分道扬镳。巩固解放军"听党指挥""政治建军"的制度优势，有利于塑造解放军相对外军的本质区别与核心竞争力。

二是更适合解放军未来可能发生的"反独促统"联合作战场景。随着"台独"分子的嚣张气焰日渐猖獗，以及国际反华势力"以台制华"的图谋不断探试，台海方向成为解放军未来联合作战战场的可能性不断增加。作为国家内部的统一战争，"寸草不生"式的战争结果显然不符合国家利益，"不战而屈人之兵"的战争目标更符合解放军的需要。

三是更适应泛媒体时代联合作战的战争特点。随着信息媒体的全球扩展，战争场景将近乎实时地呈现在全球民众面前，联合作战的战术级行动往往更容易产生战略级影响。这在本质上意味着，对方军民的伤亡情况也将对解放军指挥决策、作战进程和战争结果产生重要影响，致命性军事手段的应用将受到更多约束。如美军在越南战争中的失败，很大原因就是电视作为当时的新兴媒体渠道，将美军与越南军民面对的血腥残酷场面呈现给了美国国内民众，引发其国内的反战浪潮，最终导致美军狼狈撤出。

四是符合战争伦理的未来发展。人类社会与军事革命的快速发展不仅改变着战争的样式,也在改变着战争的伦理观念。战争是政治的延续,而不是杀人比赛,当前能够被接受的战争杀戮行为,在未来可能不会被接受。如过去将敌军尸体甚至割下的头颅堆积成"京观"①的战争行为,在今天就属于违反战争法的行为。甚至在仅一百余年前发生的第一次世界大战中,以"凡尔登绞肉机""索姆河血肉磨坊"等为代表的双方以人命为筹码的战斗模式,在今天也广受诟病。未来的战争伦理将不仅强调己方的低伤亡乃至零伤亡,也不会追求多杀伤敌人。

认知情报学理论模型有利于进一步确立"不战而屈人之兵"的战争目标。通过情报工作来瓦解敌军,在我国古代就已是常用之计②。此外,认知情报学理论模型对于"不战而屈人之兵"来说,具有如下两方面的意义:

一是创新路径,提供必要条件。"不战而屈人之兵"作为战争目标的思想早在两千多年前就已被提出且为人们所认可,我国唐朝著名诗人杜甫曾将其概括为"苟能制侵陵,岂在多杀伤"。但在过去只能称其为"战争希望"而不能作为实际战争目标,究其原因就是条件尚不具备。"不战而屈人之兵"得以实现的必要条件是直接对对方的意志心理进行攻击。这一条件在过往显然并不具备,往往只能单纯依靠情报工作的信息路径进行间接的攻心夺志。但认知情报学理论模型通过对认知维度的研究与探索,给意志攻击提供了切实可行的情报支撑与新路径。

二是拓展对象,深化目标研究。"不战而屈人之兵"能够作为战争目标的根本原因是:人是战争胜负的决定因素,双方意志的较量决定着战争最后的结果。因此,人及其意志是"不战而屈人之兵"战争目标的主体与对象。而认知情报学通过对认知结构的研究,提出"情报对抗领域"为认知情报学理论模型的两大基础领域之一,有利于夯实对人类战争意志的直接探索。

6.1.2 主体方面:确定人是胜负的决定因素

根据马克思主义与毛泽东思想不难发现,人是战争与情报工作的决定因

---

① 京观是古代为炫耀武功、震慑敌军,聚集敌尸或头颅并以泥土夯实而形成的一种高冢。
② 毛天宇.从军事性概念到知识性概念:我国情报概念演变的历史逻辑[J].山东图书馆学刊,2015(5):36-39.

素①。实现强军伟业的关键在人,情报工作成功的核心也是人。认知情报学理论模型有利于从战争不变性、技术多变性、器物不如人、人员职业化四个方面,对人在情报活动中的主体地位进行再强化。

第一,从战争不变性而言。在世界新军事革命浪潮中,战争理论、武器装备、作战样式等层出不穷,仿佛一切都在变化。现代著名军事学家杜普伊在其代表作《武器和战争的演变》中,曾列举出战争不变性的三大方面:①战争是把己方意志强加给对方的战争目的不变;②战争的基本原则不变;③最重要的一点,即人的本性不变②,且这种不变性规律同样适用于情报学学科的发展。认知作为人类千万年进化后的产物,与日新月异的技术相比更为稳定。认知情报学理论模型通过研究、阐述人们的情报认知,一方面有利于以不变应万变,更好地应对信息化浪潮;另一方面,由于人是战争的决定性因素,且人人都有不足和缺陷,从一定角度来看,人又是战争各领域环节中最易被突破的弱点。早在1998年,美国国防部专家曾撰写了一篇名为《大脑没有防火墙》的文章,明确指出美军在硬件设施建设上下大功夫,却忽视了对人的大脑与认知等软件的防护,而这种忽视无疑是致命的。认知情报学理论模型的建构正是给情报对抗增添了认知打击这一可能。

第二,从技术多变性而言。科技是战争第一生产力,但只有正确对待技术发展的多变性,才能真正让技术成为战斗力。美军作为全球军事科技的领跑者,一方面享受着科技不断进步带来的军事红利,另一方面也在一定程度上形成了技术依赖。美国国防部战略和预算评估中心(Center for Strategic and Budgetary Assessments,CSBA)在2020年2月发布的研究报告中,反思并认为:"单纯依靠技术将不能够再建立持久的军事优势。如果指挥员的认知和思想不进行改变,新技术的潜力将会被限制在当前的作战概念之中。此外,技术扩散也会很快让中、俄等对手获得类似的进步。"认知情报学理论模型通过协调主体认知心理与客体情报之间的关系,确保人在战争技术的回路之中,有利于避免走美

---

① 夏征难. 恩格斯和毛泽东关于人与武器关系论述辨析[J]. 军事历史,2007(6):15-17.
② 杜普伊. 武器和战争的演变[M]. 严瑞池,李志兴,王建华,等译. 北京:军事科学出版社,1985:48.

军技术决定论和技术依赖的老路、歪路。对技术的过度依赖，同样是一些情报学家对情报学未来发展的担忧所在。

第三，从器物不如人而言。毛泽东同志在《论新阶段》中指出："我们认为中国武器诚不如人，但武器是可以用人的努力增强的。"[①] 彼时解放军武器装备的现代化建设虽已取得了长足发展，但与强敌相比仍经历了一段"技不如人"的时期。在朝鲜战场上，解放军靠"钢少气多"的战斗意志体现了人的价值。在今天，除了战斗意志外，我们还能在人这一决定因素方面挖掘什么呢？认知情报学理论模型将有利于对解放军尤其是联合作战指挥人员的信息素养、学习能力、知识结构和科学素养等方面进行提升。对我国包括情报学在内的信息管理学科而言，诸多理论探索与实践均受制于信息技术的现实短板，需要通过主体领域进行弥补。

第四，从人员职业化而言。《世界是平的》一书中提到：全球化1.0时代的主要动力是国家，2.0时代的主要动力是跨国公司，21世纪以来的3.0时代的独特动力则是个人的合作与竞争。就军事领域而言，高素质军官越来越成为信息化联合作战取胜的人才保证。在新一轮国防与军队改革中，军官职业化正成为解放军人力资源制度改革的重要牵引。那么，面向联合作战的职业军官应具备何种素质呢？美军在其《2020联合构想》中认为，联合部队的核心是具有非凡的奉献精神和才干，具体来说就是表现出适应力、创造力、准确的判断力、超前的思维能力以及多元文化的认知能力[②]。认知情报学理论模型将有益于职业军官在上述职业能力方面的培养与发展。这种有益同样适用于情报学专业人才的培养与发展，符合我国情报学界在《南京和平共识》中提出的"培养学生敏锐的情报意识，提升学生的情报素养，增强学生的情报能力"的目标期望[③]。北京大学赖茂生教授在探讨图书情报学（LIS）学科的发展定位时也认为，

---

① 夏征难.恩格斯和毛泽东关于人与武器关系论述辨析[J].军事历史，2007（6）：15–17.
② U.S. joint chiefs of staff. Joint vision 2020 [M]. Creatspace Independent Publishing Platform，2013.
③ 中国科学技术情报学会，中国社会科学情报学会.情报学与情报工作发展南京共识[J].情报学报，2017，36（11）：1209–1210.

"熟悉人的认知"是未来情报学人才所需具备的六项知识基础之一[①]。

6.1.2.1 情报学层面：完善"以人为中心"的情报学学科导向

以人为中心是情报学一个非常重要的理念，该理念的提出不仅符合情报学的发展规律，也对情报学学科的科学建构有着深远影响。有学者通过实证分析发现，对情报工作尤其是分析环节起着关键影响的 24 项因素中，最主要的是情报主体维度[②]。情报主体维度的影响力远高于信息结构、技术工具、流程周期、组织文化等维度，体现出情报主体的重要性。认知情报学理论模型有利于破解、厘清当前情报学面临的"以数据为中心"和"以用户为中心"的两大迷思，完善情报学学科"以人为中心"的主体学科导向。

一是由"以数据为中心"扩展至"以人为中心"。所谓"以数据为中心"，是指将情报学的研究对象设置为"数据"和"信息"，实质上是"以系统为中心""以文献为中心"的新变种。由于情报学的诞生尤其是情报检索系统和文献计量学研究等方面的兴起，与二战后的信息化浪潮、香农的信息论具有紧密关联，因此情报学天生就具有"以系统为中心""以文献为中心"的发展倾向。但这种过于注重外在客观而忽视情报主体的倾向给情报学的长远发展带来了很大的局限性，也受到了早期认知情报学学者们的批评与修正。随着大数据时代和新信息技术浪潮的到来，这种过于注重外在客观的倾向再次以"以数据为中心"的新形式出现，对情报学学科导向有着较大的诱惑力和迷惑性。兰卡斯特（Lancaster F.W.）对此评价道："LIS 学者很快就会丧失对人的兴趣，人已经被诸如本体、元数据、数据管理等议题排挤。"[③] 如果放任"以数据为中心"的导向发展，情报学虽然在短时间内能取得一定成果，但面对大数据带来的"信息汪洋"，难免"独木难支"。而且随着时间的推移，情报学的核心领域可能会被数据学科

[①] 赖茂生. 知识时代的 LIS 如何定位和发展 [J]. 图书情报工作, 2010, 54（18）: 5-10, 115.
[②] 严贝妮. 情报分析中的个体认知偏差及其干预策略研究 [M]. 北京: 中国社会科学出版社, 2016: 204.
[③] LANCASTER F W. Survival is not mandatory [EB/OL]. (2016-10-01) [2020-05-11]. http://www.ztxb.net.cn.

覆盖与替代，造成情报学学科与其工作领域在数据科学热潮中迷失[1]与萎缩[2]。

认知情报学理论模型着重对"人"这一情报主体进行全面建构，通过对情报主体认知的普遍环节（感知登记、注意隧道、记忆瓶颈、知识表征、思维过程）与个性结构（认知偏好、认知监控）等进行深入研究，充分发挥人在情报工作中的洞察力与创造力，达到对数据"去粗取精、去伪存真、由表及里、由此及彼"[3]的目的。通过"客体数据+主体认知"的融合发展，推动传统数据"查全率""查准率"有效转化为情报的"利用率""有效率"。由"以数据为中心"扩展至"以人为中心"，有利于情报学学科的内涵与外延进一步深化，推动相关技术群落的完善与成熟，促进体系框架完善，实现"两条腿走路"。

二是从"以用户为中心"修正为"以人为中心"。"以用户为中心"最早在营销学领域被提出，此后被引入情报学、图书馆学等信息管理学科[4][5]，主要涉及用户需求、用户心理、用户行为以及基于用户的信息服务系统建设等领域[6]。"以用户为中心"与认知情报学强调的"以人为中心"有相通之处，尤其与认知情报学早期理论高度重合[7]。然而，本书认为两者也有较大的不同，"以人为中心"更适合情报学学科未来的发展导向，原因阐析如下：

首先，认知情报学理论模型有利于扩大主体范围，避免情报用户与情报工作人员形成二元对立。过往研究大多局限于实现情报用户和情报工作人员在信息表层的连接、共享，本书则将情报用户与情报工作人员共同纳入情报主体这一范畴，有利于推动双方在认知深层互相理解彼此对情报的认知与看法。实现情报在双方认知层面的交互，有利于：①增强双方关联，使用户需求更快为工作人员所感知；②同时使用户知晓情报工作的能力与限制，避免用户需求超出情报工作能力范围；③避免情报流在传递过程中出现误解与遗漏；

---

[1] 柯平.迎接下一代情报学的诞生：情报学的危机与变革［J］.情报科学，2020，38（2）：3–10.
[2] 缪其浩.大数据将如何影响竞争情报［J］.竞争情报，2013（1）：1.
[3] 王知津.大数据时代情报学和情报工作的"变"与"不变"［J］.情报理论与实践，2019，42（7）：1–10.
[4] 胡昌平.论情报用户研究的理论发展基础［J］.情报学报，1990，9（4）：302–309.
[5] 莫纯锐.用户中心理念对情报学发展的影响［J］.科技情报开发与经济，2011，21（8）：120–123.
[6] 靖继鹏，李勇先，刘凤琴.剖析情报学理论体系流派的用户观［J］.中国图书馆学报，1992（2）：5–10，91.
[7] 柯青，王秀峰，孙建军.以用户为中心的研究范式：理论起源［J］.情报资料工作，2008（4）：51–55.

④促进情报产品在双方交互中不断完善和拓展，提升产品质量[①]。

其次，认知情报学理论模型有利于深化对情报用户的再研究，推动情报流双向传播。①在认知情报学视角下，情报用户不仅是使用者，更是加工者和创造者。通过对情报主体的认知进行研究，情报工作将不仅给用户提供知识，更"授之以渔"般给用户提供思考方式。此外，用户被纳入情报工作流程之中，低层级用户的情报认知与利用将成为高层级用户的情报产品。如前方战术级指挥人员的指挥决策思路、情报认知过程，将成为后方战役级指挥员的情报资料。同理，战役级指挥员的情报认知也将成为中央军委等战略级指挥部门的情报资料。②有利于推动情报流由单向传递向双向传播转变。由于情报用户对情报的主动建构与参与，其不再只是单纯的受众与被动接收者。这就推翻了过去"数据—信息—情报—知识—智能"这一从工作人员到用户的单向递进过程，而现在是用户在最初阶段就加入进来，使情报流由过去的单向转为双向。这种转变又反过来说明"以用户为中心"这一观点并不完全适用于认知情报学领域，因为情报流程中将不存在中心，因此任何群体都不再是中心。但与信息、技术和系统相比，人又是情报流的最终流向与意义的生产者，因此，本书提出将"以用户为中心"修正为"以人为中心"。

6.1.2.2 军事学层面：突破联合作战指挥人员的培养瓶颈

强军先强将，练兵先练官。由指挥员、参谋人员、情报人员等共同构成的联合作战指挥人员，作为战争的关键构成与主导群体，对战争胜负有着重要影响。指挥人员的培养选拔一直是解放军的重点关注工作与传统优势，刘伯承元帅曾强调："军官的培养，是最艰巨的战争准备。"这也是解放军从一个胜利走向另一个胜利的保证。但也要看到，联合作战指挥人员的培养是解放军长期以来大力建设但依旧有待加强的领域。新时代以来，习近平同志指出，军队能不能打仗、能不能打胜仗，指挥是一个决定性因素，并针对性地指出了解放军中一些指挥人员存在的"五个不会"短板。

---

① 李竹，曹文振. 钱学森情报学思想研究：定名、脉络与内核——纪念钱学森院士逝世十周年[J]. 情报理论与实践，2019，42（10）：14-20.

6 总结与展望

联合作战指挥人员的培养不仅困扰着解放军,也是一个世界性难题。有人曾认为,学历教育带来的"知识化"可以提升指挥人员的能力。萨达姆领导下的伊拉克一度号称"世界第三军事强国"。海湾战争后,其师旅指挥人员大多拥有学士、硕士乃至博士学位,结果在伊拉克战争中无不丢盔弃甲。也有人认为,战争实践与岗位锻炼是提升指挥人员能力的不二法门。可问题在于,以战争锻炼指挥人员过于仓促偶然,且世上没有完全相同的两场战争,直接套用上一场战争的成功经验很可能会导致下一场战争的失败。通过梳理美军除斯普鲁恩斯[①]以外9位五星上将的主要任职与战争经历(表6-1),我们发现五星上将的经历并无明显相通之处。单纯依靠战争实践与岗位锻炼来提升指挥人员的能力,似乎也不是一条清晰、方便、可行的道路。

表6-1 美国五星上将情况简介

姓名	战争及任职经历
亨利·H.阿诺德	1907年,西点军校毕业后赴驻菲律宾步兵部队; 1911年,成为陆军部队首批飞行员之一; 1916年,任飞行支队指挥官兼陆军航空兵总部参谋; 1931年,任加利福尼亚马什航空基地司令; 1935年,任第一航空联队联队长; 1938年,任陆军航空兵司令,后任陆军副参谋长; 1942年,任参谋长联席会议成员; 1944年,兼任第20航空队司令
德怀特·D.艾森豪威尔	1915年,西点军校毕业后赴步兵团任职; 1917年,赴奥格尔索普堡和利文沃思堡任训练教官; 1918年,历任坦克分队队长、营长、旅长; 1929年,任陆军部助理部长办公室参谋; 1933年,任陆军参谋长麦克阿瑟的助理; 1940年,历任师、军、集团军参谋长; 1942年,任陆军参谋部作战计划部部长,后为欧洲战区美军司令; 1943年,任北非战区盟军最高司令; 1944年,任盟国远征军最高司令; 1945年,历任欧洲陆军司令部总司令、陆军参谋长

---

① 斯普鲁恩斯是在去世后32年,即2001年被追授为五星上将的。与其他9名五星上将相比,学界对其能力与功勋尚有争议,故本书不对其进行考量。

续上表

姓名	战争及任职经历
小威廉·F. 哈尔西	1904年，海军学院毕业，历任驱逐舰及练习舰舰长； 1930年，任大西洋驱逐舰分遣队舰队司令； 1935年，任"萨拉托加号"航空母舰舰长； 1937年，任彭萨科拉飞行学校校长； 1938年，任第2航空母舰分遣舰队司令； 1940年，任航空母舰特混舰队司令； 1942年，任南太平洋战区最高司令
欧内斯特·J. 金	1901年，海军学院毕业，一战中任大西洋舰队总司令参谋； 1922年，任潜艇艇长； 1927年，任航空母舰舰长； 1933年，任海军航空局局长； 1938年，受命指挥海军全部航空母舰； 1941年，任大西洋舰队总司令； 1942年，任海军作战部部长，兼任舰队总司令
威廉·D. 李海	1897年，海军学院毕业，先后赴海军战列舰、补给船、巡洋舰任职； 1911年，任太平洋舰队司令部装备官； 1912年，历任驻尼加拉瓜海军司令部参谋长、海军部及海军航海局副处长； 1918年，历任海军部工程处处长、巡洋舰舰长； 1923年，历任海军航海局人事处处长、战列舰舰长； 1927年，任海军装备局局长； 1931年，任舰队暨搜索巡逻部队司令； 1933年，任海军航海局局长； 1935年，历任海军战列舰队司令、作战舰队司令； 1937年，任海军作战部长； 1942年，任陆海军总参谋长
乔治·C. 马歇尔	1901年，弗吉尼亚军事学院毕业，赴驻菲律宾部队服役； 1908年，任陆军参谋学院教官； 1911年，任马萨诸塞州国民警卫队教官； 1913年，任驻菲律宾美军司令副官； 1917年，任远征军下属师、军、司令部作战参谋； 1924年，任驻中国天津的美军步兵代理团长； 1927年，任驻佐治亚州本宁堡步兵学校副校长； 1933年，历任第8步兵团团长、国民警卫队师教官； 1936年，任第5步兵旅旅长； 1938年，历任陆军助理参谋长、作战计划部部长、陆军副参谋长； 1939年，任陆军参谋长，曾兼陆军总司令

续上表

姓名	战争及任职经历
道格拉斯·麦克阿瑟	1903 年，西点军校毕业，赴工兵营服役； 1904 年，任陆军太平洋工兵区司令副官及参谋； 1906 年，任西奥多·罗斯福总统的军事副官； 1913 年，任陆军参谋部参谋； 1917 年，任步兵师参谋长，后任代理师长； 1919 年，任西点军校校长； 1922 年，任菲律宾马尼拉军区司令； 1925 年，历任第 4 军军长、第 3 军军长； 1930 年，任陆军参谋长； 1935 年，任菲律宾政府总统军事顾问； 1941 年，历任远东司令部司令、太平洋战区司令； 1945 年，任驻日本盟国占领军最高司令，后兼任远东司令部总司令； 1950 年，历任"联合国军"司令部总司令、盟国占领军司令部最高司令、远东司令部总司令兼远东陆军司令部司令
切斯特·W.尼米兹	1905 年，海军学院毕业，任"帕奈号"炮艇艇长； 1909 年，任潜艇军官； 1917 年，任大西洋舰队潜艇部队司令的工程副官； 1918 年，海军作战部潜艇设计委员会成员； 1920 年，任珍珠港修建潜艇基地兼潜艇支队司令； 1923 年，任战列舰舰队司令副官、助理参谋长； 1926 年，任加利福尼亚州立大学海军科学战术教授； 1929 年，任圣迭戈第 20 潜艇支队司令； 1933 年，任巡洋舰舰长； 1935 年，任海军部航海局长助理； 1938 年，任第 2 巡洋舰分遣舰队司令； 1939 年，任海军部航海局局长； 1941 年，历任太平洋舰队总司令、太平洋战区司令； 1945 年，任海军作战部部长

续上表

姓名	战争及任职经历
奥马尔·N. 布莱德雷	1915 年，西点军校毕业； 1918 年，任后备军官训练团军事教官； 1920 年，任西点军校数学教官； 1925 年，任步兵营营长； 1929 年，任本宁堡步兵学校教官、兵器系主任； 1934 年，任西点军校战术系教官； 1941 年，任陆军步兵学校校长兼本宁堡驻军司令； 1942 年，历任步兵师师长、国民警卫师师长； 1943 年，历任军长、集团军司令、集团军群司令； 1945 年，任退伍军人管理局局长； 1948 年，任陆军参谋长； 1949 年，任参联会主席兼首任北约军事委员会主席

注：本表内容根据网络公开资料整理。

我国古代著名军事家戚继光在总结自身带兵经验后曾说："必练将为重而练兵次之。以将对兵言，贵乎练心。"[1]认知情报学理论模型将抛弃知识、岗位等维度转而从能力维度[2]为解放军联合作战指挥人员提供一条强"心神"、筑"心防"、促"心合"、赢"心胜"的培养路径，解决"训什么""怎么训"等瓶颈难题。

一是强"心神"。指挥人员的认知资源是有限的，同一时间内仅能处理一定数量的情报资料与指挥决策，一旦超出则无法有效进行。但解放军联合作战指挥人员却面临高度复杂的战场环境，以解放军陆军集团军编制为例：公开信息显示，为适应联合作战需要，目前解放军陆军集团军多为合成化部队，集团军由过去下辖 3~4 个师级单位改编为十余个旅级部队；除传统的步兵旅、装甲旅外，还包括由陆航旅、炮兵旅、防空旅以及由运输、舟桥、工程、防化等力量共同构成的战斗保障旅。上述变动，对指挥人员的认知资源提出了严峻挑战与更高要求。认知情报学理论模型通过唤醒及提升认知资源的可用量、合理分配认

---

[1] 戚继光.纪效新书[M].北京：中华书局，2017：67.
[2] 国防科技大学一篇名为《联合作战指挥人才的科技素质研究》的博士学位论文，在详细对比分析了世界各主要国家的联合作战指挥人才的培养方式后认为，在初级培训阶段主要立足于技术学习和岗位任职培训，但在中高级培训阶段则须突出指挥决策能力的提升。而认知尤其是情报认知，无疑是联合作战指挥决策的元能力。

知资源以提升效能等方式，帮助解放军指挥人员增强自身认知等"心神"能力。

二是筑"心防"。认知科学研究发现，首先，指挥人员受成长经历、家庭环境、智力水平、人格特质和社会文化等因素的影响，会形成自身独特的认知结构，进而对情报进行加工利用，这就导致指挥人员的情报认知能力千差万别且存在相对短板。其次，受认知资源有限性的影响，人类在漫长的进化过程中习得了依靠简化认知策略来解读外部环境的特点。这一策略常常有效，但当外部环境发生改变时，却容易导致指挥人员因为认知惯性而作出错误决策。上述认知的个性化特点，为对方对己方的联合作战指挥人员进行认知攻击提供了机会。美军的《2020联合构想》中也明确提出"信息作战的终极目标是打击作出决策的人"[1]。认知情报学理论模型有利于通过对解放军指挥人员的情报认知结构进行不断改善，以及推动相互间认知结构的共享，从而增强指挥人员个体与群体的"心防"能力。

三是促"心合"。随着联合作战战场空间的日益扩大，联合作战指挥人员在物理空间的部署将更加分散，但对指挥人员之间的共享合作要求更加迫切。这是因为联合作战指挥方式不同于传统的自上而下单线指挥方式，其是各层级作战力量交叉形成的网状指挥方式。作战节奏加快和战场态势复杂加剧，也要求指挥人员的情报获取开辟更多渠道而非单一的上下级渠道。认知情报学理论模型有利于解放军联合作战指挥人员在信息共享的基础上实现认知共享，即以信联促"心合"。通过推动组织层面认知结构的共享，认知情报学理论模型具有如下积极意义：①更适应党委领导下的联合作战这一解放军特色，提升党委集体决策的效能与适用范围；②推动"情报—指挥"一体化，以情报流为主线推动指挥人员、参谋人员、情报人员乃至智能指挥情报系统融合构成指挥人员这一联合性群体；③降低组织内的战场认知熵，节约组织认知成本；④避免指挥人员情报认知的个体局限，减少指挥决策盲区；⑤通过数据关联与情报共享，增强军委及战区指挥与情报中心对相关决策及行动态势的感知力，纠正可能存在的群体性思维偏差。

---

[1] U.S. joint chiefs of staff. Joint vision 2020 [M]. Creatspace Independent Publishing Platform, 2013.

四是赢"心胜"。首先，认知情报学理论模型有助于确立"不战而屈人之兵"这一具有中国特色的战争目标，为"心胜"提供了方向牵引；其次，对对方情报认知结构的理解、强化、创设和改变，有利于解放军获得相对对方认知与心理的优势与胜利；最后，有助于推动解放军指挥人员从知识练习向思维训练转变，解决指挥思维的和平积弊问题。认知情报学理论模型不仅为指挥人员提供相关知识，更帮助他们掌握面对情报时的理解和思考方式。美军以 JP-2 为代表的联合情报条令，其基本功能之一也是明确告知美军各级指挥官"在面对联合作战的情报支援行动时，应该怎么想、怎么做"[①]。此外，这种思维训练有利于解决指挥人员指挥思维平时化的问题，树立战时指挥思维，避免用日常思考方式研究打仗的问题。

6.1.3 技术方面：探索智能时代的"人—技"关系

智能技术作为一把双刃剑，在带来新机遇的同时也伴随更大的挑战。军事学面临着战争形态由信息化向智能化加速演变的境况，即既要防止技术突袭还要警惕技术陷阱；情报学则面临着在智能时代，学科发展空间与话语权被计算机科学、信息科学等邻近学科挤压的风险。分析上述挑战，发现其根本原因是：智能技术的快速发展使原本处于平衡状态的"人—技"关系出现失调。认知情报学理论模型有利于分别运用"共生率""辅人率"等原理，探索智能时代人与技术各自的恰当方位，建构"人—技"关系新平衡，以解决军事学与情报学面临的挑战。"共生率"与"辅人率"这两大概念，由钟义信教授在其《信息科学原理》一书中提出，用于探索人类与科学技术的本质关系。

6.1.3.1 情报学层面：顺应"人机结合2.0"的未来

情报与智能有着天然的内在联系，"Intelligence"一词就既有"情报"之意，又有"智能"之说。因此，情报与智能可谓一枚硬币的两面，知识将其链接为不可分割的整体。"情报"与"智能"的一体化，是情报科学与智能技术未来发展的方向与途径。智能情报系统与人类在情报工作中各有优劣，其中，智能

---

① U.S. joint chiefs of staff. Joint publication 2-01: Joint intelligence support to military operations [M]. Washington: D.C. GPO, 1996: 1-2.

情报系统可以凭借其海量的信息样本和超快的计算处理速度展开高效工作，却缺乏人类的自觉性和主动性。可见，智能情报系统只能在人类指定的范围内工作，明显受制于人类的需求和先验知识。因此，人类认知和机器认知之间存在显而易见的互补关系。

针对这一互补关系，"共生率"进行了全面解释。"共生率"，是指人类的全部能力都是由自身能力和科技能力共同组成的。"共生率"的价值在于提醒人们要合理与机器进行分工合作，尤其是与智能机器共生、共存、共荣。人工智能创始人之一西蒙早在1947年出版的《行政组织的决策过程》一书中就提出，人类理性有限这一前提将严重影响指挥决策的效果，其重要解决途径就是利用计算机等智能系统辅助指挥决策以提升效果质量。他进一步提出，未来人类的主要工作是运用智能机器来辅助决策。"认知情报学"概念的首倡者王英旭教授在其发表的《认知情报学——面向思考和感觉的未来一代计算机》[①]一文中提出，认知情报学应积极借鉴具有感知与思考等能力的计算机领域的研究成果，同时为下一代计算范式与计算机研发提供新的理论基础。

认知情报学理论模型有利于实现"共生率"，推动情报学在"人机结合2.0"时代中的发展。情报学在智能时代所面临的问题不是单靠机器、数学和计量就能完成的，所以情报学应朝着主体知识结构、认知能力、认知风格的研究和应用实践的方向努力。具体来说，主体与智能情报系统交互作用的各阶段涉及不同的认知能力，因此各阶段的共生与互补也不尽相同。理想的智能情报系统并不能像科幻电影中的场景一样直接洞察其内在情报需求，进而提供情报并满足其需要，而是与主体的认知结构与认知资源相互匹配、提供支持与辅助，以更为个性化、高效的方式提供情报服务。

6.1.3.2　军事学层面：应对智能化战争形态的新挑战

"辅人率"，是指科技的根本在于辅助人类提升认识与改造世界的能力。"辅人率"的提出说明了科技出现的根本原因与价值所在，即科技的出现是由

---

① WANG Y X. Cognitive informatics: towards the future generation computers that think and feel [C]. The 5th IEEE International Conference on Cognitive Informatics，2006.

人类存在什么样的能力及需要决定的,科技最终会成为类扩展自身的能力[①]。具体来说,人类能力由简单至复杂可分为体质能力(如肌肉是否强壮、骨骼是否坚硬)、体力能力(如持久力、爆发力如何)、感知能力(如视觉、听觉是否灵敏)、决策能力(如分析是否缜密、判断是否准确、预测是否有效)。与此相对应的是,科学技术的发展脉络可大致划分为材料科学辅助人们的体质能力、能源科学辅助人们的体力能力、信息科学辅助人们的感知能力、认知科学辅助人们的指挥与决策能力等。因此,本书依据"辅人率"将认知情报学定位为面向智能指挥决策领域,其目的也是更好地应对智能化战争形态的新挑战。

"辅人率"同样可以用来思考研究战争形态的演变过程,以准确把握未来战争的发展趋势。过去,我们按照武器装备将战争形态划分为冷兵器时代、热兵器时代、信息化时代和智能化时代,如表6-2所示。从武器技术发展层面看,对"歼敌有生力量"的极致追求,催生了核武器这一全人类的"达摩克利斯之剑"。世界各国的核武器具备将整个地球毁灭数次的威力,在大国慑战中具有极为重要的作用。但也恰恰因其巨大的杀伤力和破坏性,二战后再无实际使用却需不停维护。如美国前总统特朗普在2019年宣布维护并升级美军核武库,维护成本高达200亿美金,仅此一项费用就超过解放军同年全部军费的九分之一。核武器威力强大、成本高昂,却难以用于信息化联合作战尤其是局部战争,表明人类数千年来以提高杀伤破坏力为核心的武器发展之路已走到尽头。

表6-2 "辅人率"视角下的战争形态

战争形态	所需资源情况	利用科技情况	扩展能力情况
冷兵器时代	物质	材料科学	体质能力
热兵器时代	物质+能量	能源科学	体力能力
信息化时代	物质+能量+信息	信息科学	感知能力
智能化时代	物质+能量+信息+智能	智能科学	指挥能力

---

① 钟义信.信息科学原理[M].5版.北京:北京邮电大学出版社,2013:6-7.

6.1.4 维度方面：促进"信息维度+认知维度"的纵向融合

20世纪中期的科学与技术革命促进了20世纪后半叶科技的快速发展。这场信息技术革命产生的最显而易见的结果就是"信息激增"（information explosion），相关科学文献出版物和文献信息资源呈指数级和不减弱的持续增长。时至今日，我们仍然在面对"信息激增"所带来的不断挑战，甚至可说如今更庞杂的信息量与更多样的数字格式，使问题更加复杂化了。当下，我们仍然在依赖信息维度这一单一的层面解决问题。而认知情报学理论模型有利于促进信息维度与认知维度的纵向融合，实现"塑造情报环境，影响认知环境"的目标。

6.1.4.1 情报学层面：建构"信息驱动+认知驱动"的体系范式

认知情报学理论模型，有利于整合并拓展三维一体的情报学研究新范式。在有效解决本体论与认识论的框架之争后，将情报主体、情报形态和情报技术整合为三维一体的研究新范式（图6-2），三者之间的交互作用和动态变化可以作为把握情报学发展的重要脉络。每当其中一维发展至新的阶段时，整个情

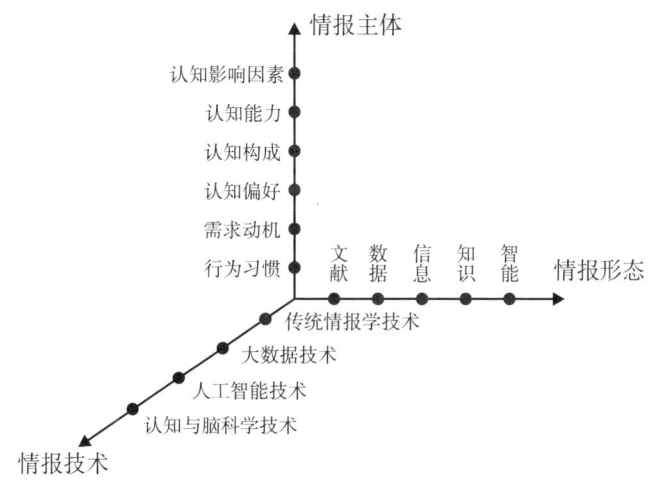

图6-2 理论模型视角下的情报学研究新范式

报学的立体结构必然会产生新的变迁。比如 *As We May Think*（《诚若所思》）一文，就是在情报形态维度将"文献"细化为"数据"，并在情报技术维度提出机械化检索思想，开启了文献整理向情报检索转移的新范式，被后人称为"情

报科学（的）开端"①。20世纪80年代对情报学产生重大影响的信息资源管理与知识管理，也是在情报形态维度与情报技术维度上有所突破而引起的范式创新。以大数据为代表的数据学科，则让数据越过信息直接与知识和智能建立联系，由此引发情报学研究范式的系列变化。上述范式都为情报学学科范式的建立及发展作出了重要贡献，但对情报主体维度的探索还不够，因此被深深地打上了以"文献信息"为对象的时代烙印。

就认知情报学对情报学研究范式的整合与拓展而言，具有如下三方面的积极意义：一是在情报主体维度上，相较于情报学用户研究与传统情报认知学派所研究的"行为习惯""需求动机""认知偏好"而言，将研究内容扩展至了情报认知基本构成（感知与注意、记忆与再现、思维与决策等）、认知能力（认知资源、元认知）和认知影响因素（情绪情感、需求动机、人格特征和智力水平）等层面；二是在情报形态维度上，通过探讨"信息—知识"和"知识—智能"之间的认知因素，为知识研究增添了新视角②；三是在情报技术维度上，引入了认知与脑科学技术，进一步丰富了情报学的研究方法与技术。我国著名科技情报教育学家、第一批情报学博士生导师严怡民教授在20世纪末就曾指出："迄今为止，一个以交流—认知—决策的全过程、有机综合为基础的情报学研究范式还没有形成。可以相信的是，这一范式所代表的方向是情报学独立发展、走向成熟的方向。"③

6.1.4.2 军事学层面：追求"信息优势＋认知优势"的战场主动

认知情报学理论模型，一方面通过研究指挥人员的情报认知能力，将信息优势转变为认知优势，进而形成指挥决策优势，由此更好地应对战场情报量大爆炸、作战节奏不断加快、战场环境不确定性不断提升等的挑战；另一方面，能够促进指挥人员之间的交流与共享，通过情报认知结构层面的交流，以"信联"促"心联"，提升指挥群体之间的联合水平。

"信息优势"最早出现在美军的《2010联合构想》（*Joint Vision 2010*）之中，

---

① 靖继鹏，马费成，张向先. 情报科学理论［M］. 北京：科学出版社，2009.
② 王知津，陈芳芳. 从情报科学到知识科学［J］. 情报科学，2007（9）：1281-1286，1292.
③ 严怡民. 现代情报学理论［M］. 武汉：武汉大学出版社，1996：45-47.

一方面是指搜集、处理、分发不中断信息流的能力[①],另一方面是指相对对方获得有利信息地位的能力[②]。以此类推,则"认知优势"应是人们感知、存储、加工和传递不中断认知流的能力,也是相对对方获得有利认知地位的能力,即己方在认知域中处于有利境地的不平衡状态。

可见,认知情报学理论模型有利于实现解放军联合作战情报工作的信息优势与认知优势的深度融合。一方面,认知情报学理论模型从认知对抗视角拓展了信息优势。获取信息优势的基础路径来自信息对抗,即将信息及信息系统视为一种物质资源,并对其控制权和使用权进行争夺的过程。认知情报学理论模型为信息优势提供了新的获取路径,即认知对抗。情报认知对抗将争夺目标从信息转为组织的主观活动,强调主客体之间的交互行为[③]。从本质上说,认知对抗将使情报工作的范围从信息域延伸至认知域,情报将具备认知域打击的新功能。另一方面,认知情报学理论模型通过引入信息加工观点,抢占认知优势。认知和其他心理活动一样,看不见摸不着,无法直接进行研究。因此,虽然学界在很早之前就认识到情报活动中认知过程的重要性,但相关研究往往只能采用主体自我报告、用户行为研究等间接方法,这导致研究结果的信效度一直不高。认知情报学理论模型将认知看作纯粹符号化的信息处理器的计算过程,这一观点不仅延续了"世界是可计算的""生命是可计算的"[④]等传统观点,而且确立了"认知是可计算的"的新观点。这就为情报学家研究情报活动中的认知过程,尤其是量化研究提供了可能。信息优势以认知优势为中介转化为决策优势的链路将更加清晰。

进一步说,认知情报学理论模型在实现了信息优势与认知优势的深度融合后,有利于完成两大目标。

一是有利于实现"信息优势+认知优势=不战而胜"。"不战而胜"作为更加符合中国特色与国情的战争目标,得到了国内广大学者的认可。但对于

---

① U.S. joint chiefs of staff. Joint vision 2010 [M].Creatspace Independent Publishing Platform,2013.
② 黄志澄.信息优势与决策优势[J].电子展望与决策,2000(5):32-39.
③ 赵冰峰,赵永廷.论情报的认知对抗本质[J].情报杂志,2010,29(4):19-21,71.
④ LANGTON C G. Life at the edge of chaos [J]. Artifical Life Ⅱ.Santa Fe Institute in the science of Complexity,1992:41-92.

如何实现这一目标，不少学者过于强调认知域及认知作战的重要性。本书认为，在科幻电影中所谓"控脑武器"尚未出现之前，单纯依靠认知手段进行攻心夺志难免单薄。从目前发展来看，信息为表、认知为里的有机结合，仍将是未来一段时间内"不战而胜"的起效机制。

以美军心理战发展史为例。早在二战期间，美军就将传单和广播等信息手段引入心理战领域。越南战争期间，美军利用卫星电视这一最新媒介，通过荧屏增加信息输出量，提升认知影响效果。以海湾战争为起点，以伊拉克战争为发展，美军重视运用互联网为其战争宣传造势，通过网络现场直播，在第一时间将心理战信息传至全球各地，伊拉克战争也被称为"人类第一次用网络进行现场直播的战争"。随着移动社交网的出现以及社交媒体的全球化发展，美军又巧妙运用Facebook、Twitter等社交媒体传递信息，在中东推动"颜色革命"[1][2]。美军将"心理战"更名为"军事信息支援行动"，这也反映了信息与认知将共同对攻心夺志产生重要影响的趋势。

认知情报学理论模型通过对情报及其认知的设计与控制，在人们大脑中建构起与现实世界相对应的镜像，也就是传播学奠基人李普曼提出的"拟态环境"。在这个镜像中，通过对情报本身、呈现方式、时间节点等进行有计划的筛选和编辑，就能够对目标受众的认知与判断进行潜移默化的影响。这就使广义的情报工作具有了认知作战的功能。此外，对影响战争决策、战役指挥和战斗实施的关键——指挥人员的情报认知进行研究，将有利于探寻实现"不战而屈人之兵"这一战争目标的便捷路径。总体而言，认知情报学理论模型通过精算、细算、量化敌军整体认知趋势和关键人物的认知特点，有针对性地开展作战行动，有利于更好地实现不战而胜的战争目的。

二是有利于实现"信息优势＋认知优势＝指挥优势"。按照情报价值理论，虽然情报工作以客观情报为对象，但其最终目标与根本价值是服务于决策并实现情报增值。美军对于联合作战的探索也是如此，其在《2010联合构想》中

---

[1] 金苗.国防部2.0：美军社会化媒体对外传播路径[J].对外传播，2010（10）：48-49.
[2] 严兴平，张喜燕.美军战略传播的新型载体：社交媒体[J].军事记者，2012（2）：52-53.

曾提出信息优势是实现全谱优势的关键。但在战争实践中，美军很快就发现仅有信息优势是远远不够的。信息优势能够为指挥决策提供良好的基础，但并不会自然转化为决策优势与行动优势，甚至可能因情报数量过于庞大而带来新的战争迷雾。因此，美军在其《2020联合构想》中进行了修正，信息优势只是初步目标，最终目的是实现指挥与决策优势[①]。为了促进信息优势向决策优势的顺利转换，美军相继提出了"知识中心战"与近期以马赛克战为代表的"决策中心战"。但从认知科学的视角而言，情报首先要经过认知阶段，才能到达知识阶段，最终转为决策阶段，甚至指挥决策本身也是一种持续的认知过程。因此，越过认知直接研究知识和决策，无疑是隔靴搔痒。

信息优势往往被认为是美军的核心能力，也是相对于其他国家军队的核心优势。认知情报学理论模型可以说是依赖于信息域，作用于认知域，取胜于决策域，有利于实现对美军的弯道超车，建构属于我国核心的认知优势。一方面，应帮助指挥人员提高对客观情报的处理、加工、分析与研判能力，真正做到及时感知敏感情报、剔除虚假情报、抓住关键情报，切实为决策优势奠定基础；另一方面，可通过感知诱导、注意分散、记忆移植、思维打击等手段，扰乱对方的指挥决策流程，实现决策平衡上的彼消我长。

认知情报学理论模型对决策优势的建构，是基于量敌用兵、因敌制胜的思想。正如《孙子兵法》所载："古之所谓善战者，胜于易胜者也。" 在长期革命战争中，解放军就十分注重通过分析掌握对方指挥人员的认知特点，建立认知优势，解放战争中的平津战役就是一大成功战例。当时，与国民党军队相比，解放军在武器装备、工事构设及战场熟悉度等方面均落下风，但毛主席抓住了蒋介石骄横固执的性格特点及对傅作义势力既利用又怀疑的认知心态，并针对傅作义守撤不定以及是"南逃归蒋"还是"西缩绥远"的作战认知，提出了"撤围绥远，对华北诸敌隔而不围、围而不打，淮海前线两周内不作最后歼灭"等指挥决策，使傅作义陷入欲战不能、欲守无心、欲逃无路的尴尬境地，

[①] 决策优势是指以快于对手的速度作出决策和贯彻决策，从而使局势向有利于己的方向发展。美军相关条令认为，只有拥有决策优势，才能获得战争中的竞争优势。

最终促成了北平的和平解放。

6.1.5 领域方面：实现横向领域一体化发展

认知情报学理论模型不仅有利于推动不同学科领域之间的外部融合，也有利于实现学科内部的横向领域一体化发展。

6.1.5.1 情报学层面：适应《南京共识》中提出的"军—民"一体化

情报学作为一门密切服务于指挥决策的应用型学科，是一门与时代发展紧密相连的学科。党的十八大以来，国家社会的快速发展给情报学学科建设带来了挑战与良机，其中的代表性事件有：一是 2014 年"总体国家安全观"的提出[1]；二是 2015 年"军民融合"上升为国家战略[2]；三是 2017 年《中华人民共和国国家情报法》正式颁布[3]，为情报工作的开展提供法律依据的同时，也体现出国家层面对情报学学科发展的重视与期待。对此，2017 年 10 月，情报学界的主要研究学会在南京共同举办了"情报学与情报工作发展论坛（2017）"[4]。全国一百余名专家学者就新时代情报学与情报工作的定位及发展达成共识，并发表了《情报学与情报工作发展南京共识》，其被称为我国情报学界的《南京共识》。"共识"中指出，为走出一条有中国特色的情报学发展道路，要"形成大情报科学，促进各情报领域的相互融合与相互支持，实现军（军事情报、安全情报等）、民（科技情报、社科情报等）情报学的融合。新融合的情报学学科将着眼于国家发展与安全这一目标……不仅聚焦于国家经济、科技、社会发展的情报学研究，还关注军事国防、国家安全的情报学研究"[5]。推动军、民情报学的深入融合，成为《南京共识》提出的、我国情报学学科建设与发展的时代目标。

在大情报学视角下，军事情报学与民用情报学相比尚属短板。一是研究

---

[1] 习近平强调：坚持总体国家安全观，走中国特色国家安全道路[J].党建，2014（5）：4.
[2] 本报评论员.军民融合是富国强军的战略抉择[N].解放军报，2015-03-17（1）.
[3] 中华人民共和国国家情报法[N].人民日报，2017-07-14（12）.
[4] 邓三鸿，郭骅.情报学与情报工作发展论坛（2017）隆重召开并凝聚形成《南京共识》[J].图书情报知识，2017（6）：125-127.

时间短。军事情报有着漫长的过去,却只有短暂的学科历史。现代军事情报学在世界范围内也只是一门不足百年的新兴学科[①]。而中国军事情报学则仅有30余年的发展历史。1986年前后,中国人民解放军国际关系学院才开始招收我国第一批军事情报学硕士生[②],博士学位获得授权则为1998年。与地方通用情报学相比,两方面均落后7—8年。著作出版方面,我国最早的军事情报学专业著作是台湾地区的学者郑介民于1958年出版的《军事情报学》,大陆方面则始于1988年许果复教授出版的《军事情报学概论》[③]。二是研究力量较为单一。长期以来,我国军事情报、公安情报等人才培养局限于固定的几所大学,游离于综合性大学的主流情报学之外。2014年,以国家安全情报为特色的首届"华山情报论坛"召开时,会议规模仅有20余人。三是公开成果较少。据不完全统计,21世纪以来我国公开出版的军事情报学理论著作仅有十余本[④]。四是研究共通性减弱。在20世纪50—60年代,我国科技情报工作及其相关研究与国防、军工情报工作高度融合。但随着社会变迁与学科发展,这种融合共通性在进入21世纪后有所减弱。除信息保密等原因外,军事情报学与其他情报学分支之间缺乏具有共通性的研究领域也是重要因素之一,以至于近些年有个别地方学者认为:"军事情报不是情报学的基本领域,自情报学产生以来就没有将军事情报纳入其中。"[⑤]

认知情报学理论模型有利于丰富我国军事情报学的研究成果,并进一步推动军、民情报学融合发展。具体而言,一是有利于推动军事情报学与时俱进,弥补融合短板。联合作战作为军事领域的最新战争样式,从情报学的角度对其进行研究,不仅有利于开拓我国军事情报学的理论前沿,也是为军民情报学融

---

① 申华.军事情报学视野下的中国情报学融合发展研究[J].情报杂志,2019,38(9):24-29.
② 情报学与情报工作发展南京共识[J].情报学报,2017,36(11):1209-1210.
③ 高金虎.军事情报学研究现状与发展前瞻[J].情报学报,2018,37(5):477-485.
④ 代表性作品如有:张晓军的《军事情报学》与《美国军事情报理论研究》;陈龙驹、赵胜萍的《军事情报学》;闫晋中的《军事情报学》;任国军的《美军联合作战情报支援研究》;李景龙的《美国情报分析理论》《美国国家情报评估报告选》与《美国情报分析理论发展研究》;高金虎的《军事情报学》与《情报分析方法论》;等等。
⑤ 柯平.迎接下一代情报学的诞生:情报学的危机与变革[J].情报科学,2020,38(2):3-10.

合所急需的。如美军在联合作战情报工作中产生的情报战争游戏法、情报作战室概念、反情报安全策略等都已成功实现"军转民",推动了民用情报学的发展。二是有利于发挥军事情报学的优势,实现融合的优势互补。研究认知情报学理论模型,有利于进一步放大"情报密切服务于决策"这一军事情报学的优势,帮助大情报学回归为决策服务的"耳目尖兵参谋"的使命定位。三是有利于扩展军、民情报学通用的研究领域,推动融合研究。传统军事情报学主要研究军事情报特性、军事情报工作规律和军事情报工作指导规律[①],且受限于研究对象而往往涉密程度较高,不利于进行军民融合研究。但认知情报学认为,军事情报学不仅要研究敌我双方的信息对抗,也要研究认知对抗。而认知过程与认知因素作为情报工作的普遍影响因素,涉密性低,便于军、民情报学展开共同研究。

6.1.5.2 军事学层面:适应联合作战"情—指"一体化

情报与指挥,无论是在军队编制体制还是在学科建设领域都是两大独立板块。但在近代以前数千年的军事史中,两者往往交织在一起,直至工业革命以后,两者才被人为地割裂。工业革命对各种组织形态产生了极大冲击,军队作为组织的一种特殊形式,也面临着三大挑战:兵力规模和部署范围日益分散化、作战环境日益复杂化和军队内部日益专业化。为了应对这些挑战,现代化军队在指挥情报领域的重要改革就是将情报与指挥分离,各自配备相应的部门与人员。这种流水线式的分工虽然在过去促进了专业性的提升,但发展至今越来越暴露出固有问题。一是指挥工作与情报工作的业务流程被人为地割裂,甚至导致情报工作内部,如情报搜集与情报分析、人力情报与技术情报等领域也都习惯于各自为战,这在无形中增添了情报传递与利用的环节与壁垒。二是导致传统军事情报学在理论与实践中不再考虑情报与指挥决策的关系问题,使指挥人员不处于情报工作的周期之中。如以许果复先生[②]为代表的解放军第一代情报学家就未将情报与指挥进行综合考量[③]。三是"工作流"的分隔。分工致使"情报流"在向指挥决策的"认知流"转变时存

---

① 高金虎. 军事情报学研究现状与发展前瞻[J]. 情报学报,2018,37(5):477–485.
② 许果复先生于1988年出版的《军事情报学概论》一书奠定了我军军事情报研究的基本框架。
③ 高金虎. 军事情报学研究现状与发展前瞻[J]. 情报学报,2018,37(5):477–485.

在种种障碍，导致对情报的误解、误判现象时有发生。综合来看，工业时代的"情—指"分离思想，越来越难以适应信息化时代乃至智能化时代的军事指挥网络化、扁平化、一体化等组织形态特点。

联合作战能力已发展至高阶水平的美军，率先意识到了"情—指"一体化的重要性。其在《2020联合构想》中首次提出"凭借信息优势取得决策优势"的开创性观点，并进而提出了"数据—决策"的解决方案。为实现情报与作战的一体化，美军不断更新其联合情报条令，在联合作战情报支援原则、机构功能设置与角色定位、联合作战计划情报支援机制等方面做出了调整与更新①。拉姆斯菲尔德在担任国防部部长期间，设立联合情报行动中心并特意强调，"这项决定……将使军事情报从参谋功能转化为既有参谋功能又有作战意义"②，以推动情报工作与作战相融合。2013年的JP2-0《联合情报条令》明确了联合作战情报支援的十大指导原则，其中之一就是"同步"原则。"同步"不仅指情报工作内部各级的协调，更强调情报和作战的同步与整合，以及总体情报流程、计划和作战的有效整合。2016年，在《戈德华特—尼科尔斯国防部改组法案》颁布30周年之际，时任美国国防部长卡特要求全军对美军联合作战体制进行反思与改进，其中重要的一条就是加强联合参谋部在情报、计划等方面的集成，考虑在不影响作战能力的情况下减少冗余层级。

美军"情报—决策"流程得以不断缩短，OODA（观察、调整、决策、行动）正在向IDC（情报、决策、控制）转变，有力增强了指挥能力、加快了作战节奏。美军的"情—指"一体化经历了近80年的发展历程，在实战中日趋成熟，实现了情报体系与指挥体系相统一、情报流程与指挥环节相统一、情报产品与指挥需求相统一，对解放军具有重要参考价值③。不过，虽然美军提出的"数据—决策"（data to decision，D2D）理念有利于推动"情—指"一体化的发展，但该方案的底层逻辑仍是"技术决定论"，指望数据包治百病，缺乏对人与人

---

① 牛同，邓远雄. 美军联合情报条令体系的新发展及原因[J]. 国际研究参考，2014（4）：11-14，42.
② 新浪军事. 美国五角大楼在全球设立联合情报行动中心（图）[EB/OL].（2006-05-01）[2020-05-07］.http://mil.news.sina.com.cn/ 2006-05-01/0008367581.html.
③ 阎宏瑞. 美军情报与作战一体化发展历程述评[J]. 军事历史，2017（2）：63-66.

之间关系的关注。

认知情报学理论模型以指挥员、情报人员等指挥人员共有的"认知"为着力点，推动情报链与指挥链合并为杀伤链。这意味着认知情报学理论模型不仅强调各类各级情报人员、情报工作的步调一致，还强调情报与指挥之间的无缝连接，具体体现如下：

一是在作用地位上，情报不再只是指挥的支援角色。工业时代的分工决定了情报工作相对指挥决策的从属性，因此往往情报工作被称为情报支援活动。这种观点也体现在学科配置方面，如"军事情报学"作为二级学科被置于"军队指挥学"之下。对此，很多情报学教授在教学实践中发现了这种配置的局限性，呼吁应单独将"军事情报学"设置为一级学科。认知情报学理论模型从认知流程的角度认为，指挥决策的优势必须建立在情报优势与信息优势的基础之上，因此情报对于指挥不仅是一种后勤保障角色，更是一种先锋引领角色[①]。地方公安情报学在丰富的实践中，总结出"情报引导警务"[②]的思想就是对这一新角色的体现。情报需要指挥的指导，指挥离不开情报的支持，两者是互为补充的平等关系。这也是本书在论述中大多采用"联合作战情报工作"而非"联合作战情报支援"的原因所在。

二是在流程关系上，促进情报与指挥深度融合。通过对指挥人员及情报人员的认知进行分析，可知：一方面，情报工作将从流程上更加欢迎指挥人员的随时参与，因为指挥员作为情报用户，其认知倾向、认知立场和认知能力对情报生产各环节至关重要[③]；另一方面，情报人员也将更加深层次地参与指挥决策，情报主管将在未来的指挥席位中发挥更为重要的作用。总的来说，增强了情报与指挥环节的联合程度，避免了两者的二元对立。值得注意的是，两者的深度融合意味着在一定程度上抛弃"情报中立"的传统观点，指挥与情报工作的相互权利将重新分配。

---

① 高金虎. 军事情报学研究现状与发展前瞻 [J]. 情报学报, 2018, 37（5）: 477-485.
② 冯卓. 新形势下公安机关情报指挥一体化的探索实践与完善策略 [J]. 情报探索, 2019（7）: 59-63.
③ BETTS R K. Analysis, war, and decision: why intelligence failures are inevitable [J]. World Politics, 1978, 31（1）: 61-89.

三是在情报利用上，将更加全面客观。情报利用的价值与效果，并不完全取决于产品质量，还取决于情报分析与指挥决策之间的关系。认知情报学理论模型有利于为指挥人员与情报人员建立紧密联系：一方面使指挥人员的认知需求与能力更好地为情报人员所理解，使情报产品的针对性更强；另一方面使指挥人员对情报人员的认知情况有所把握，真正了解情报产品的依据与局限，从而提升自我的判断能力以避免对情报的误判、误用。已有研究证实，在指挥决策全过程中有效运用情报工作，将有效避免指挥决策的失误[①]。

6.1.6 对手方面：应对当前强敌的威胁与"修昔底德陷阱"

2020年5月28日，中央军委办公厅就十三届全国人大三次会议精神发出通知，强调全军要"增强忧患意识，强化底线思维，做好应对风险挑战准备"[②]，这就要求解放军目前的联合作战研究更需突出对手意识。受全球经济后疫情时期疲软、地缘政治紧张局势不断升级、美国国内保护主义及民粹主义持续抬头等因素影响，美国正逐步由欢迎我国融入国际体系转为阻止我国融入国际体系。从奥巴马时期提出的泛太平洋战略经济伙伴关系协定（Trans-Pacific Partnership Agreement，TPP）中特意将中国排除在外，到特朗普政府在2020年5月向国会提交的《美国对中国的战略方针》中妄言"美对华接触政策失败""改造中国失败"[③]，都体现出美国对华战略路线存在较大变动的可能，爆发冲突与战争的概率不断增加。

在第五章的模型检验中，我们可以看到，认知情报学理论模型一方面有利于针对强敌对华主要作战理念进行有效威慑反制，即敢于斗争以有效慑战胜战；另一方面有利于更好地理解美国对华战略的新变动，避免因情报判断失误导致中美双方陷入"修昔底德陷阱"，即善于斗争以避免大国误判。

---

① 胡雅萍，刘千里，何菊香.决策失误防范中的情报介入影响因素研究：基于Nvivo11的质性分析[J].图书情报工作，2019，63（11）：80-87.
② 中央军委办公厅发出通知要求解放军和武警部队传达学习十三届全国人大三次会议精神[N].解放军报，2020-05-29（1）.
③ 外交部.2020年5月22日外交部发言人赵立坚主持例行记者会[EB/OL].（2020-05-22）[2020-08-25].https://www.fmprc.gov.cn/web/fyrbt_673021/t1781704.shtml.

6.1.6.1 敢于斗争以有效慑战胜战

通过梳理美军近期提出的作战理念,笔者发现认知情报学理论模型有利于反制相关理念的深层逻辑,进而提升解放军慑战胜战的能力。

一是有利于更好地应对"空海一体战"。2009 年,美军正式提出"空海一体战"作战构想,并于 2015 年再次更新深化为"全球公域介入与机动联合",其核心就是在西太地区以解放军为主要作战对象,发动一场海空联合战役。为实现将信息优势转化为作战优势的野心,美军强调通过增加战场环境复杂度,降低解放军对战场的情报感知能力,最后快速取得对我国作战的胜利。这一作战理念早在 2003 年的伊拉克战争中就有体现,美军在攻占伊拉克首都巴格达时,首先派出了包含 30 辆 M1A1 坦克、14 辆布拉德利步兵战车和其他车辆在内的装甲车队沿高速公路快速横穿巴格达,以在伊防卫部队中制造混乱——美军前线指挥官认为"我发现,我的士兵和部队要比敌人可以更好地应对混乱"。所谓"更好地应对混乱"的实质,就是在相同的战场环境下,美军情报工作与指挥决策比伊军的更快,进而实现以快打慢。由此可知,美军空海一体战的本质是通过兵力机动与部署塑造复杂战场环境,使解放军指战员无法及时有效地判读战场情报从而导致指挥决策混乱。认知情报学理论模型通过探索解放军各级指挥员、参谋及情报工作人员等情报认知资源的可用量,针对性地提升情报认知能力,可以更好地应对混乱的战场态势。

二是有利于更好地应对"决策中心战"。"决策中心战"理念的提出与近些年人工智能和自主系统技术的快速发展密切相关,这与 20 世纪末制导武器与隐身技术推动"远程精确打击"概念的形成理路相近。美军认为积极研发并借助上述技术,能够比解放军更快、更有效地进行联合作战指挥决策。这一理念的核心逻辑是通过向对方施加多重困境,消耗对手的认知决策资源并摧毁其认知决策结构,以达到使对方"不知所措""坐以待毙"的作战目的。认知情报学理论模型从某一角度而言也是一种"决策中心战"理念,但相比美军过于超前的理念设计,本模型更注重提供"信息优势+认知优势"这一切实可行的实践路径以形成解放军的决策优势。

三是有利于更好地应对"多域战"。美军的"多域战"理念是对其《2020

联合构想》中"全谱优势"思想的继承与发扬。但由于美军认为解放军发展快速，其在单一作战域上难以保持长期优势，且成本越来越高，因此改变了传统的"以域制域"作战理念，试图通过多域集成而非叠加的方式实现"1+1＞2"的联合作战优势，最终实现对解放军物理和认知双层面上的打击。相较于物理层面的各作战域而言，解放军对认知域的研究尚处于起步阶段，亟须加强。认知情报学理论模型对认知资源与认知结构这两方面进行了探索梳理，为后续研究提供了可借鉴的理论基础与架构。

四是有利于更好地应对"情报支援战"。台海、东海、南海等方向一旦出现危机与争端，美军虽不一定敢直接对解放军宣战，但为解放军的敌对方提供情报支援的可能性较大。认知情报学理论模型有利于通过提升解放军联合作战情报工作的效能，更好地应对"情报支援战"。

6.1.6.2 善于斗争以避免大国误判

在当今各国利益交织融合的复杂背景下，非合作即对抗的零和博弈已经过时了。因此，虽然军人关注战争，但在中美关系上不能一味强调战争准备，还必须谋求避免并约束战争冲突。习近平主席在第六轮中美战略与经济对话和第五轮中美人文交流高层磋商联合开幕式上强调："中美两国如何判断彼此战略意图，将直接影响双方采取什么样的政策、发展什么样的关系。不能在这个根本问题上犯错误，否则就会一错皆错。"[①] 这要求解放军联合作战情报工作要客观、准确地反映美军的战略动态。

然而，就情报工作而言，其自身存在误判的可能。克劳塞维茨早在《战争论》"战争情报"一章中就提出："大多数情报是虚假的，而且恐惧导致谎言增生，讹误多发。作为一项通则，大多数人宁可相信坏消息而非好消息，并且宁可倾向于夸大坏消息。"[②] 著名国际政治学家罗伯特·杰维斯（Robert Jervis）也在20世纪70年代提出，情报人员和决策者往往容易产生夸大对方

---

① 新华网.习近平在第六轮中美战略与经济对话和第五轮中美人文交流高层磋商联合开幕式上的致辞（全文）[EB/OL].（2014-07-09）[2020-08-25].http://www.xinhuanet.com/politics/2014-07/09/C-1111530987.htm.

② 克劳塞维茨.战争论[M].中国人民解放军军事科学院,译.北京：商务印书馆,1982:164.

敌意的错误认知[①]。如果双方均是如此，冲突就会不断螺旋式上升，最终战争就会在双方都无意开战的情况下爆发。

这种"无意开战"在世界战争史上屡见不鲜，中美两军过去在朝鲜战场上的惨烈厮杀，在一定程度上就是由情报认知偏差所造成的。当时，美国军方与情报部门都认为中国人民志愿军入朝是苏联指导下的共产主义在全球进攻的一部分，进而将其与希特勒占领波兰相类比，认为如果不采取措施就会产生当年"绥靖"的后果[②]，却丝毫没有考虑中国人民志愿军入朝更多的是对美国入侵中国领土的担心，是一种对列强再次入侵的自卫性反应。就目前中美两军的关系而言，虽然两军已经建立起了部分对话协商与重大事项通报机制，但对"无意开战"的研究与规避绝非杞人忧天。一是文化传统方面。美国战略文化中的使命意识、对手意识和危机意识等文化惯性，使其很难摆脱冷战思维与零和博弈的傲慢与偏见；就我国而言，"赶英超美"和"打倒美国帝国主义"是几代人的共同观念和记忆。二是地缘战略方面。我国为维护国家主权及安全，必须面向东部沿海及太平洋地区设置一定程度的军事力量；但美国认为其二战的主要成果之一，就是在东亚和太平洋地区取得了所谓的"自由航行权"，并对我国台湾问题及解放军解决台湾问题的态度有着错误认知。随着美国持续推动对华的打压战略，两国关系可能进入建交以来最严峻的时刻，双方"无意开战"的可能性不断增加。

对此，认知情报学理论模型有助于解放军联合作战指挥人员，尤其是军委联指和战区联指人员处理好以下两方面问题：一方面，不断完善自身情报认知结构，避免对美军情报产生先入为主式的判断；另一方面，更好地理解美军的情报认知结构，以更好地对其相关行为进行解释、预判和影响，避免出现因

---

① 罗伯特在分析大量历史事件的基础上，提出了情报人员和决策者工作中常见的四种错误认知：一是容易将对方想象为一个高度严密有序的整体，将对方无意偶然的行为视为其精心筹划的战略行动的一部分；二是容易忽略环境的整体复杂影响，过高估计己方行为的效力；三是在接受情报时，容易先入为主地关注符合己方愿景的情报，而对不符合己方愿景的情报加以忽视；四是当己方行为无法完成原有认知期望时，容易贬低事物的重要性以降低自身期望。

② TRUMAN S H. Years of trial and hope [M]. New York: Double day, 1956: 332-333.

战争冲突意愿螺旋式上升的现象,最终导致中美陷入"修昔底德陷阱"。

6.2 对研究不足之处的梳理及未来研究展望

第一,本书的相关研究及模型建构尚停留在理论层面,与实践层面关联度不高。之所以出现这一问题,其重要原因之一是"认知情报学"作为新兴学科领域,在理论建构方面尚较为薄弱,目前无法有效指导实践。

第二,本书的研究内容涉及多学科融合领域,学科视角多元,但囿于全书结构和篇幅,对某些方面的内容未能完全、系统地展开研究。如近些年有研究发现,"情报对抗领域"虽然基于主体的情报认知结构,但在方法途径上可采用情绪情感、社会压力等其他方式施加影响。又如关于理论模型中"人机层面的情报认知结构辅助"领域,本书主要对以智能技术为代表的信息化技术进行了论述,这也较为符合当前情报学的主流技术路径;然而,随着脑科学的迅猛发展,以脑机接口为代表的新型人机情报交互技术将大有作为。上述内容,笔者也将在后续的研究中进行跟踪探索。

第三,面向智能指挥决策趋势的认知情报学研究,作为一个既"新"又"杂"的学术课题,充满了挑战性。尽管笔者始终坚持认真、负责、求知的钻研态度,但由于个人学识、能力、经历的不足,在许多方面还存在不够严谨、不够细致、不够凝练、不够准确的地方。下一步,笔者将虚心向相关专家学者请教,进一步规范相关研究与论述。

参考文献

一、中文文献

[1] 包昌火，金学慧，张婧，等.论中国情报学学科体系的建构［J］.情报杂志，2018，37（10）：1-11，41.

[2] 包昌火.让中国情报学回归本来面目［J］.情报杂志，2011，30（7）：1.

[3] 本报评论员.军民融合是富国强军的战略抉择［N］.解放军报，2015-03-17（1）.

[4] 本刊评论员.抓紧时机乘胜前进［J］.兵工情报工作，1984（1）：1-2.

[5]《中国情报学百科全书》编委会.中国情报学百科全书［M］.北京：中国大百科全书出版社，2010.

[6] 曹文振，赖纪瑶，王延飞.人工智能时代情报学发展走向之辨：对本体论、感知论、方法论、服务论的再思考［J］.情报学报，2020（5）：557-564.

[7] 曾华锋，石海明.制脑权：全球媒体时代的战争法则与国家安全战略［M］.北京：解放军出版社，2014.

[8] 车军辉.美军联合作战情报支援问题研究［M］.北京：军事科学出版社，2012.

[9] 车文博.当代西方心理学新词典［M］.长春：吉林人民出版社，2011.

[10] 陈克敏，吴杰明.高技术条件下的局部战争作战心理研究［M］.北京：国防大学出版社，2000.

[11] 陈霖.新一代人工智能的核心基础科学问题——认知和计算的关系［J］.中国科学院院刊，2018，33（10）：1104-1106.

[12] 陈龙驹，赵胜萍.军事情报学［M］.北京：军事科学出版社，2005.

[13] 陈琦，刘儒德.当代教育心理学［M］.北京：北京师范大学出版社，2007.

［14］陈寿.三国志［M］.北京：中华书局，2006.

［15］邓三鸿，郭骅.情报学与情报工作发展论坛（2017）隆重召开并凝聚形成《南京共识》［J］.图书情报知识，2017（6）：125-127.

［16］冯昌扬，单思远，肖海清，等.中国情报学年会暨情报学与情报工作发展论坛（2019）纪要［J］.图书情报知识，2020（2）：123-133.

［17］冯卓.新形势下公安机关情报指挥一体化的探索实践与完善策略［J］.情报探索，2019（7）：59-63.

［18］高金虎，张佳瑜.战略欺骗［M］.北京：金城出版社，2015.

［19］高金虎.军事情报学［M］.南京：江苏人民出版社，2017.

［20］高金虎.军事情报学研究现状与发展前瞻［J］.情报学报，2018，37（5）：477-485.

［21］高金虎，张魁.情报分析方法论［M］.北京：金城出版社，2017.

［22］高俊峰，李欣，宋绍成.可视化信息导航中用户的完形认知心理研究［J］.情报理论与实践，2015，38（2）：55-58.

［23］耿骞，赖茂生.自然语言检索的实现及其关键问题［J］.情报科学，2007（5）：733-741.

［24］郭武君.联合作战指挥体制研究［M］.北京：国防大学出版社，2003.

［25］韩志英，孙忠斌.情报分析人员的元认知分析［J］.现代情报，2008（5）：55-57，60.

［26］何纪抗.战区"三军联培"联合作战指挥人才的实践探索［J］.军队政工理论研究，2013（2）：65-68.

［27］何静.具身认知哲学视角下的社会认知观［J］.西北师大学报（社会科学版），2014（5）：22-27.

［28］贺颖，陈士俊.认知结构在知识管理中的转变［J］.情报科学，2006（12）：1790-1795.

［29］贺颖，孟鹏，宋文胜.认知观给情报科学带来的新思维［J］.情报杂志，2003（8）：4-6.

［30］贺颖，张庆一，陈士俊.知识结构的间隔与情报思维方式［J］.图书与情报，2007（5）：47-51.

[31] 贺颖. 情报学的认知视角分析 [D]. 天津：天津师范大学，2002.

[32] 胡昌平. 论情报用户研究的理论发展基础 [J]. 情报学报，1990，9（4）：302-309.

[33] 胡雅萍，刘千里，何菊香. 决策失误防范中的情报介入影响因素研究：基于 Nvivo 11 的质性分析 [J]. 图书情报工作，2019，63（11）：80-87.

[34] 黄昊. 公安情报分析元认知研究 [D]. 北京：中国人民公安大学，2019.

[35] 黄珊. 非智力因素对情报分析的影响研究 [D]. 郑州：郑州大学，2015.

[36] 黄长著. 关于建立情报学一级学科的考虑 [J]. 情报杂志，2017，36（5）：6-8.

[37] 黄志澄. 信息优势与决策优势 [J]. 电子展望与决策，2000（5）：33-39.

[38] IBM 商业价值研究院. IBM 商业价值报告：认知计算与人工智能 [M]. 北京：东方出版社，2016.

[39] 吉祥，蒋锴，芮平亮. 美军联合情报组织架构及其信息系统 [J]. 指挥信息系统与技术，2016，7（4）：6-13.

[40] 蒋锴. 美军联合情报体系架构研究 [J] // 中国指挥与控制学会. 第四届中国指挥控制大会论文集，2016：293-298.

[41] 蒋永福，刘敬茹. 认知图式与信息接受 [J]. 图书馆建设，1999（3）：2-3.

[42] 焦李成. 神经网络系统理论 [M]. 西安：西安电子科技大学出版社，1990.

[43] 焦秋生. 认知结构的表征与建构 [J]. 山东师范大学学报（人文社会科学版），2004（6）：108-112.

[44] 金苗. 国防部 2.0：美军社会化媒体对外传播路径 [J]. 对外传播，2010（10）：48-49.

[45] 靖继鹏，李勇先，刘凤琴. 剖析情报学理论体系流派的用户观 [J]. 中国图书馆学报，1992（2）：5-10，91.

[46] 靖继鹏，马费成，张向先. 情报科学理论 [M]. 北京：科学出版社，2009.

[47] 鞠鑫. 认知结构理论研究述评 [J]. 四川教育学院学报，2008（6）：12-14.

[48] 柯平. 迎接下一代情报学的诞生：情报学的危机与变革 [J]. 情报科学，

2020, 38（2）：3-10.

［49］柯青，王秀峰，孙建军. 以用户为中心的研究范式：理论起源［J］. 情报资料工作，2008（4）：51-55.

［50］柯青，王秀峰. 认知风格与信息搜寻行为整合研究［J］. 情报理论与实践，2011，34（4）：34-39.

［51］赖茂生. 知识时代的LIS如何定位和发展［J］. 图书情报工作，2010，54（18）：5-10，115.

［52］李冬伟，唐永胜. 大战略情报析论［M］. 北京：时事出版社，2019.

［53］李景龙. 美国情报分析理论［M］. 北京：国防大学出版社，2010.

［54］李景龙. 美国情报分析理论发展研究［M］. 北京：军事科学出版社，2014.

［55］李文清. 机制"润滑"方有联合"顺滑"［N］. 解放军报，2017-02-28（7）.

［56］李章瑞，邹振宁. 美军联合作战指挥军官培养方法探析［J］. 外国军事学术，2006（12）：11-14.

［57］李竹，曹文振. 钱学森情报学思想研究：定名、脉络与内核——纪念钱学森院士逝世十周年［J］. 情报理论与实践，2019，42（10）：15-20，14.

［58］李宗荣. 信息心理学：背景、精要及应用［M］. 武汉：武汉大学出版社，2017：332.

［59］梁宁建. 当代认知心理学［M］. 上海：上海教育出版社，2014.

［60］梁战平. 开创情报学的未来：争论的焦点问题研究［J］. 情报学报，2007，26（1）：14-19.

［61］梁战平. 情报学若干问题辨析［J］. 情报理论与实践，2003（3）：193-198.

［62］林升梁. 隐藏的说客［M］. 厦门：厦门大学出版社，2009.

［63］刘爱伦，厉康. 行动的认知表征水平［J］. 应用心理学，2004（1）：58-63.

［64］刘兵. 科学史的功能与生存策略［M］. 青岛：青岛出版社，2000.

［65］刘成刚，叶雄兵. 战区联合作战指挥信息流评价模型［J］. 军事运筹与系统工程，2018，32（1）：31-36.

[66] 刘军.联合作战的发展与创新[J].西安政治学院学报,2011,24(5):98-103.

[67] 刘勘,周丽红.面向专家的知识地图研究[J].情报资料工作,2012(2):18-22.

[68] 刘萍,叶方倩.基于认知观的信息搜寻行为研究综述[J].情报科学,2017(1):161-166.

[69] 刘伟超,周军,包冬梅.信息冗余条件下的关键情报建构研究:以美军指挥官关键信息需求为例[J].情报理论与实践,2019,42(11):57-61.

[70] 刘伟超,周军.台湾地区脸书(Facebook)用户信息行为研究:基于用户和媒介的双重视角[J].台湾研究,2019(3):71-83.

[71] 刘晓力,孟伟.认知科学前沿中的哲学问题[M].北京:金城出版社,2014.

[72] 刘细文.迎接图书馆情报学的新发展格局[J].图书情报工作,2021,65(12):5.

[73] 鲁芳,戴雅玲.信息量和信息类型对情报分析的影响及启示[J].新西部(下半月),2010(3):144-145.

[74] 鲁芳.基于认知心理的情报分析方法[J].四川兵工学报,2010,31(7):135-137.

[75] 逯记选.认知域:战斗力生成新空间[N].中国国防报,2011-10-31(4).

[76] 马费成,宋恩梅.我国情报学研究的历史回顾:Ⅰ[J].情报学报,2005,24(4):387-397.

[77] 马平,杨功坤.联合作战研究[M].北京:国防大学出版社,2013.

[78] 毛天宇.从军事性概念到知识性概念:我国情报概念演变的历史逻辑[J].山东图书馆学刊,2015(5):36-39.

[79] 毛泽东.毛泽东选集:第二卷[M].北京:人民出版社,1991.

[80] 孟广均,徐引篪.国外图书馆学情报学研究进展[M].北京:北京图书馆出版社,1999.

[81] 苗东升.系统科学精要[M].2版.北京:中国人民大学出版社,2006.

［82］缪其浩.大数据将如何影响竞争情报［J］.竞争情报，2013（1）：1.

［83］莫纯锐.用户中心理念对情报学发展的影响［J］.科技情报开发与经济，2011，21（8）：120-123.

［84］聂文新.舆论战、心理战、法律战：我军重要的作战样式［J］.现代军事，2004（7）：55-56.

［85］牛同，邓远雄.美军联合情报条令体系的新发展及原因［J］.国际研究参考，2014（4）：11-14，42.

［86］潘志平，石岚.新疆和中亚：地缘政治文化的考察［J］.新疆大学学报（哲学·人文社会科学版），2006（6）：93-96.

［87］庞宏亮.21世纪战争演变与构想：智能化战争［M］.上海：上海社会科学院出版社，2018.

［88］庞娜.认知情报学：大数据背景下情报分析的新机遇［J］.情报理论与实践，2018，41（12）：55-60，98.

［89］彭聃龄，张必隐.认知心理学［M］.杭州：浙江教育出版社，2004.

［90］彭聃龄.普通心理学［M］.4版.北京：北京师范大学出版社，2012.

［91］戚继光.纪效新书［M］.北京：中华书局，2017.

［92］钱军.情报分析的认知理论与方法［M］.深圳：深圳报业集团出版社，2009.

［93］钱军.情报分析过程的认知研究［D］.南京：南京大学，2008.

［94］钱学森.科技情报工作的科学技术［J］.情报学刊，1983（4）：4-13.

［95］钱学森.在一次学术报告会上的讲话［J］.情报科学技术，1985（1）：3-4.

［96］情报学与情报工作发展南京共识［J］.情报学报，2017，36（11）：1209-1210.

［97］邱健行，邓胜利.最小努力原则在中国图书情报领域的影响力研究［J］.图书馆杂志，2017，36（7）：17-24.

［98］曲刚.波普尔"世界Ⅲ"理论述析［D］.长春：东北师范大学，2015.

［99］全军军事术语管理委员会，军事科学院.中国人民解放军军语［M］.北京：军事科学出版社，1997.

［100］全军军事术语管理委员会，军事科学院.中国人民解放军军语［M］.北

京：军事科学出版社，2011.

[101] 任国军. 美军联合作战情报支援研究 [M]. 北京：军事科学出版社，2010.

[102] 萨伽德. 心智：认知科学导论 [M]. 朱菁，陈梦雅，译. 上海：上海辞书出版社，2012：39.

[103] 萨伽德. 认知科学导论 [M]. 朱菁，译. 合肥：中国科学技术大学出版社，1999.

[104] 申华. 军事情报学视野下的中国情报学融合发展研究 [J]. 情报杂志，2019，38（9）：24-29.

[105] 师宏睿. 贝尔金与德尔文情报认知观评述 [J]. 图书与情报，2003（5）：12-14.

[106] 师宏睿. 布鲁克斯情报认知观研究 [J]. 图书馆理论与实践，2001（6）：51-53.

[107] 师宏睿. 信息世界1、2、3及其于图书馆学情报学本体论重构的意义 [J]. 图书馆理论与实践，2005（6）：11-13.

[108] 宋恩梅. 情报空间建构译：情报学的新透视 [J]. 图书情报工作，2008（7）：63-66.

[109] 苏静. 工作记忆、领域知识对青少年回忆成绩影响的研究 [D]. 广州：广州大学，2007.

[110] 苏新宁. 大数据时代情报学学科崛起之思考 [J]. 情报学报，2018，37（5）：451-459.

[111] 孙在全. 基于用户认知的信息检索研究 [D]. 郑州：郑州大学，2011.

[112] 外交部. 2020年5月22日外交部发言人赵立坚主持例行记者会 [EB/OL]. （2020-05-22）[2020-08-25]. https://www.fmprc.gov.cn/web/fyrbt_673021/t1781704.shtml.

[113] 汪冰. 试析情报科学研究的若干重点与发展方向 [J]. 情报科学，1998（4）：295-304.

[114] 王丹，杨晓蓉，马健. 基于自动标引的自然语言检索方法研究 [J]. 图书馆杂志，2016，35（6）：66-72.

[115] 王峰. 人工智能时代重启人文概念 [EB/OL]. （2020-04-03）[2020-

07-25]. http://news.cssn.cn/zx/bwyc/202004/t20200403_5109419.shtml.

[116] 王丽娜,周鹏,马婧.当代情报学理论思潮:阐释学[J].情报资料工作,2011(4):24-29.

[117] 王琳.布鲁克斯情报学基本方程式的思想脉络探析[J].情报探索,2014(11):16-19.

[118] 王琳.领域分析:北欧情报学研究的代表性学说[J].图书情报工作,2010,54(18):24-27.

[119] 王琳.情报学基础理论研究30年(1987—2017)的回顾与思考[J].情报学报,2018,37(5):543-560.

[120] 王甦,汪安圣.认知心理学[M].重排本.北京:北京大学出版社,2010.

[121] 王照稳.信息化战争认知域作战探析[N].解放军报,2015-07-28(6).

[122] 王知津,陈芳芳.从情报科学到知识科学[J].情报科学,2007(9):1281-1286,1292.

[123] 王知津,孙立武.情报学的人性化趋势:认知、领域分析与社会认知[J].图书情报知识,2006(1):62-65.

[124] 王知津,王树义.情报分析中的误判心理及其对情报失察的影响[J].图书情报工作,2011,55(16):12-15,24.

[125] 王知津,王璇,韩正彪.当代情报学理论思潮:现象学[J].情报资料工作,2011,32(4):19-23.

[126] 王知津,张素芳,周鹏.从肯定到质疑:情报分析过程中的思维转换[J].图书情报工作,2011(16):20-24.

[127] 王知津.大数据时代情报学和情报工作的"变"与"不变"[J].情报理论与实践,2019,42(7):1-10.

[128] 王忠义,谭旭,黄京.基于激活扩散理论的数字图书馆用户认知结构挖掘[J].图书情报工作,2017,61(13):117-124.

[129] 魏宏森,曾国屏.系统论:系统科学哲学[M].北京:清华大学出版社,1995.

[130] 魏宏森.系统科学方法论导论[M].北京:人民出版社,1983.

[131] 魏屹东.认知、模型与表征:一种基于认知哲学的探讨[M].北京:科

学出版社，2016.

[132] 魏屹东.认知哲学：一个新的哲学研究领域[J].洛阳师范学院学报，2017，36（1）：1-9.

[133] 吴国兴.认知科学与情报科学[J].情报学刊，1988（3）：10-12，22.

[134] 吴国政，韩军伟，邓方，等."视听觉信息的认知计算"重大研究计划结题综述[J].中国科学基金，2019（4）：334-341.

[135] 吴慰慈，邵巍.图书馆学概论[M].北京：书目文献出版社，1985.

[136] 武慧娟，孙鸿飞.基于认知计算与情境感知的个性化信息自适应推荐模式框架研究[J].情报科学，2018，36（5）：114-118，143.

[137] 习近平强调：坚持总体国家安全观，走中国特色国家安全道路[J].党建，2014（5）：4.

[138] 侠客岛.北约宣言首提"中国"，真把中国当敌人？[EB/OL].（2019-12-08）[2020-05-17］.https：//mp.weixin.qq.com/s/_4T8Iu022uqZLyF-_7Frw.

[139] 夏征难.恩格斯和毛泽东关于人与武器关系论述辨析[J].军事历史，2007（6）：15-17.

[140] 新浪军事.美国五角大楼在全球设立联合情报行动中心（图）[EB/OL].（2016-05-01）[2020-05-07］.http：//mil.news.sina.com.cn/2006-05-01/0008367581.html.

[141] 修光敏.美军对伊拉克战争的严肃反思：评《伊拉克战争中的美军》[J].中国国际战略评论，2019（1）：232-243.

[142] 徐峰，冷伏海.认知计算及其对情报科学的影响[J].情报杂志，2009，28（6）：20-23.

[143] 徐如镜.情报科学与发展中的认知科学[J].情报学报，1991（6）：402-410.

[144] 许利秀.知识表征问题的研究[D].太原：山西大学，2014.

[145] 严贝妮，陈秀娟.情报学与认知科学的碰撞和交融：认知情报学的产生与发展趋势探微[J].情报理论与实践，2013，36（12）：1-5.

[146] 严贝妮，汪传雷，周贺来，等.情报分析中的认知偏差表征及其克服

［J］．图书情报工作，2011，55（16）：8-11，54.

［147］严贝妮．情报分析中的个体认知偏差及其干预策略研究［M］．北京：中国社会科学出版社，2016.

［148］严兴平，张喜燕．美军战略传播的新型载体：社交媒体［J］．军事记者，2012（2）：52-53.

［149］严怡民．现代情报学理论［M］．武汉：武汉大学出版社，1996.

［150］阎宏瑞．美军情报与作战一体化发展历程述评［J］．军事历史，2017（2）：63-66.

［151］闫晋中．军事情报学［M］．北京：时事出版社，2003.

［152］杨琳．认知心理学视阈下的情报服务研究［D］．哈尔滨：黑龙江大学，2014.

［153］杨龙，邱元松．阈下视觉信息在心理战中的应用［J］．中国新通信，2012，14（22）：53，58.

［154］杨小华，朱文涛，钟积奎．情报科学认知范式研究［J］．医学信息学杂志，2009，30（2）：26-29.

［155］叶浩生，麻彦坤，杨文登．身体与认知表征：见解与分歧［J］．心理学报，2018，50（4）：462-472.

［156］叶浩生．认知心理学：困境与转向［J］．华东师范大学学报（教育科学版），2010，28（1）：42-47，90.

［157］俞传正．论科学哲学对情报学理论与方法的影响［J］．情报杂志，2005（3）：11-13.

［158］袁毓林．关于认知语言学的理论思考［J］．中国社会科学，1994（1）：183-198.

［159］张大科．联合作战指挥控制决策及其共享框架研究［D］．长沙：国防科学技术大学，2011.

［160］张登兵．论灰色系统理论的系统认知哲学［J］．沿海企业与科技，2006（1）：166-167.

［161］张国宁，李东成．试析联合作战指挥员应有的思维模式［J］．系统科学学报，2010（1）：72-75.

［162］张树德．习近平军事哲学思想研究［J］．扬州大学学报（人文社会科学

版），2020，24（1）：5-13．

［163］张晓军．军事情报学［M］．北京：军事科学出版社，2001．

［164］张晓军．美国军事情报理论研究［M］．北京：军事科学出版社，2007．

［165］张晓军．美国情报理论研究的宏观考察［J］．情报杂志，2017，36（2）：1-7，19．

［166］张新民，罗卫东．从认知观和情境观视角集成信息查寻与检索研究：《转折——在情境中集成信息查寻与检索》内容介绍［J］．情报学报，2007，26（4）：632．

［167］赵冰峰，赵永廷．论情报的认知对抗本质［J］．情报杂志，2010（4）：19-21，71．

［168］赵冰峰，钟苇思．以运动的哲学观点建立情报学元理论［J］情报杂志，2010（1）：17-21．

［169］赵冰峰．论情报的过程［J］．情报杂志，2010，29（2）：6-9．

［170］赵冰峰．论情报的历史演化形态［J］．情报杂志，2010，29（6）：18-21．

［171］赵冰峰．论情报的逻辑［J］．情报杂志，2010，29（5）：66-69．

［172］赵国庆，张璐．应用概念图诱出专家知识：概念图应用的新领域［J］．开放教育研究，2009，15（2）：56-60．

［173］赵可金，史艳．积累正能量：习近平对新时代中美关系的思考［J］．美国研究，2019，33（6）：5，9-34．

［174］赵克勤．集对分析的不确定性系统理论在AI中的应用［J］．智能系统学报，2006（2）：16-25．

［175］中华人民共和国国务院新闻办公室．新时代的中国国防［N］．解放军报，2019-07-25（3）．

［176］中国人民解放军军事科学院．马克思恩格斯军事文集：第一卷［M］．北京：战士出版社，1981．

［177］中国人民解放军军事科学院战争理论研究部《孙子》注释小组．孙子兵法新注［M］．北京：中华书局，2005．

［178］习近平在中央军委改革工作会议上强调"形成军委管总、战区主战、

军种主建格局"[EB/OL].(2015-11-27)[2020-06-18].http://epaper.chinanews.com/html/2015-11/27/content_97121.htm.

[179] 中华人民共和国国家情报法[N].人民日报,2017-07-14(12).

[180] 中共中央文献编辑委员会.毛泽东选集:第一卷[M].北京:人民出版社,1991.

[181] 中央军委办公厅发出通知要求解放军和武警部队传达学习十三届全国人大三次会议精神[N].解放军报,2020-05-29(1).

[182] 钟义信.信息科学原理[M].5版.北京:北京邮电大学出版社,2013:6-7.

[183] 周军,刘伟超.认知情报学的缘起与发展[J].文献与数据学报,2019(1):3-10.

[184] 周鹏,韩正彪.非智力心理因素对情报分析过程的影响机理[J].图书情报工作,2011,55(16):25-28,49.

[185] 周维刚.在不确定情况下判断的认知哲学分析:卡尼曼思想研究[D].上海:东华大学,2005.

[186] 周西平.公安情报失误的认知心理分析[J].图书馆学研究,2012(21):4-7.

[187] 朱婕,靖继鹏.基于"意义建构"之上的"信息差"理论及模型[J].图书情报知识,2006(1):57-61.

[188] 邹永利.关于情报学认知观点的思考[J].图书馆,1999(1):4-7.

[189] 邹永利.情报学认知学派评述[J].图书馆论坛,2010,30(6):96-100.

[190] 克劳塞维茨.战争论[M].中国人民解放军军事科学院,译.北京:商务印书馆,1982.

[191] 奥辛格.科学·战略·战争:约翰·博伊德的战略理论[M].杨斌,姚云竹,译.北京:军事科学出版社,2010.

[192] 安德森.认知心理学及其启示[M].7版.秦裕林,程瑶,周海燕,译.北京:人民邮电出版社,2012.

[193] 卡门斯.美军网络中心战案例研究3:网络中心战透视[M].沐俭,

译. 北京：航空工业出版社，2012.

[194] 杜普伊. 武器和战争的演变[M]. 严瑞池，李志兴，王建华，译. 军事科学出版社，1985.

[195] 弗兰克斯. 美国士兵[M]. 北京：军事谊文出版社，2005.

[196] 美国国防部. 海湾战争：美国国防部致国会的最后报告附录[M]. 北京：军事科学出版社，1992.

[197] 美军参联会. 美国武装部队的联合作战[M]. 北京：解放军出版社，2006.

[198] 霍耶尔. 情报分析心理学[M]. 张魁，朱里克，译. 北京：金城出版社，2015.

二、外文文献

[1] VON AHN. Augmented intelligence: the web and human intelligence[J]. Philosophical Transactions: Series A, Mathematical, Physical, and Engineering Sciences, 2013, 371 (1987): 1-3.

[2] BADDELEY A D. The episodic buffer: a new component of working memory?[J]. Trends in Cognitive Sciences, 2000, 4 (11): 417-423.

[3] BAREFIELD M R. Commander's critical information requirements (CCIR): reality versus perception[M]. School of Advanced Military Studies United States Army Command and General Staff College Fort Leavenworth, 1992.

[4] BARTLETT F. Remembering: a study in experimental and social psychology[M]. Cambridge: Cambridge University Press, 1932.

[5] BAYLISS D M, JARROLD C, GUNN D M, et al. The complexities of complex span: explaining individual differences in working memory in children and adults [J]. Journal of Experimental Psychology: General, 2003, 132 (1): 71-92.

[6] BELKIN N J. Anomalous states of knowledge as a basis for information retrieval[J]. Canadian Journal of Information Science, 1980, 5 (1): 133-143.

[7] BELKIN N J. Cognitive models and information transfer[J]. Social Science Information Studies, 1984, 4 (2-3): 111-129.

[8] BETTS R K. Analysis, war, and decision: why intelligence failures are inevitable [J]. World Politics, 1978, 31 (1): 61–89.

[9] BROOKES B C. The foundations of information science: part I, philosophical aspects [J]. Journal of Information Science, 1980, 2 (3-4): 125–133.

[10] BROOKES B C. The foundations of information science: part II, quantitative aspects: classes of things and the challenge of human individuality [J]. Journal of Information Science, 1980, 2 (5): 209–221.

[11] BROOKES B C. The foundations of information science: part III, quantitative aspects: objective maps and subjective landscapes [J]. Journal of Information Science, 1980, 2 (6): 269–275.

[12] BROOKES B C. The foundations of information science: part IV, information science: the changing paradigm[J]. Journal of Information Science, 1981, 3(1): 3–12.

[13] BROOKES R A. Intelligence without representation [J]. Artificial Intelligence, 1991, 47 (1-3): 139–159.

[14] BRYANT D J. Rethinking OODA: toward a modern cognitive framework of command decision making [J]. Military Psychology, 2006, 18 (3): 183–206.

[15] BUSH V. As we may think [J]. Atlantic Monthly, 1945, 176 (1): 101–108.

[16] CAPURRO R, HJØRLAND B. The concept of information [J]. Annual Review of Information Science and Technology, 2003, 37 (1): 343–411.

[17] DELL C O, TREES L. Challenges and lessons in cognitive computing [J]. KM World, 2017 (3): 25–27.

[18] CHANG Y W. Influence of human behavior and the principle of least effort on library and information science research [J]. Information Processing & Management, 2016, 52 (4): 658–669.

[19] CHANG Y W. Influence of the principle of least effort across disciplines [J]. Science to Metrics, 2016, 106 (3): 1117–1133.

[20] CHATMAN E A. A theory of life in the round [J]. Journal of the American Society for Information science, 1999, 50 (3): 207-217.

[21] CHATMAN E A. Life in a small world: applicability of gratification theory to information - seeking behavior [J]. Journal of the American Society for information science, 1991, 42 (6): 438-449.

[22] CHEE S A, ZAPHIRIS P. On the cognitive processes of human perception with emotions, motivations, and attitudes [J]. Journal of the American Society for Horticultural Science American Society for Horticultural Science, 2007, 1 (4): 1-13.

[23] CHEN C M. Cite space II: detecting and visualizing emerging trends and transient patterns in scientific literature [J]. Journal of the American Society for Information Science and Technology, 2006, 57 (3): 359-377.

[24] COFFEY J W, HOFFMAN R R, CANAS A J, et al. A concept-map based knowledge modeling approach to expert knowledge sharing [J]. Proceedings of IKS, 2002: 212-217.

[25] COWAN N. The magical number 4 in short-term memory: a reconsideration of mental storage capacity [J]. Behavioral and Brain Sciences, 2001 (24): 87-185.

[26] CRONIN B. The sociological turn in information science [J]. Journal of Information Science, 2008, 34 (4): 465-475.

[27] DAILY L Z, LOVETT M C, REDER L M. Modeling individual differences in working memory performance: a source activation account [J]. Cognitive Science, 2001 (25): 315-353.

[28] DE MEY M. The cognitive viewpoint: its development and its scope [J]. Communication & Cognition, 1977 (10): 7-23.

[29] DE MEY M. The relevance of the cognitive paradigm for information science [M] //HARBO O. Theory and application of information research. London: Mansell, 1980: 48-61.

[30] DERVIN B. From the mind's eye of the user: the sense-making qualitative-

quantitative methodology [M]. Cresskill, N J: Hampton Press, 2003.

[31] FISCHHOFF B, GOITEIN B, SHAPIRA Z. Subjective expected utility: a model of decision making [J]. Journal of the American Society for Information Science, 1981, 32 (5): 391-399.

[32] FLAVELL J H. Cognitive development [M]. 3rd ed. Engle Wood Cliff, N J: Prentice-Hall, 1985.

[33] GRIFFITH B C. Cognition: human information processing. [J]. Journal of the American Society for Information Science, 1981, 32 (5): 344-346.

[34] TRUMAN S H. Years of trial and hope [M]. New York: Double day, 1956.

[35] HERRING J P. Key intelligence topics: a process to identify and define intelligence needs [J]. Competitive Intelligence Review, 1999, 10 (2): 4-14.

[36] HITCH G J, TOWSE J N. HUTTON U. What limits children's working memory span? Theoretical accounts and applications for scholastic development [J]. Journal of Experimental Psychology: General, 2001, 130 (2): 184-198.

[37] HJØRLAND B. Epistemology and the socio-cognitive perspective in information science [J]. Journal of the American Society for Information Science and Technology, 2002, 53 (4): 257-270.

[38] HJØRLAND B, ALBRECHTSEN H. Toward a new horizon in information science: domain analysis [J]. Journal of the American Society for Information Science, 1995, 46 (6): 400-425.

[39] HJØRLAND B. Domain analysis in information science: eleven approaches - traditional as well as innovative [J]. Journal of Documentation, 2002, 58 (4): 422-462.

[40] HJØRLAND B. Information: objective or subjective/situational? [J]. Journal of the American Society for Information Science and Technology, 2007, 58(10): 1448-1456.

[41] HJØRLAND B. The socio-cognitive theory of users situated in specific contexts and domains [M] //FISHER K. Theories of information behavior. New Jersey:

Information Today Limited, 2005.

[42] HYDE T, JAMES J. Differential effects of incidental tasks on the organization of recall of a list of highly associated words[J]. Journal of Experimental Psychology, 1969, 82(3): 472-481.

[43] INGWERSEN P, JÄRVELIN K. On the integrated cognitive theory for information retrieval: drifting outside the cave of the laboratory framework[J]. Curanderos De Relaxions Labor Ales, 2008(18): 381-402.

[44] INGWERSEN P, JÄRVELIN K. The turn: Integration of information seeking and retrieval in context[M]. Berlin: Springer Science & Business Media, 2006.

[45] INGWERSEN P. Cognitive information retrieval[J]. Annual Review of Information Science and Technology (ARIST), 1999(34): 3-52.

[46] INGWERSEN P. Cognitive perspectives of information retrieval interaction: elements of a cognitive IR theory[J]. Journal of Documentation, 1996, 52(1): 3-50.

[47] INGWERSEN P. Information retrieval interaction[M]. London: Taylor Graham, 1992.

[48] INGWERSEN P. Towards a new research paradigm in information retrieval[M]. Knowledge engineering: expert systems and information retrieval.London: Taylor Graham, 1988: 150-168.

[49] JANSER M J. Cognitive biases in military decision making[R]. United States Defense Technical Information Center, 2007.

[50] Joint publication 1-02. Department of defense dictionary of military and associated terms[EB/OL].(2010-12-10)[2020-03-17].http://www.dtic.mil/doctrine/new pubs/jp1_02.pdf.

[51] KELLY J E. Computing, cognition and the future of knowing[J]. White Paper: IBM Research, 2015(2): 1-12.

[52] KINLEY K, TJONDRONEGORO D, PARTRIDGE H, et al. Model infusers web search behavior and their cognitive styles[J]. Journal of the Association

for Information Science & Technology, 2014, 65 (6): 1107-1123.

[53] KINSNER W. Towards cognitive machines: multiscale measures and analysis [J]. International Journal of Cognitve Informatics and Natural Intelligence, 2007, 1 (1): 28-38.

[54] JUDITH O, ROBERTA R, ZSAMBOK C E. Decision making in action: models and methods [J]. Psyccritiques. 1994, 38 (12): 18.

[55] KLEIN G. The recognition-primed decision (RPD) model: Looking back, looking forward [M]. Naturalistic Decision Making, 1997.

[56] LANCASTER F W. Survival is not mandatory [EB/OL]. (2016-10-01) [2020-05-11]. http://www.ztxb.net.cn.

[57] LANGTON C G. Life at the edge of chaos [J]. Artifical Life Ⅱ, Santa Fe Institude in the Science of Camplexity, 1992: 41-92.

[58] LAVIE N, TSAL Y. Perceptual load as a major determinant of the locus of selection in visual attention [J]. Perception & Psychophysics, 1994, 56 (2): 183-197.

[59] LAVIE N. Perceptual load as a necessary condition for selective attention [J]. Journal of Experimental Psychology, 1995, 21 (3): 451-468.

[60] LICKLIDER J C R. Man-computer symbiosis [J]. IRE Transactions on Human Factors in Electronics, 1960 (1): 4-11.

[61] STEW M. DoD making big push to catch up on artificial intelligence [J]. Arlington: NDIA, 2017 (101): 22.

[62] MAI J E. Analysis in indexing: document and domain centered approaches [J]. Information Processing & Management, 2005, 41 (3): 599-611.

[63] MILLER G A. The magical number seven, plus or minus two: some limits on our capacity for processing information [J]. The Psychological Review, 1956, 63: 81-97.

[64] MONSELL S. Representations, processes, memory mechanisms: the basic components of cognition [J]. Journal of the American Society for Information Science, 1981, 32 (5): 378-390.

[65] POPPER K R. Objective knowledge [M]. Oxford: Oxford University Press,

1972: 12.

[66] RAYBURN J D, SOBCHAK F K, GODFROY J F, et al. The U.S.Army in the Iraq War [M]. New York: United States Army War College Press.

[67] ROSS K G, KLEIN G A, THUNHOLM P, et al. The recognition-primed decision model [J]. Military Review, 2004 (3): 6-10.

[68] SARACEVIC T. Information science [J]. Journal of the American Society for Information Science, 1999, 50 (12): 1051-1063.

[69] SAVOLAINEN R. Network competence and information seeking on the Internet [J]. Journal of Documentation, 2002, 58 (2): 211-226.

[70] SIMON H A. Information - processing models of cognition [J]. Journal of the American Society for Information Science, 1981, 32 (5): 364-377.

[71] SIMON H A. Papers and proceedings of the ninetieth annual meeting of the American economic association rationality as process and as product of thought[J]. American Economic Review, 1978, 68 (2): 1-16.

[72] TALJA S, TUOMINEN K, SAVOLAINEN R. "Isms" in information science: constructivism, collectivism and constructionism [J]. Journal of Documentation, 2005, 61 (1): 79-101.

[73] TENOPIR C, WANG P, ZHANG Y, et al. Academic users interactions with science direct in search tasks: affective and cognitive behaviors [J]. Information Processing & Management, 2008, 44 (1): 105-121.

[74] THOMPSON J R, HOPF W R, GEISELMAN R E. The cognitive bases of intelligence analysis [R]. Logicon Inc Woodland Hills Ca Operating Systems Div, 1984: 7.

[75] TOWSE J N, HITCH G J. Is there a relationship between task demand and storage space in tests of working memory capacity? [J]. Quarterly Journal of Experimental Psychology, 1995, 48A (1): 108-124.

[76] U.S. joint chiefs of staff. Joint publication 2-01: joint intelligence support to military operations [M]. Washington, D. C. GPO, 1996: 1-2.

[77] U.S. joint chiefs of staff. Joint vision 2010 [M]. Creative Indepent Publishing platform, 2013.

[78] U.S. joint chiefs of staff. Joint vision 2020 [EB/OL]. (2020-08-25)[2022-05-15]. https://thecommunity.com/wp-content/uploads/2018/08/vision 2020.pdf.

[79] VAN GELDER T. What might cognition be, if not computation? [J]. The Journal of Philosophy, 1995, 92 (7): 345-381.

[80] BLOUNT K V, BURGER A, CHONG I, et al. Linguistic determinism [M]// Encyclopedia of child behavior and development. New York: Brev Publishing, 2011.

[81] WALKER D E. The organization and use of information: contributions of information science, computational linguistics and artificial intelligence [J]. Journal of the American Society for Information Science (pre-1986), 1981, 32 (5): 347.

[82] WANG Y X, PENG J, PATEL S, et al. Cognitive informatics: Towards cognitive machine learning and autonomous knowledge manipulation [J]. International Journal of Cognitive Informatics and Natural Intelligence, 2018, 12 (1): 1-13.

[83] WANG Y X, KINSNER W, ANDERSON A J. A doctrine of cognitive informatics [J]. Fundamental Informatics. 2009, 90 (3): 203-228.

[84] WANG Y X, LIU D. Discovering the capacity of human memory, brain and mind: A transdisciplinary [J]. Journal of Neuroscience and Neuro philosophy, 2003, 4 (2): 189–198.

[85] WANG Y X, PATEL S, PATEL D, et al. A layered reference model of the brain [C]. The 2nd IEEE International Conference on Cognitive Informatics, 2003.

[86] WANG Y X, ZHANG D, TSUMOTO S. Preface: cognitive informatics, cognitive computing, and their denotational mathematical foundations [J]. Fundamental Informatics, 2009, 90 (3): 1-7.

[87] WANG Y X. Cognitive informatics: towards future generation computers that think and feel [C]. The 5th IEEE International Conference on Cognitive Informatics, 2006.

[88] WANG Y X. Cognitive informatics – towards the future generation computers that think and feel [C]. The 5th IEEE International Conference on Cognitive Informatics, 2006.

[89] WANG Y X. On cognitive informatics [C]. The 1st IEEE International Conference on Cognitive Informatics, 2002.

[90] WANG Y X. On abstract intelligence: toward a unifying theory of natural, artificial, machinable, and computational intelligence [J]. International Journal of Software Science and Computational Intelligence, 2009, 1(1): 1-17.

[91] WANG Y X. On cognitive informatics [J]. Brain and Mind, 2003, 4(2): 151-167.

[92] WAMG Y X. The OAR model of neural informatics for internal knowledge representation in the brain [J]. International Journal of Cognitive Informatics and Natural Intelligence, 2007, 1(3): 64-75.

[93] WANG Y X. The theoretical framework of cognitive informatics [J]. International Journal of Cognitive Informatics and Natural Intelligence, 2007, 1(1): 1-27.

[94] WEINBERGER J, WESTEN D. RATS, we should have used clinton: Subliminal priming in political campaigns [J]. Political Psychology, 2008, 29(5): 631-651.

[95] WILSON R A, FRANK C K. The MIT encyclopedia of the cognitive sciences [M]. Cambridge: MIT Press, 2001.

[96] WANG Y X, PENG J, PATEL S, et al. Cognitive informatics: towards cognitive machine learning and autonomous knowledge [J]. Manipulation, 2018, 12(1): 1-13.

[97] YOVITS M C, FOULK C R. Experiments and analysis of information use and value in a decision-making context [J]. Journal of the American Society for Information Science, 1985, 36(2): 63-81.

[98] YOVITS M C. Information science: toward the development of a true scientific discipline [J]. American Documentation, 1969, 20(4): 369-376.

[99] ZSOLT R, KANEKO T, TAHARA S, et al. Regular exercise improves cognitive function and decreases oxidative damage in rat brain. [J]. Neurochemistry International, 2001, 38(1): 17-23.

后 记

> 一年视离经辨志，三年视敬业乐群，五年视博习亲师，七年视论学取友，谓之小成。九年知类通达，强立而不反，谓之大成。
>
> ——《礼记》

人生第一本书成稿之时，恰逢参军入伍的第九个年头，一路走来，我有幸见证了人民军队的换羽高飞，也深感瞄准信息化、智能化战争特点规律，跨域聚能以创新情报学科理论的紧迫性与必要性。本书成稿之时，也恰逢我大学毕业的第九个年头，本科学习的心理学专业知识如同武侠小说"内家功法"，帮助我在写作中更好地从认知视角深入思考，而没有止步于认知失误、认知偏见等传统研究层面。具体来说，面向智能指挥决策趋势的认知情报学研究是本人结合军事斗争需求和自身知识结构特点所进行的一次学理探索，主要利用情报科学与认知科学均具有横断学科的性质，通过跨学科知识协同与集成创新展开研究。其研究本质是基于认知资源有限及认知对抗路径对情报工作进行再审视，提出理论模型，以求突破情报与认知两者间体系聚能这一"卡脖子"理论瓶颈：一方面使情报工作能够更好地融合信息域、认知域等多域情报，增强对抗条件下有效保障指挥决策的能力；另一方面是以情报信息为中介，使过往难以感知的认知控制变得更易理解与操作，为情报工作具备认知域打击新功能奠定理论基础。可以说，本书提出的"认知情报学"既不是追随认知浪潮而拼凑出来的时髦概念，也不仅仅是定位于情报学的子学科，更像是情报学科面对智能技术的快速发展所带来的"人一技"关系新失衡，站在"以人为本"视角进行自我审视之新思潮。

学其成时念吾师，本书的写作离不开诸多师长的无私帮扶。博士生导师周军教授在我刚入师门时就悉心指导我瞄准学科发展前沿，确定研究方向，并在彷徨犹豫时鼓励我："一定要找到有浓厚兴趣和自身特长的研究方向，否则学术一定是枯燥无趣的，也不会产出有价值的成果。"此后，他更是持续多年支持我围绕认知情报学领域开展调研和研究活动，并在繁重的教研工作间隙，亲自带我拜访、请教北京大学、南京大学、武汉大学、中国人民大学、南开大学、浙江大学、军事科学院、国防科技大学、陆军指挥学院、海军大连舰艇学院、空军指挥学院等军地知名教学科研单位的专家学者，访谈、咨询南部战区、火箭军、战略支援部队等军队系统的首长、指挥机关参谋及情报机构专业人员，专程带我赴国防大学图书馆等多家单位查阅、摘录了大量原始资料，并反复对书稿进行指导与修改，所有这些都为本书成稿提供了不可或缺的关键支撑。我的硕士生导师汪小伍教授从认知对抗角度为书稿提出了很多真知灼见，他在本书撰写初期勉励我："这本书要像《世界大战中的宣传技巧》于拉斯韦尔和传播学一般。"这句话在无数个煎熬深夜支撑着我，虽不能至，心向往之，不敢有丝毫懈怠。此外，书稿参考借鉴了同行专家的有关学术研究成果；政院、海院、复旦和华东师大等校的师长好友也无私地在课堂、在操场、在餐厅为本书撰写提供了诸多灵感与宝贵意见；华南理工大学出版社的庄严主任及李秋云、肖颖两位编辑以其严谨负责的态度，为本书的高质量出版提供了重要的专业保障，在此一并致谢！最后要感谢我的新婚妻子叶姝雯博士，她不仅辛勤地对书稿进行校订，更重要的是使本书在快乐的氛围中完成，免我"困于心，衡于虑，而后作"。

路漫漫其修远兮，我深知著书与读书的神圣性，因此在出版合同签订后又对书稿进行了三年的修改完善。客观而言，本书涉及的研究领域在国内外尚处于起步探索阶段，理论模型并不成熟，基本概念仍存空白，核心机理尚未达成学界共识，情报工程的实现还有多少波折仍不确定。且受作者个人学识、能力、经历的局限，本书在许多方面存在不够严谨、不够细致、不够凝练、不够准确的地方。但用发展眼光看，随着当前数智驱动的情报学变革深入发展，从大数据到大模型，关于人的认知等情报主体创新性研究日益重要且不可或缺。因此，认知情报学研究从理论逻辑上说是可行的，代表未来发展方向，一旦实现理论突破，有可能会成为制衡制胜对手、实现弯道超车、形成非对称优势的发力点，而且并不局限于军事领域，未来可能成为智能时代国家信息安全、国民价值观培塑等更深层次领域博弈制胜的焦点。基于此，笔者更希望本书成为一块"破门之砖"，以供广大专家、读者批评、赐教。

刘伟超
2023 年 8 月于甬上